高有华 著

高等教育课程理论新探

GAODENG JIAOYU KECHENG LILUN XINTAN

江苏大学出版社

图书在版编目(CIP)数据

高等教育课程理论新探/高有华著. —镇江:江苏大学出版社,2009.11
ISBN 978-7-81130-114-4

Ⅰ. 高… Ⅱ. 高… Ⅲ. 高等教育—课程—教学研究
Ⅳ. G642.3

中国版本图书馆 CIP 数据核字(2009)第 206272 号

高等教育课程理论新探

著　　者/高有华
责任编辑/潘　安
出版发行/江苏大学出版社
地　　址/江苏省镇江市梦溪园巷 30 号(邮编:212003)
电　　话/0511-84446464
排　　版/镇江文苑制版印刷有限责任公司
印　　刷/丹阳市兴华印刷厂
经　　销/江苏省新华书店
开　　本/700 mm×960 mm　1/16
印　　张/23.5
字　　数/372 千字
版　　次/2009 年 11 月第 1 版　2009 年 11 月第 1 次印刷
书　　号/ISBN 978-7-81130-114-4
定　　价/48.00 元

前　言

在联合国教科文组织召开的第21次大会上，各国与会代表一致认为：课程是教育改革的实质和关键环节，是沟通宏观与微观教育改革的桥梁。20世纪80年代以来，世界各国高等学校都把课程改革列为教育改革的重要因素。课程研究成为全球教育研究潮流的重要组成部分。发达国家的课程改革均以一定的课程理论为基础，英、法、美、日等国的课程改革都是建立在一定课程理论的基础上，如希尔斯核心知识课程理论、施滕豪斯过程课程论、杜威活动课程理论、布鲁纳结构课程理论等。而我国的课程理论还相当薄弱，无论是研究领域的广度还是其方法，同发达国家相比均存在很大差距，急需增强课程意识，加强课程理论研究，提高理论对实践的指导作用，避免盲目性。

20世纪90年代以来，随着高校内部改革的深入和各项机制的转换以及社会对创新人才的迫切需要，我国高等学校的教育改革进入了一个新阶段，我国高等教育界在教学改革领域出台了一系列重大举措。由原国家教委组织和领导，在全国范围内有计划、有系统地开展高等教育教学内容和课程体系改革活动，制定了《高等教育面向21世纪教学内容和课程体系改革计划》。该计划正式设立221个大项目、985个子项目，分布在全国各地322所学校，有10 256人参加研究。1999年国务院批转教育部《面向21世纪教育振兴行动计划》，明确提出加快课程改革和建设。2000年10月9日至11日，由教育部人文社会科学重点研究基地华东师范人学课程教学研究所举办的首届"课程理论国际研讨会"在上海隆重召开，来自海内外课程理论界的专家学者热烈而富有成效地交流并研讨了课程理论研究与实践探索的前沿课题。这一系列举措，为新时期我国高等教育课程体系的重新构建提供了理论支持，各种关于课程改革的研究、讨论正在广泛开展。

受教育学界课程同仁对课程研究热情的感染和课程本身发展魅力的吸

引，因在大学教育系三尺讲台耕耘，作者早已融入课程研究的潮流之中。近几年，又给研究生讲授关于大学课程研究的系列专题，对大学课程现象密切关注，萌生一种创作的欲望和冲动，初衷是想尝试探索大学课程论，但由于"课程论"层面在课程研究中最具有概括性和统摄性，恐力不能及，贻笑大方。对某一领域基本问题的研究，从其自身的角度追求体系结构的完整性，是任何一个研究的必然要求，但由于多维因素的影响，尤其是社会学科领域具有"软"的特质和开放性，研究的完整性不够，或根本做不到完整性，也权且作为一种实然。况且完整性并不意味着包罗万象，将有关课程的一切问题都纳入研究的体系结构之中，而只要将课程的主要学术理论问题纳入即可。课程研究方法不应该是封闭的，而应该是开放的。本书以影响高等教育课程的主要因素这个核心思想来建构框架，进行理论分析和探讨，通过宏观层面的因素、课程技术专业层面的因素、高校课程体系本身的因素和高校课程实践等因素，来达到组织内容的目的。本着这样的思考，本书研究内容作如下的安排：

课程的概念作为研究的起点。一种研究合理的逻辑起点很重要，逻辑的起点即思想和思考起点，是研究的起始范畴。一个领域的最基本的现象应为研究的起点，课程论领域最基本的现象是课程，课程领域的各个部分，在一定程度上都以课程的概念为基点而展开，课程理论界关于课程的各种争论、实质上大多是基于对课程概念的不同理解，要整合关于课程的各种观点、主张，也要以课程的概念为基点。当然，给课程的概念作出合理的说明是很困难的，美国学者斯考特曾指出，课程是一个用得最为普遍而定义最差的教育术语。[①] 但这并不影响对课程的研究，也不影响关于课程研究对于课程论发展的积极作用。

课程改革需要一定的学术基础、理论基础，包括哲学基础、文化基础、社会基础、心理基础。课程改革的哲学基础的研究将为课程设计者和实施者提供总体把握课程性质的指针。国内外优秀文化是课程的温床与内容，课程是文化的元素与动力。因而文化是课程改革的重要基础，价值导向则是课程改革的另一项文化基础，是决定课程的内容与方向的重要因素。因为课程的使命在于有计划、有组织地传递、传播、弘扬和创造先进文化。家庭、经济、社会

---

① Scotter, et al. *Foundations of Education: Social Perspective.* New York: MacMillan, 1979:272.

等因素是课程改革的社会基础。家庭是社会的基本组织，课程内容的选择与实施应适应家庭环境的差异。我国经济建设与发展是课程改革的社会基础，课程的设计必须主动地、有效地适应经济的形态与发展，合理安排基础化与专业化的阶段，适时适地、经济有效地培养健全的人力（智力）资源。课程的实施，同社会的经济发展状态密切相关的政治上的主张或主义，更是决定办学宗旨、制定课程标准的重要依据。研究学习者与学习过程是课程改革的心理基础。因为课程内容的选择与安排，所需学习经验的选取，以及最优化学习过程的计划等，都要充分了解学习者与学习过程。因此，需将课程论的理论基础、课程论研究的理论流派、课程文化、课程价值观、课程与知识观等作为主要内容，从宏观层面加以研究。

由于大学教育的时间和人们接受知识的能力都是有限的，最终能够进入大学课程的只能是人类精神财富中的一部分。因此，人们就必须根据一定的需要来进行选择，并分类实施。课程类型的划分应如实地覆盖现代课程的范围，既不能任意缩小，也不可随意扩大。教育价值趋向不同，对课程的分类也不同，因而形成了不同的课程分类理论和不同的课程分类。

这些不同的课程类型因其内容、性质、功能的差异，要进行合理的编排，构成课程体系。课程体系是课程核心，各个专业的课程体系是根据学科的科学体系和人才的认识规律来建立的，是实现专业培养目标的具体化。课程体系既反映着社会需求，又体现着学生的知识结构和素养。不同的课程体系有着不同的价值和功能，它是社会需求、科学知识和个性发展的集中体现。所以，人才培养的质量，在很大程度上取决于课程体系的设计水平。

课程与教学，课程论与教学论，似乎有着天然的联系，但课程论与教学论的分离好像更利于各自的深入研究和不断发展。如果课程论包含在教学论之中，无疑限制和束缚了课程论的发展，而且还会使人们对课程论作出狭隘化、片面化的理解，这给教学论的研究和发展背上了沉重的包袱，致使教学理论的深刻性、统摄性降低，不能很好地指导教学实践。然而，20 世纪末课程与教学充分汲取一个世纪以来人类认识发展和价值探究的精华：现象学、存在主义、法兰克福学派、哲学解释学、后现代哲学，并在这些基础上重新整合起来。“课程教学”的出现，作为课程与教学整合的新的理念和实践形态，为课程论和教学论打开了一片新天地，也需要进一步认识和研究。因此，课程分类、课程体系、课程论与教学论的关系是本书的重要研究内容。

课程论作为独立学科而诞生，是以课程专业技术层面的系统研究为标志的。课程的技术专业层面，包括课程编制、课程资源开发、课程实施、课程评价等，是一个纯粹专业人员进行研究的范畴。作为专业技术层面的课程研究，是课程论研究的重要领域，在国际上是迄今为止发展最为成熟的领域之一，国内这方面的研究则刚刚起步。因此，本书将课程编制、课程资源开发、课程实施、课程评价等作为主要内容，从专业技术层面加以研究。

课程研究必须根植于实践，才能得到取之不尽的源泉，同样，课程研究只有与实际联系，回到实践，关照现实，才能具有永久的生命活力。20世纪末以来，我国高等教育进行的课程改革与建设，世界高等教育课程理论的新发展、课程培养模式的革新实践，也纳入本书的研究内容。

由于作者视野有限、水平有限，书中观点表达、体例安排、内容组织的疏漏之处在所难免，恳请同仁、专家、读者提出批评意见。

目　录

第一章

课　程

课程论作为一门独立的教育科学分支学科，从1918年诞生至今，只有一段短暂的历史。在课程论的发展过程中，关于对课程论中有关理论的探讨仍然众说纷纭。因此，研究课程的意义和本质，研究课程论的对象、学科性质、学科地位、内容体系等，对高等教育课程的发展方向和未来建设都具有重要的意义。

第一节 课程及其本质

课程是课程论学科领域中的最基本概念,任何课程论研究者都不可避免地使用它。课程本身的复杂性决定着人们对课程认识也是多样的、不确定的,但是,相对于某个特定时代和一定的历史条件下人们对课程的认识而言,用以规范和评判人们的课程认识是否科学、合理的标准不仅是一元的,而且应当是确定的。只有如此,才能保证一定条件下人们的课程认识沿着既定的规范化方向发展,才能保证现实课程改革和实践活动的顺利展开。对"课程是什么"的探索正是课程论研究得以不断深化的重要动力,也是赋予课程实践以理性的基本前提和根本保证。

一、课程含义

(一) 课程词源辨析

对于"课程"词源加以辨析,决不是为了咬文嚼字。对词源的理解,因为影响到了对课程思想和课程实践的理解,所以很重要。

"课程"一词源于唐代孔颖达《五经正义》中把"奕奕寝庙,君子作之"(《诗·小雅·小弁》)注为"教护课程,必君子监之"。到了宋代,朱熹《朱子全书·论学》多次提到"课程",如"宽着期限,紧着课程","小立课程,大作工夫",等等。虽没有明确界定,但也是指功课及其学习的范围、程度、时限、进程的意思。

在西方,"课程"一词,如英语 curriculum,由古拉丁语"currere"派生而来,意为"跑道"(race-course),引申为"学习者学习的路线"(course of study),又称为"学程"。19 世纪 60 年代初,才由斯宾塞率先使用这个词,把它界定为

“教学内容的系统组织”。尔后，在西学东渐过程中，日本学者在将斯宾塞《教育论》译成日文时，用中文“课程”一词，把英文翻译成“教育课程”。

到了当代，课程研究界对这种界定提出了质疑，还有人对“课程”一词的拉丁语词源提出了不同的看法。“currere”的名词形式意为“跑道”，重点在“道”上，这样一来，为不同的学生设计不同的轨道，成了顺理成章的事情，从而引出了一种传统的课程体系。而“currere”的动词形式是指“奔跑”，重点在“跑”上，这样一来，着眼点会放在个体对自己经验的认识上。因为每个人都会从眼前大量的事物中寻找其意义，并根据以往的经验发现其起因，想像并创造自己未来各种各样可能的方向，即课程是一个人对自己生活的重新认识。因为只有在了解他人和这个世界的基础上才能更好地了解自己，所以人际互动是课程的一项重要内容，这样就得出了一种完全不同的课程理论和实践。

(二) 课程的含义

随着课程理论与实践的发展，人们对课程的理解已不再仅仅满足于字义上的追根溯源，而是以更为广阔的教育实践为背景，从多视角进行探讨，提出了多种多样的课程定义。

1. 国际上的定义

据美国学者 I·鲁尔 1973 年在其博士论文《课程含义的哲学探讨》中统计，课程定义至少已有 119 种。[①]

施滕豪斯(L. Stenhouse)列述了三个有代表性的定义：[②]

(1) 学校能帮助学生达到最佳的学习效果而准备的有计划的一切经验。

(2) 学校有计划地引导学生获得预期的学习结果而付出的综合性的一切努力。

(3) 在所期待的学习结果的一连串结构化系列中，所处置的(或者至少是期待的)教学结果。

另一美国学者蔡斯(R. Zais)则将课程定义归纳为 6 种：

---

① D. Lawtown. *Class, Culhireard the Eurrleulum*. RKP, 1975:7.

② 钟启泉. 课程设计基础. 济南：山东教育出版社，1998:10.

(1) 课程是学习方案。

(2) 课程是学程内容。

(3) 课程是有计划的学习经验。

(4) 课程是在学校领导下"已获得的"经验。

(5) 课程是预期的学习结果的构造系列。

(6) 课程是(书面)活动计划。①

1991 年出版的《国际课程百科全书》列举了 9 种有代表性的课程定义:②

(1) 为达成训练儿童和青年在集体中思维和行动而建立的一系列可能经验。(Smity,1957 年)

(2) 学生在学校指导下获得的全部经验。(Foshay,1969 年)

(3) 为使学生取得毕业,获得证书或进入专门职业领域的资格,由学校提供他们的教学内容或者具体教材的总计划。(Good,1959 年)

(4) 课程是探索学科中的教师、学生、科目和环境等因素的方法论研究。(Westbury & Steimer,1971 年)

(5) 课程是学校的生活与计划……一种有指导的生活事业,课程构成人类生活的生气勃勃的活动长流。(Rugg,1947 年)

(6) 课程是一种学习计划。(Taba,1962 年)

(7) 为了在学校的指导下使学生个人的和社会的能力获得不断的、有意识的发展,通过知识和经验的系统重建而形成的,有计划和有指导的学习经验以及预期的学习结果。(Tanners,1975 年)

(8) 课程基本上由五个领域的学科学习组成:A. 掌握母语并系统学习语法、文学和写作;B. 数学;C. 科学;D. 历史;E. 外语。(Bestor,1955 年)

(9) 课程被看作是有关人类经验日益广泛的可能的思维方式——不是结论,而是结论产生的方式以及建立这些结论(即所谓真理)并使之发挥效用的背景。(Beltb,1965 年)

美国学者奥利弗把对课程的不同理解按照从广义到狭义的顺序列出了

---

① 瞿葆奎. 教育学文集. 北京:人民教育出版社,1988:250-254.

② A. Lewy. *The Internaional Encyclopedia of Curriculum*. Oxford: Pergamon, 1991:15.

下面 7 种解释：[①]

（1）课程是儿童所具有的所有经验（不管这些经验在何时何地发生）。

（2）课程是在学校当局指导下，学习者所经历的全部经验。

（3）课程是由学校所提供的全部学程。

（4）课程是对某种特定学程的系统安排。

（5）课程是在特定的学科领域内所提供的学程。

（6）课程是某个专业学校中的教学计划。

（7）课程是个体所修习的科目。

由于对课程概念的理解不同，对课程进行研究时所包含的对象也就不同。在美国，尽管存在着对课程定义的不同意见，但是大多数教育工作者比较倾向于按照这样的两极关系来看待教育过程：一极是学生，另一极是社会，教育则是使学生走向社会的过程。教育包括学校教育和非学校教育。而学校教育是唯一一种有组织、有计划、有系统的教育形式，它在整个教育过程中居于首要地位。因此，课程的解释，即“在学校当局指导下，学习者所经历的全部经验”，就被美国大多数人所用。

2. 国内课程界的定义

1979 年，上海师范大学《教育学》编写组认为，“学生学习的全部学科称为课程”。[②]

王策三教授提出，课程是“人类长期创造和积累起来的经验的精华”。[③]

陈侠在 1989 年出版的我国新时期第一本《课程论》中认为：“课程可以理解为为了实现各级学校的教育目标而规定的教学科目及其目的、内容、范围、分量和进程的总和。”[④]

廖哲勋教授 1991 年著《课程学》，从大学教育系专业课的角度对课程问题作了系统的科学研究。廖哲勋认为：“课程是由一定育人目标、基本文化成果及学习活动方式组成的用以指导学校育人规划和引导学生认识世界、了解

① Albert I. Oliver. *Curriculum Improvement*, *and ed*. Harper & Row, New York, 1977: 7.

② 上海师范大学《教育学》编写组. 教育学. 北京：人民教育出版社，1979：97.

③ 王策三. 教学论稿. 北京：人民教育出版社，1985：168.

④ 陈侠. 课程论. 北京：人民教育出版社，1989：13.

自己、提高自己的媒体。”①

由上面的引述可以看出,课程的定义繁多,每个人都可以根据自己的学术背景,根据自己对社会、知识、教育、学校,乃至对学生的不同观点,给课程以不同的解释。对课程内涵的多元限定,一方面对于揭示课程的某些本质起到了积极的促进作用,另一方面也使课程本质的内涵呈现出模糊性和不确定性。课程定义的分歧是一种客观存在。虽然没有一个统一的、公认的定义,也并非是消极的事情。美国课程学者施瓦布(J. J. Schwab)就曾经告诫说,过分注重于完善诸如“课程”术语的精确定义等,将会使课程研究毫无生机。②但是,从课程定义产生的思路和背景看,不同的定义却有着相似性,认识这一层次的内容,有利于深化对课程的理解。

3. 课程定义背景的相似性

(1) 社会背景与课程内涵。每一种课程定义,就像每一个课程问题一样,都是在特定的历史时期、特定的政治经济背景下出现的。例如,澳大利亚课程论者史密斯(D. L. Smith)与洛瓦特(T. J. Lovat)在考察百年来一些有影响的课程改革和课程定义后发现,每当经济强劲、求职机会充沛时,很少有人关注学校课程;而当经济衰退时,会有许多人指责学校课程。企业主和公众往往把年轻人找不到工作归咎于他们没有掌握有关的知识技能,国家会注重课程目标的具体性。因此,当20世纪70年代初西方经济繁荣时,课程专家把重点放在个人的经验上,制订了各式各样可供选择的课程计划。史密斯与洛瓦特得出这样的结论:每一种课程定义都可能反映了其历史的、社会的、经济的、政治的背景。③

(2) 知识观与课程内涵。任何课程定义都涉及知识的性质问题,注意每种课程定义所隐含的某些假设是很重要的。有的课程定义似乎表明:“知识在任何地方都是同样的东西。”而有的课程定义则隐含着“知识是个人主动构建的东西”。在一定程度上,一定的知识观决定了人们将采用什么样的课程定义。

---

① 廖哲勋. 课程学. 武汉:华中师范大学出版社,1991:28.

② J. J. Schwab. The practice:A Language for curculum. *School Review*,1969(11):1-2.

③ 施良方. 课程定义辨析. 教育评论,1994(3):46.

如果认为知识是固定不变的东西，人们不可能以任何方式去改变它，那么就会趋向于把课程视为必须按照规定的方式向学生传递的知识体系。教师扮演权威的角色，以确保真正的知识体系一代一代忠实地传递下去。课程的控制权应该在学科专家手里，因为他们比别人更了解学科的知识体系。课程的定义会注重具体目标、内容体系以及标准测验等。相反，如果认为知识是能动的、不断变化的东西，重要的是在于个体的主动构建，那么就会趋于把课程视为促进和帮助学生探究、体验他们周围世界的手段。教师要尽可能地少教，让学生掌握独立学习的技能，以保证新一代为不断变化的世界做好准备。由此推断，课程不是少数专家的事情，而是要让教师、学生、家长和有关人士最大限度地参与进来。课程的目标应该是灵活的，要顾及不同学生的需要。课程重点应放在能导致独立学习的程序上，而不是学科内容上。

(3) 目的、手段与课程内涵。从目的角度定义的课程，通常被表述为“预期的学习结果”。当课程以这种方式定义时，其内容可以是指向具体行为的，即“能够做某事”；可以是指向某种表现的，即“具体某种能力或潜力”；也可以是实质性的，即“知道这或那”。

从手段角度定义的课程，通常被表述为“为学习者提供的有计划的经验”，或“获得预期学习结果所必需的知识”。这些经验和知识包括文化的、认知的、情感的、信念的、习惯的等一些方面。

围绕“目的和手段”之间所产生的概念之争，集中在学习结果是手段的表现还是手段预先决定着学习结果之争上。前者把课程及其内容的讨论从目的问题、意图问题变成了关于结果和成绩的问题，即学习评价的问题；后者则侧重于先期的计划与安排，关注的是计划本身的制订问题。可见，计划问题是以预期学习结果定义的课程概念为中心，而评价问题则是以手段定义的课程概念为中心。①

(4) 课程层次与课程内涵。课程包括决策、设计到实施、评价等多个层次的转换，因而可能会出现在不同层次上起作用的课程定义。

美国学者古德莱德(J. I. Goodlad)曾提出五种处于不同层次、具有不同意义的课程，它们分别是：

---

① 靳玉乐. 课程定义的批判分析. 焦作教育学院学报：综合版，2001(1)：7.

第一,理想的课程(ideological curriculum),指由一些研究机构、学术团体和课程专家提出应开设的课程。这种课程常常以设想、建议、规划或计划的形式表现出来,其影响取决于是否被官方采纳。

第二,正式的课程(formal curriculum),指由教育行政部门规定的课程计划、课程标准和教材,即被许多人所理解的学校课程表中的课程。

第三,领悟的课程(perceived curriculum),指各任课教师所领会的课程。教师对正式课程会有多种理解和解释的方式,因此,每个教师对正式课程的领会会有一定的差异,从而也会对正式课程作用的发挥产生削弱或增强的影响。

第四,实行的课程(operational curriculum),指在课堂上实际实施的课程。课堂上学生对课程的反应情况错综复杂,需不断作出调整,故教师领悟的课程与实际实施的课程可能会有一定的差距。

第五,经验的课程(experiential curriculum),指学生实际体验到的东西。每个学生从同一课程中所获得的体验和学习经验往往是不同的,因而对课程的实际理解亦可能有所区别。①

古德莱德的这种层次划分建立在对课程实践进行深入研究的基础之上,且在一定程度上揭示了不同的课程定义在各个层面上的不同适应性,有助于人们对课程概念的作用和意义的理解。

(三)高等学校课程的含义

高等教育包括多个类别和层次,高等学校是高等教育的主体。在高等学校,课程是学校按照高等教育目的所建构的各学科和教育教学活动的系统,是一种有计划地安排学生学习机会的过程,使学生获得知识、参与活动、丰富体验。在这里,高校课程包括各种学科,囊括教育教学活动的整个系统,不仅包括显性教育活动,还包括隐性教育活动。高等学校课程的特点是,以专业为基础,知识是高深的、复杂的,与社会经济、政治、文化发展联系紧密,高校的教材以学校编定为主,具有综合性、研究性、先进性、动态性、国际性、校本性。

---

① J. I. Goodlad. *Curriculum Inquiry: The Study of Curriculum Practice*. New York: McGraw-Hill, 1979:60-64.

二、课程本质

课程本质规定着课程研究的方法论取向,是课程论研究的逻辑起点,因而常常被认为是“课程论的中心和基调”。课程本质说到底乃是“课程是什么”的问题,因为人们一般是通过定义来揭示或表征本质的。由于受到古代典籍中“课程”词义的影响和改革开放以来国外多元课程本质观的一定影响,迄今为止,没有一个课程定义可以使所有的课程研究者都感到满意,也没有任何一个定义是永远不能改变的,更没有一个精确的定义涵盖课程的本质观,出现了多元课程本质观的局面。

(一) 课程本质观举要

1. 从对课程限定中冲突的主要问题和构成对课程本质内涵限定的客观指标探讨出发来界定课程的本质

课程的本质内涵应反映出对以下几个问题的回答:[①]

第一,课程从本质而言是静态的,还是动态的?

第二,课程是系统的知识、经验体系的计划,还是一种目标体系计划?

第三,课程是预设的,还是结论性的?

第四,课程是有意的、客观的,还是无意的、主观理解的?

课程作为一种具有多方面来源的客观现象,作为一种学校借以实现其目标、完成其任务的主要手段和媒介,其本质内涵是指在学校教育环境中,旨在使学生获得促进其身心全面发展的教育性经验体系。[②] 这一本质概括反映出学校课程具有如下特点:

(1) 客体性。相对于学习者来说,课程是一种外在于学习主体的客观存在,是学习主体认识和经验的对象,而不是主观性的自我意识或观念。

(2) 目的性。从人类教育活动所特有的育人目的性角度看,课程也无非是实现育人目标的手段,具有预期的目标指向性,如促进学生身心的全面

---

① 郝德永.关于课程本质内涵的探讨.课程·教材·教法,1997(8):10.

② 靳玉乐.现代课程论.重庆:西南师范大学出版社,1995:65.

发展。

（3）经验性。作为一种重要的教育影响因素、一种教师和学生共同作用的对象，课程应该是可以通过认识和实践而转化为个体经验的，不管这种经验是知识性的，还是活动性的。

（4）教育性。从内容性质上看，学校课程应在学校环境中对学生具有教育意义和作用，缺乏教育性的经验不属于课程范围之列。

（5）系统性。具有预期目标的课程不论其存在形式如何，总脱离不了一定的结构系统，包括横向的组织与纵向的序列。

还有人更进一步指出，从课程本质而言，它是一种静态的客体，而不是动态的活动；是一种预设的、有意的安排，而不是教育活动的结果，更不是学习者的主观性自我意识或见解、观念。从其内容的外延而言，它是一种系统的知识、经验，而不是一种目标体系。①

2. 课程从本质上说是"对某种社会文化进行选择"②

这一观点被我国的一些研究者发展为课程是对社会文化的选择与重构。从文化分析入手，将课程视为一种教育化了的文化。"课程是一种预期教育结果的重新结构化序列。"③课程具有再生性、简洁性、全息性等特征。

3. 教学科目说

教学科目说的基本观点是，课程本质上是教学科目或教学科目的总和。我国许多教育学教材都认为，课程即学科，或者指学生学习的全部学科即广义的课程，或者指某一门学科狭义的课程。一些权威的教育辞书也沿用这样的观点。

4. 教学活动说

教学活动说可以分为两种：一种是温和的教学活动说，另一种是激进的教学活动说。④

（1）温和的教学活动说。针对教学科目说将课程本质狭隘化的弊端，有学者认为，课程不仅包括学科，还包括其他内容如劳动；也不只是包括内容本

---

① 郝德永. 关于课程本质内涵的探讨. 课程·教材·教法，1997(8)：10.

② Denis Lawton. *Class, Culture and Curriculum.* Routledge and Kegan Paul, 1980：6.

③ 黄甫全. 课程本质新探. 教育理论与实践，1996(1)：25.

④ 徐继存. 课程本质研究及其方法论思考. 当代教育科学，2003(14)：3.

身，还包括对内容的安排，以及内容安排实现的进程和期限等。这种观点试图把教学的范围、序列和进程，甚至把教学方法和教学设计，即把所有有计划的教学活动都组合在一起，打破了教学科目说的藩篱，拓展了课程的范围。

（2）激进的教学活动说。激进的教学活动说持有者认为，课程是学习者各种自主性活动的总和，学习者只有通过与活动对象的相互作用才能实现自身各方面的发展。在这种思想观念指导下的课程具有以下特点：强调学习者是课程的主体，以及作为主体的能动性；强调以学习者的兴趣、需要、能力、经验为中介实施课程；从活动的完整性出发，突出课程的综合性和整体性，反对过于详细的分科；从活动是人心理发生发展基础观点出发，重视学习活动的水平、结构、方式，特别是学习者与课程之间的关系。

5. 学习经验说

把课程的本质界定为学习经验，即试图把握学生实际学到些什么。这种观点的基本思想是，只有个体亲身的经历才称得上是学习，外在的知识才能转化为学习者自身所有即经验。课程就是让受教育者体验各种各样的经历，在这样的过程中，学习对象包括知识但不限于知识，知识转化为自身的经验并且实现自身的发展变化。在这种观点支配下的课程通常表现出以下特点：强调与突出学习者作为主体的角色以及在课程中的体验；注重从学习者的角度出发和设计课程；课程是以学习者实践活动的形式实施的；课程不是外在于学习者，也不是凌驾于学习者之上，学习者本人是课程的组织者和参与者。

（二）课程本质探索的方法论

随着课程研究的深入，对课程本质问题不断探讨，课程研究上升到方法论研究的高度，产生了各种课程编制模式，同时渐渐拉开了关于课程本质问题争论的序幕。在持续至今的争论中，出现了不同的研究课程本质的思维方式。

1. 本质主义思维方式

本质主义是“以本体信仰和本体论思维为基础，以语言学上的符号论为工具，以知识霸权的解构与重构为目的，以本质范畴、本质信仰和本质追求为基本内涵的”知识观和认识论路线。它源于古希腊的巴门尼德和柏拉图，形成和盛行于近代西方哲学界，虽然经历来自反本质主义一个多世纪的挑战，至今仍影响很大。作为近现代哲学的重要特征,“是现代人们认识客观世界所达到的水平与限度在哲学上的反映,也是人的思维方式与外界关系的一种线性反映”,它“往往以局部的、静止的、僵化的观点来代替事物存在的多样性、动态性和生成性”。[①] 体现在思维方式上,认定任何事物都具有与复杂多变的现象相对的唯一的、实体性的本质,这种本质是自在的、静态预成的、完全合规律的、必然的、封闭的、事实的,人的认识能够透过现象完全把握事物的本质并运用语言表达出来,这是科学研究的任务和目标,人们在认识中形成的对本质的认识就是真理,可以指导人们正确的从事实践、改造世界。

本质主义思维方式在课程本质研究中主要体现在三个方面:[②]

一是以局部代替整体,从单一视角来探讨课程多方面的复杂本质。从知识和功能的视角研究课程本质,把课程的本质当作一种实体。

二是以静态预成性代替动态生成性,从静态僵化的前提出发探讨动态生成的课程本质。将课程的本质看作既成事实,视为自在的、永恒不变的、封闭的,而否认了“存在先于本质”的合理性,摒弃了人的价值目的等主观追求,否认课程本质的自为性、历史性、可变性、动态生成性和开放性。

三是从规律、必然的角度去探究课程的本质,忽视课程本质的合目的性、应然性。受近现代哲学过度发展的决定论思维和科学追求客观规律、客观必然的研究旨趣的影响,现有的课程本质研究大都以达到对课程中蕴含的客观规律的揭示掌握和对课程必然性的符合为目的。

这种采用自然科学研究的基本方式研究课程论的方法,使人们认为对课程本质的探讨是唯一科学的方式,不管最终会得到什么,都被认为是对“真理”的不断逼近。人们相信,只要充分发挥自己的智力,付出真诚的努力,就可以层层剥离课程这个实体,揭示出其内在的所谓的“本质”;而只要发现了课程的“本质”,就可以一劳永逸地给任何课程实践活动和问题一个满意的解释和解答。

但事实并非如此,用本质主义思维方式探讨课程本质问题时,人们已经

---

① 熊和平,赵鹤龄.后现代批判视角——我国近20年的教学过程本质研究.比较教育研究,2003(2):46.

② 郭祥超,蒋冬双.课程本质研究中本质主义思维方式的反思与超越.西安电子科技大学学报:社会科学版,2005(2):132.

把课程放到了自己的对立面即客体的位置上了，因而只是从客体的或者直观的形式去理解，而不是把它当作人的感性活动，当作实践去理解，不是从主观方面去理解。人们沉醉于自己的“发现”时，实质上现实课程的生动本质已经被遮蔽了，课程是什么的问题已经消解了，探究课程本质是什么已经失去了意义。

即使把课程看成是一个实体，它也不是僵死的，而是变化发展的，这正如古希腊哲学家赫拉克利特所指出的，世界上再没有比变化更实在的了。变化是普遍的不可抗拒的力量，在这个力量面前，任何事物不管多么自信多么稳定坚固，都不能停滞不前。如果承认课程是发展变化的这一事实，那么抛开变化而寻求课程的永恒不变的“本质”本身，就会把课程论研究推入一种无法自拔的泥潭。因为，对课程的本质主义思维方式的探讨，乃是一种溯本求源的思维，它所关注的是课程既成问题，至多是对课程历史生成提供一种理解框架，把课程的现实发展看成是必然如此，因而它不是前瞻的，不能为现实的课程实践提供指导。

2. 反本质主义的思维方式

在20世纪西方非理性主义、分析哲学、现象学、存在主义、哲学解释学及后现代主义等思潮的影响下，拒斥形而上学、否认本质存在，批判理性，主张差异性、多元化、不确定性的反本质主义已深深地影响了课程本质研究的思维方式。

反本质主义主张以下观点：

(1) 事物的本质不是唯一的，而是多元的，从而对事物本质的认识也不是唯一的，而是多元的。福柯从知识考古学的角度出发，认为“任何单一的理论和方法都不能把握话语的多元性，应该从多个视角去分析研究对象”。[①] 莫兰主张，人们在思维时“要粉碎封闭的疆界”，“努力掌握多方面性”，强调不要把“多”化解为“一”。[②]

(2) 本质不是实体的、僵化的、封闭的，而是依赖于关系而存在，有其动

① 熊和平，赵鹤龄. 后现代批判视角——我国近20年的教学过程本质研究. 比较教育研究，2003(2):47.

② 莫兰. 复杂思想自觉的科学. 北京：北京大学出版社，2001:141.

态生成性、开放性。本质的动态生成性根源于人的本质的动态生成性。人的本质不是固定不变的,"人的本质就是去存在,去创造更多可能性","人的本质是不断生成的,是向未来敞开的,它随人的实践变化而变化",①是人在实践中建构自身的主体性和价值的结果,与人有关的任何事物的本质也都是这样。本质的动态生成性以本体为基础。

(3) 本质既是合规律的、事实的、必然的,又是合目的的、价值的、应然的,还是可理解的、可接受的、合规范的,是规律、目的和规范的统一,即合理性的。突破旧的本质观,更应强调人的价值、目的、理想在本质形成中的作用。著名教育哲学家谢弗勒认为定义可以分为规定性定义、描述性定义和纲领性定义,其中纲领性定义就是指本质的自为、合目的、价值性和应然问题。欧阳康指出:"合理性就是对人的思想和行为所应当具有的客观性、价值性、严密性、正常性、正当性、应当性、可理解性、可接受性、可信性、自觉性等的概括与要求,是合规律性、合目的性和合规范性的统一,也是真理性和价值性的统一。"②

在反本质主义框架下,探讨课程本质需要转换思维方式。③

第一,提倡从多视角来探讨课程的本质。在课程研究中,学科内容、学习者经验、目标计划、过程等可以作为研究视角,同样作为课程因素的教师、学生、教材、环境等也可以成为研究的视角,甚至显性课程、隐性课程、实际课程、学校课程、校外课程、分科课程、综合课程、必修课程、选修课程等具体的课程类型都可以成为分析课程本质的视角,而问题的关键在于如何根据实际的需要,选择一个或少数几个主要的视角,在各种因素构成的立体结构中去合理地建构课程的本质。

第二,以动态生成的思维探讨课程本质。课程本质不是永恒的、固定不变的,也不是预设的,而是具有历史性的、变化不居的、动态生成的。它随课程实践的变化而变化,是在持续不断地生成的。从生成意义上来说,课程本质是向未来敞开的,课程是一个永远未完成的存在物。当然课程本质的生成

---

① 冯建军. 现代教育原理. 南京:南京师范大学出版社,2001:30.

② 欧阳康. 合理性与当代人文社会科学. 中国社会科学,2001(4):23.

③ 郭祥超,蒋冬双. 课程本质研究中本质主义思维方式的反思与超越. 西安电子科技大学学报:社会科学版,2005(2):135.

要在事实和价值的有机统一中、在应然和必然的协调一致中、在合规律与合目的的统一中、在课程认识和课程实践的统一中进行。另外,课程本质和任何人为事物本质一样都是不断变化的,不同时代、不同社会条件下课程的本质可能会有所不同,只要是能体现时代精神,解决时代和社会对课程提出的问题的课程本质都是合理的,不存在适用于任何时代、任何社会的具有极大普适性的永远合理的课程本质。

第三,从合理性的视角,在目的、规范与规律的统一,应然、必然和实然的统一中研究课程本质。在课程本质中,既有不依赖于人的主观意志而转移的客观必然性,又有不完全依赖于课程的客观必然性的人的主观需要和追求,课程的客观必然性与反映在课程中的人的主观需要和追求都有很大的发展空间和弹性,人不能违背最基本的客观规律去空想课程本质,但在客观必然与主观追求之间的空间内,课程究竟是什么在很大程度上是由人的主观意志和价值追求决定的。课程的本质不仅是由于它客观上是什么而是什么,也由于人主观上需要它应该是什么而是什么。虽然把课程看做是只合目的的纯主观的课程是违背客观规律的,但是把课程看做是只合规律的纯客观的课程也是违背人的主观追求规律的。课程本质研究既要回答"课程是什么",即课程的实然和必然问题,又要进一步回答"课程应该是什么",即课程的应然问题。前者的研究是前提和基础,后者的研究是重点和目的。"本质的问题,实质上是一个规定性的价值概念,对教育本质的判断不在于它正确与否,而在于它对实践问题解决的适合与否。"①课程本质也是这样。当然,单纯强调课程本质研究中的目的、价值、应然,又容易使人难以理解和接受,这需要以规范性来消除其他人的困惑和误解,才容易被人理解和接受。

(三) 实践论思维方式

探寻课程本质的根本目的在于指导课程实践,解决课程实践中的问题,而不是为探索而探索。所谓指导课程实践,无非就是给课程实践以规范,告诉人们应如何进行课程实践。因此,对于探讨人为活动的教育所必需的课程的课程论来说,实践论思维方式更具有其特殊意义。

---

① 冯建军.现代教育原理.南京:南京师范大学出版社,2001:32.

实践论思维方式实质上是一种否定论思维方式，一种现实批判的思维方式。课程现实不是某种单一本性的存在，而是既是自然的又是属人的，既是客体性的又是观念性的，既是因果性的又是目的性的，既是必然的又是自由的，因此它是一个极其复杂的否定性统一体。否定性统一本身就意味着这种统一不是一劳永逸的，要求不能仅仅从本体论的角度去理解，还应从否定论的角度去把握。[①] 也就是说，在对课程的肯定的理解中，同时应包含着对课程的否定的理解。只有这样，才能以课程是什么的认识去反思和批判现实课程的局限性和不合理性，实际地反对和改变课程的现状，使现实课程"革命化"，充分发挥课程论对课程实践的指导作用。所以，对课程是什么问题的解决，必须与课程不是什么的研究有机结合起来，反对课程认识上的绝对主义和相对主义两种偏向，采取绝对和相对辩证统一的研究思路。

对课程是什么的研究，是把课程视为一个实体，抛开了特定的时代和一定的历史条件，是抽象的；而对课程不是什么的研究，则是要落实在既定时代和历史条件下课程实践中的，是具体的。只有在具体的课程实践中，课程是什么的研究才是有意义的，并且它才有可能得到回答。规范和指导课程实践，无非就是要避免不正当课程实践的产生。所以，课程不是什么的研究，其最重要的意义就在于把课程是什么这样一个抽象问题转化为具体的现实命题。可见，课程是什么与不是什么的研究不是截然分开的，而是相互依存而彼此交织在一起的。也正因为如此，就不能只是单纯地研究课程是什么，还必须研究课程不是什么，回到现实的课程实践中去。如果说对课程是什么的研究表征了课程论研究的一种思维方式，那么这种思维方式的局限性恰恰可以通过对课程不是什么的研究这种思维方式加以克服与弥补。

对课程是什么的研究，把课程视为一种外在于人的实体，遵循的是一种从寻找"本质"到解释课程的思考途径，因而采用的是自然科学的"主客二分"的认知模式，追求课程认识的确定性和绝对性，这就容易导致对现实课程实践的遮蔽与遗忘，从而使课程论研究陷入纯粹形而上的思辨。与课程的"本质"相比，现实课程实践显然是不完善的，因此一旦将这种研究所得到的课程认识落实到具体的课程实践中，它必然会用某种绝对理性标准来说明、

---

① 徐继存.课程本质研究及其方法论思考.当代教育科学，2003(14):6-7.

要求、规范和衡量现实课程实践,从而极容易走向某种课程的教条主义。对课程不是什么的研究,则在总体上遵循了一种不同于传统的逆向思维模式,它所把握的是具体形态的课程,是从具体的课程现实及其对人的意义出发来阐释课程,充分展现了课程认识的人文性和相对性,因而它是对课程的形而下的关怀。在课程论研究中,形而上的思考只有与形而下的关怀有机结合起来,才能使课程论研究从抽象走向具体,走向现实的课程存在;也只有从现实的课程实践活动过程中,通过它得到反映或表现。马克思指出,全部社会生活在本质上是实践的,人应该在实践中证明自己思维的真理性,即自己思维的现实性和力量、自己思维的此岸性。人不知道自己是什么,人却现实地生活着,只是因为人不是抽象的,人是在现实的生活中把握自己、规定自己的。作为人类特有的教育活动所需要的课程,它关怀的是人的生存和发展,离开了现实课程的展开和表现,将无法探寻课程的意义,确定课程是什么,只能把它看成是孤立的、抽象的感性实体。

课程论不仅仅是研究课程本质的解释之学,更是规范课程的价值之学。课程论研究不能把理论旨趣仅仅放在课程“是如何”、“是什么”这样的所谓“事实”问题上,而应尽可能地关注课程“应如何”这样的价值问题上:人类的课程对人有何意义?怎样的课程才是合理的?课程如何才能更有利于人类自身的存在和发展?等等。而要回答这些问题,就不能仅仅研究课程是什么,更要研究课程不是什么。敢于打破研究课程是什么的封闭状态,自觉地投入课程实践和改革中,去发现和解决课程现实存在的问题,才是合理的思维方向。

第二节　高等教育课程论研究对象、任务和内容

高等教育课程论研究对象的探讨,是十分重要的问题。它直接关系到课程论的发展方向、研究的范围和内容,影响课程理论的研究和发展,制约课程实践的改革及其效果。课程论是教育学科的一个分支学科,高等教育课程论是课程论在层次上划分的一个亚分支学科。两者密切相关,只是要注意在层

次上去加以区分。

一、高等教育课程论的研究对象

社会学家英格尔斯认为,探讨社会学研究对象的途径有 3 条:[①]

(1) 历史的途径。通过经典社会学著作的研究,寻求社会学作为一门学问最为关心和感兴趣的是什么,简而言之,就是“创始人、代表性人物说了些什么”。

(2) 经验主义的途径。通过对现代社会学著作的研究,发现这门学科最关心的问题,就是“当代社会学家在做些什么”。

(3) 分析的途径。我们武断地将某个较大的论题加以划分,确定它们各自的范围,划归不同的学科,这实际上是在问:“理性的指示是什么?”也就是说,从逻辑的角度看,应该如何划分学科?

迄今为止,关于课程论研究对象的主流观点主要有以下 5 种:

(1) 课程说或课程现象说。一些专著明确指出,课程论的研究对象就是课程本身。[②]

(2) 课程规律说。由于教育学被认为是研究教育的规律、原理和方法的学科,课程论也被认为是研究课程规律的学问。

(3) 课程问题说。1984 年,日本学者大河内一男等的《教育学的理论问题》被译入我国。该书认为,现象并不能直接构成研究对象,因为“只有把这一事实作为一个问题提出来的时候,才有科学研究的发端”。[③]

(4) “课程三层面”说。国际上,最有代表性的观点当推古德莱德。按照他的观点,课程论研究对象包括:

第一,是实质性的(substantive)研究,是对目标、学科内容、教材等任何课程的共同要素(commonplace)的本质和价值之探究。

第二,是政治、社会层面的(political-social)研究。探究范围包括了所有

---

① 英格尔斯. 社会学是什么. 北京:中国社会科学出版社,1981:1-2.

② 陈侠. 课程论. 北京:人民教育出版社,1989:12.

③ 大河内一男,等. 教育学的理论问题. 北京:教育科学出版社,1984:32.

这些人类过程,正是通过这些过程,一些利益团体逐渐超越了其他利益团体,于是出现了这样一些手段和结果,而不是别的。

第三,是技术、专业层面的(technical-professional)研究。课程探究的对象在于,团体或者个人如何设计策划、后勤保障以及评价反馈,从而改进、落实或者替换课程。①

(5) 产物和过程说。课程论的研究对象可以表述为课程的产物和过程,课程产物是指课程目标、内容选择、内容组织、学业评价等要素的实质性内涵;课程过程是指课程管理、课程设计、课程实施、课程评价等环节。②

在上述观点中,规律是研究目的或任务,现象也只有转化为问题,才能作为研究对象,课程论的研究对象也只能是课程问题。问题说得到了一些课程论学者的响应。课程论实质上是以课程问题为研究对象,来实现和完成认识课程现象、揭示课程规律和引领课程实践的目的和任务的。③

课程问题是指反映到研究者大脑中的、需要探明和解决的课程实际矛盾和理论疑点。课程问题可以产生于课程实践,也可以产生于课程实践与课程理论的对立中,还可以产生于一种课程理论的内部对立和两种课程理论之间的对立中。课程问题,一方面包括了认识问题、价值问题和操作问题,另一方面包括了理论问题和实践问题。

此外,从科学研究价值的有无看,课程问题又分为常识问题和科学问题。人们在课程实践遇到的各种各样的实际矛盾和理论疑难,其中有一些问题前人和他人已经探明与解决了,而另外一些问题则是前人或他人没有探明与解决或没有完全探明与解决的。前者,不需要进行研究,只要查阅有关文献资料就能明了,不具有科学研究价值,这样的问题是常识问题;后者则不仅需要查阅有关文献资料,而且需要进行专门的科学研究才能探明与解决或完全探明与解决,具有科学研究价值,这样的问题就是科学问题。

科学问题,一般表现为两种类型:

一是老问题新含义,即前人、他人已经提出并解决过的问题,但是在不同

---

① 丛立新. 课程论问题. 北京:教育科学出版社,2000:9-12.

② 冯生尧. 再论课程论研究对象与学科体系. 课程·教材·教法,2006(3):10.

③ 黄甫全. 简析课程论的主要任务、研究对象和基本内容. 课程·教材·教法,1997(12):3.

的社会条件下总是有崭新的含义需要研究解决,这是课程的永恒问题,如课程是什么,怎样组织,怎样评价,等等。

二是新问题新含义,即在特殊时代条件下,人们遇到的特殊课程问题,具有时代性,这是课程的时代问题,如课程有没有阶级性,课程怎样多媒体化,等等。

一些时代问题会转化为永恒问题。如“怎样组织课程内容”的问题,是17世纪的时代问题;“怎样评价课程”的问题,是20世纪上半叶的时代问题。现在这些问题均成了课程的永恒问题。而另外一些时代问题,会随着时代的变迁而消失。如“是否应该把自然科学知识纳入课程”的问题,是西方近代的时代问题,现在已不存在,但引申出了人文与科学怎样有机结合的问题。

二、高等教育课程论的性质

关于课程论的学科性质,已经有了不同的认识,主要有3个观点:

(1)课程论是应用性的实践学科,反对课程研究的理论化倾向。施瓦布可以说是坚持这种观点的主要代表,他认为理论的追求不适合课程领域。他指出:“课程领域已经变得奄奄一息。依靠现行的方法和原理不可能使这项工作得以继续并对教育的进展作出重要贡献……课程领域由于对理论的根深蒂固、不加检验的和想当然的依赖而达到了令人失望的境地。”①显然,他对借助于抽象的方法来建立模式或理论,基本上持否定态度。他认为,理论研究的对象是一般的、普遍的,而实践的内容总是具体的、特定的,并且受具体环境条件的影响。所以,他建议课程论应当建立一套从理论到实际的实用原理,摆脱空洞的抽象议论,更加注重课程实践和学科知识的建构,不要事先用某种“普遍的原理”硬套在课程实践上。

(2)课程论应该坚持理论学科的性质,课程研究应该走上理论化的科学研究,使之真正跻身于科学的学术殿堂。因此,不应该仅仅局限于描述性、经验性的范围。有学者指出,课程实践的失败,往往是因为理论研究跟不上,凭经验办事。持这种观点的课程学者,通常被称为“软课程专家(soft curricularist)”。

---

① D. Pratt. *Curriculum:Design and Development*. Harcourt, 1980:37.

(3) 课程论既是理论学科又是应用学科,课程研究既要关注课程实践又要重视理论的探讨。这是因为,好的理论在于它能够指导实践,而好的实践在于它有好的理论作为指导。借助于理论,可以概括出课程诸现象之间的关系模式,以便有效地应用于不同的实际情境之中;借助于实践,可以找到应用于课程实践活动中的程序、技术和方法。的确,在现代课程论的研究中,很难找到在理论与实践问题上的极端主义者。不少课程学者力图走所谓的"中间道路",把理论和实践结合起来,既强调"原理",又关注"过程"。

显然,第一种观点强调的是课程的应用研究,要求课程研究解决某些特定的实际问题或提供直接有用的知识,它回答的是"是什么"的问题;第二种观点注重课程的基础研究,旨在对复杂的课程问题的性质和相互关系从理论上加以分析和综合、抽象和概括,以发现其内在规律,从而建立课程论的一般原理,它回答的是"为什么"的问题;第三种观点试图把课程的基础研究和应用研究结合起来,使课程研究既能提供解决课程问题的理论,又能提供事实材料去支持和完善理论,解决当前的实际问题。第三种观点似乎是较为全面的。事实上,从现有的课程论专著来看,确有一些想要兼顾理论原理和实际应用两个方面,但客观上都是偏于务实而疏于规律的理论探索,因而理论性不强。课程论只有坚持理论科学的性质才能真正深入地揭示课程现象的一般规律,也只有坚持理论科学的性质才能不断地完善与充实课程理论以建立起自己的学科体系。① 课程论如果停留在解决表面的问题,仅仅探索课程实践技术层面和较浅显的具体规律,那么,它的生命力就是有限的,不可能为丰富多彩的课程改革实践提供强有力的理论指导。尤其是在我国的课程论发展还相当落后的情况下,坚持课程论的理论科学性质是非常重要的。

三、高等教育课程论的任务和内容

(一) 课程论的任务

这里的课程论有 3 个指称:一是作为高校里开设的一门科目的课程论;

---

① 靳玉乐,师雪琴. 课程论学科发展的方向. 课程 · 教材 · 教法,1998(1):3.

二是作为教育科学的一门分支学科领域的课程论；三是从层次上分出的高等教育课程论。它们既有区别又相互统一。作为一门科目，在课程教材建设中必须明确它的基本内容及其结构框架。课程论作为教育学的一门分支学科，它的目的和主要任务可以表述为：认识课程现象、揭示课程规律和引领课程实践。而高等教育课程论是从高等教育（或高等学校）层面来研究这些内容。

1. 课程现象

它是专指课程在发展、变化中所表现的外部形态和联系，是课程外在的、活动易变的方面。在现代学校教育中，课程现象表现为三个方面或层面：

一是物质性的，如计划、标准、教材、教学指南、补充资料、课程包等；

二是活动性的，如课程规划、课程实施和课程评价等课程研制活动；

三是关系性的，如内容选择与教育目的的关系、内容组织与文化结构以及学生发展的关系、课程过程与结果之间的关系等。

2. 课程规律

它是课程及其组成成分发展变化过程中的本质联系和必然趋势。它是内在的东西，人的感官不能把握它，而只有思维才能把握它。人们已经和正在努力把握与应用的课程规律范围包括：课程载体形式与内容的相互联系，形式和内容的演变与社会文化（含科技）发展的本质联系，以及形式与内容相统一的平衡点的位移趋势；课程研制过程中，主体与客体、文化与学生、教师与学生、社会与学校、规划与实施、实施与评价、评价与规划之间的本质联系，以及这些联系在不同历史条件下的渐进性和飞跃式变化趋势；在不同视角下的各种课程类型之间的本质联系和演变趋势；等等。

3. 课程实践

课程作为一个事实，它的内在本质联系和必然趋势，有着纯粹的科学认识的实然性的一面，这就是课程的科学性规律。不过，课程是人类的再造物，总是打着主体的主观选择烙印，它的内在本质联系和必然趋势，又有着人类价值选择的规范性的一面，这是课程的价值性规律。在实践中，课程的科学性规律与价值性规律是既对立又统一地存在着、运行着，但在人们的认识中往往是分离开的。

课程作为一种客观存在，其本质联系和必然趋势是内在的、不以人的认识和作用而转移的，是一种纯粹的客观存在，对人们的认识来说是终极性的，这是课程的存在性规律。课程研究,实际上就是在努力对这样的规律进行正确的反映。人们常说的课程规律一般指称的是这种反映的结果,实质上仅仅是对存在性规律的一种带有人的认识能力局限的摹写、解释和反映,并不能等同于存在性规律,只是一种反映性规律。明确从存在到反映的区别和过渡,将使课程研究行为蕴含着对自身的任务和局限的自觉意识和情怀。

在课程研究中,无论是思辨的还是实验的,总是“解剖式”的,即控制或“忽略”了一些变量或因素,因而得出的对课程的内在本质联系和必然趋势的认识结果总是有条件的、理想的,具有一般性,这仅仅是课程的理论性规律;而在课程实践中,条件是自然性的,所有的变量或因素均在发挥作用,支配课程实践的本质联系和必然趋势,是有条件的和现实的,具有特殊性,这是课程的实践规律。两者是理论与实践、一般与特殊的对立统一关系。

对课程的科学研究产生的是科学理论,内含科学存在与价值规范的统一;而课程政策法规,主要体现的是一种价值规范,主要依据有科学理论、经验体会和文化传统。课程理论主要是通过渗透到政策法规中,进而指导课程实践。①

(二) 课程论的内容

课程论的内容体系范围如何选择,国内外的研究人员都有许多论述。国外,泰勒于20世纪40年代提出了课程和教学的四个基本问题,进而阐述了“目标选择、经验选择、经验组织与课程评价”的基本原理。比彻姆在他那本颇有影响的专著《课程理论》中,专门探讨了课程论领域的“共同问题”,并据以阐述了“作为学科领域的课程(论)的某些基本的和共同的方面”,包括“课程设计”、“课程工程(由规划、实施和评价组成)”、“课程研究的经验”、“选编过的知识领域(包括对教育学基本原理的研究、文化内容的根源学科和涉及课程(论)领域的有关学科)”。② 奥恩斯坦(A. C. Ornstein)和亨金斯(F. P. Hunkins)在他们合著的《课程论:基础、原理和问题》一书中,将内容限定为“课程的概论外加基础、原理和问题等三个主要部分”。由坦纳撰写的《课程

① 黄甫全. 简析课程论的主要任务、研究对象和基本内容. 课程·教材·教法,1997(12):2.
② 比彻姆. 课程理论. 黄明皖,译. 北京:人民教育出版社,1989:174-180.

研制的理论与实践》，被著名课程论权威福谢赞为“与史密斯、斯坦利和肖尔斯的‘课程研制基础’、与塔巴的课程论著一样，是该领域中为广大教育界公众通俗易懂的一本代表作”。该书由“原理探索”、“课程论历史发展追踪”、“课程改革和重构的新动向”以及“实践中的课程改进”等4个部分构成。奥利瓦在他那本颇为流行的《研制课程》教材中，主要阐述了“课程的理论方面”、“学校人员在课程研制中的作用”、“课程研制过程”和“课程研制的课题和产品”等四大问题。

在国内，史国雅在分别分析了美国博比特的《课程编制》和古德莱德等人的《Curriculum Inquiry：The Study of Curriculum Practice》这两本书的内容结构后，提出：“课程论的研究范围应当包括课程设计和课程实践这两个方面。”陈侠在《课程论》专著中，构建了一个课程论内容体系，这个体系除了与“泰勒原理”相似的“教育目标制定、课程内容选择、课程内容组织和课程评价”外，增加了中外课程发展史、课程论各种流派等内容。廖哲勋则把课程论内容归纳为三部分：“绪论”、“课程的性质及其变化发展规律”和“课程系统工程”。钟启泉把课程论知识概括为两大部分：“课程理论与课程研究”和“课程实施的国际比较”。①

中国台湾地区王文科教授的《课程论》一书由“课程的概念与发展”、“教育的概念、意识形态与课程”、“课程设计”、“个别化课程”、“资优者的课程发展模式与方案”、“课程评鉴”、“课程研究”和“课程理论”等八章构成。② 中国香港李子建和黄显华先生在所著的《课程：范式、取向和设计》一书中，分章阐述了“课程定义”、“课程设计的早期发展”、“课程设计的理论取向”、“课程设计的范式”、“课程设计的模式”、“课程目标”、“学习机会的选取”、“课程组织”、“课程实施”、“课程评鉴”和“课程研究”等11个主题。③

由以色列的列维教授主编和国际众多著名课程论学者编著的、具有权威性的《国际课程百科全书》，可以说涉猎了课程理论知识的各个方面。它把这些知识分为两大类：“作为学问领域的课程论”和“特殊研究领域”。前者又

---

① 黄甫全. 简析课程论的主要任务、研究对象和基本内容. 课程·教材·教法，1997(12)：4.

② 王文科. 课程论. 台北：五南图书出版公司，1990.

③ 李子建，等. 课程：范式、取向和设计. 香港：香港中文大学出版社，1994.

分为“基本概念”、“课程途径和方法”、“课程过程”和“课程评价”等四个部分;后者涉及“语言艺术”、“外语研究”、“人文学科课程”、“艺术课程”、“社会研究”、“数学教育”、“科学教育计划”、“体育”等。这是国际上通行的“总论+分论”的知识叙述结构模式。①

通过上述分析,可以把高等教育课程论内容分类和整理为5个系列:

(1) 高等教育课程论基本原理系列,包括现代课程论原理、课程社会学、课程价值论、课程认识论、课程研究方法论等;

(2) 高等教育课程本体生成和实现过程系列,包括课程结构论、课程研制论、课程规划论、课程实施论、课程评价论等;

(3) 高等教育不同类型课程系列,包括文科课程论、理科课程论、活动课程论、隐性课程论、整合(综合)课程论等;

(4) 高等教育课程历史发展系列,包括中国高等教育课程史论、外国高等教育课程史论、比较课程论、未来课程论等;

(5) 高等教育不同层次和类型系列,包括普通高校课程论、高等职业教育课程论、成人教育课程论等。

第三节 高等教育课程论地位和研究方法

课程论的学科地位一直是我国教育学体系构建的焦点问题。我国长期受前苏联教育学模式的影响,把课程论当作教学内容而作为教学论的组成部分。这种状况,严重地限制了课程论的研究与发展。积极推进课程改革,促进其向纵深发展,已是教育学体系构建之要求、时代之要求。为了从根本上改变狭隘的课程观,应在理论与实践结合的基础上确立课程论在教育学体系中的重要地位。

---

① 黄甫全.简析课程论的主要任务、研究对象和基本内容.课程·教材·教法,1997(12):5.

一、课程论的诞生

最早把“课程”作为专门研究领域的代表作，首推美国博比特(Bobbiot)于1918年所著的《课程》。在书中，他第一次明确地表述了研究课程编制的重要性，用社会分析法对课程予以研究，提出了怎样才能有效地编制新课程的见解。此后，泰勒于1949年在其被誉为现代课程研究范式的名著《课程和教学的基本原则》中，确定了编制课程的4个程序：确定目标、选择经验、组织经验和评价结果。至此，课程论有了自己的研究领域。[①] 自从美国人乔治·A·比彻姆在《课程理论》中专门对课程论涉及的23个概念界定后，[②]大量课程论工作者对相关的概念、术语有了共同的阐释；20世纪后半期出现的现代三大课程论流派和潜在课程论又有相互吸收、相互融合之势，使课程论研究的视野和方法更加开阔和多样，内容也日趋丰富。

课程论作为独立学科的诞生，是以课程专业技术层面的系统研究为标志的。[③] 课程的技术专业层面，包括课程设计、课程编制、课程资源开发、课程评价等。之所以如此称谓，是因为对于课程论的“外行”而言，他们同样可以对课程要素的实质性内涵提出自己的看法，但是他们不太可能探讨课程设计、课程评价等问题。同时，当课程决策、课程实施涉及诸多人事问题而需要社会各界参与时，专业技术层面的问题是一个纯粹专业人员进行研究的范畴，与人事问题不太搭接。

作为专业技术层面之一的课程设计，是课程论研究的重要领域，也是迄今为止发展最为成熟的领域之一。课程设计试图回答以下问题：

(1) 程序性问题。人们应该遵从什么步骤和环节去设计课程？

(2) 描述性问题。人们实际上是如何设计课程的？

(3) 要素性问题。课程设计涉及哪些要素？它们之间的相互关系如何？

对这些问题的最早回答，可以从1918年博比特撰写的《课程》中找到答

---

① 卜志军，高兰绪. 论课程论的学科地位及其与教学论的关系. 高等师范教育，1996(5)：12.

② 比彻姆. 课程理论. 黄明皖，译. 北京：人民教育出版社，1989：184.

③ 冯生尧. 再论课程论研究对象与学科体系. 课程·教材·教法，2006(3)：11.

案,它阐述了如何以成人的活动为起点,科学地设计课程,由此,标志着独立学科的课程论诞生了。无论是在整个教育学领域还是特定的课程论领域,博比特的声望和贡献均不能与杜威等名家相提并论,但是杜威只论及课程产物,博比特第一个科学地论述了课程设计的过程,因而后者被尊崇为课程论的开山鼻祖。自博比特之后,课程设计领域成果喜人。泰勒于1949年发表《课程与教学的基本原理》,提出著名的泰勒原理,标志着课程设计日益成熟。其后,塔巴修正泰勒原理,施瓦布提出实践性探究模式,施滕豪斯倡导过程模式,课程设计领域呈现一派繁荣景象。

二、高等教育课程论的地位

从课程论学科群中来分析高等教育课程论的地位。课程理论学科群不是某个人的主观意见,而是课程理论发展的必然逻辑,它在课程领域具有普遍意义。

(一)课程理论学科群的形成

课程论形成一个学科群,有多方面的原因。①

第一,课程现象十分复杂。从相对静止的状态看,课程现象包含课程设置、课程标准和各类教材,这三者的性状都是极为复杂的。从动态的角度观察,课程现象的变化就更加复杂了。

第二,课程问题十分复杂。简言之,课程问题包括课程的产生和发展问题,课程的构成问题,课程系统的运行问题,课程的历史和现状问题以及课程的校别问题、地区问题、国别问题等。

第三,课程系统工程十分复杂。它包括课程决策、课程设计、课程编制、课程实验、课程评价和课程管理等组成部分,这些组成部分在从幼儿园到小学、中学、中专和大学等各个教育阶段的任务、内容和方法方面都具有不同的特点。

第四,课程理论十分复杂。我国现代课程理论要探讨和回答的根本问题

---

① 廖哲勋,田慧生.课程新论.北京:教育科学出版社,2003:13-17.

是,课程构建和实施应如何引导和促进受教育者能动地、自主地、创造性地进行学习,从而成长为有价值的现代人的问题。对这一根本问题的研究涉及与课程论密切相关的几个学术领域和一系列深层次的理论问题。所以,要按照从抽象上升到具体的研究方法透彻地阐明这一根本问题,必然要求课程理论达到应有的广度、深度和学术高度。这使它必然具有复杂的理论体系,形成一个学科群。

(二)课程理论学科群的结构

课程理论学科群只有具备合理的结构,才能发挥强有力的整体功能。探讨课程理论学科群的整体结构的目的正是为了提高它的整体水平,增强它的整体功能。课程理论学科群的整体结构是其门类结构、学科结构和知识结构有机组成的整体。这里主要阐述它的门类结构和各门类中的学科结构。

按照科学结构学的观点,科学的门类结构主要由基础科学、技术科学和应用科学所构成。课程理论的门类结构也分为 3 个层次。课程的形成过程不是一个纯技术过程,而是课程系统工程运行的过程,因此必须以"课程工程科学"取代自然科学中的技术科学。从现有资料看,最先使用"课程工程"概念的是美国学者比彻姆。他认为:"课程工程包含各类学校使课程系统发挥作用的一切必要的过程。课程系统的主要工程师是教育厅(局)长、校长和课程指导员,还可以由学校系统之外的顾问人员加以协助。这些工程师们负责组织并指导制订各项任务和规划课程,通过教学方案在课堂上实施课程、评价课程,按照从评价中所积累的资料来修订课程,等等。因而,课程工程包括了使学校的课程保持动态所必要的一系列活动。"①

"课程工程"这一术语准确地表达了课程形成的实际过程,是在课程系统工程的实践基础上产生了课程工程的理论和方法。据此,我国课程理论的门类结构由关于课程的基础科学、工程科学和应用科学共同构成。课程的基础科学是课程理论大厦的基石,没有宽广而深厚的基础科学,绝不可能建立真正的课程工程科学和课程应用科学。课程工程科学是课程系统工程的专业理论与专业技术的有机统一体,它具有很强的专业性。课程应用科学是依据

---

① 比彻姆. 课程理论. 黄明皖,译. 北京:人民教育出版社,1989:129.

课程工程科学进行课程实践的实际学问,它具有很强的实用性和可操作性。

课程理论学科群的学科结构是各门类课程理论中一系列基本学科有机组成的整体。各学科的划分依据各自不同的研究对象,没有特定的研究对象是不能确定某一学科的。据此,每一课程理论门类(即每一层次)必然包含若干学科,从而形成3个亚学科群。①

1. 课程基础科学的学科群

它由3个层次的学科群组成。

第一层次有课程心理学、课程社会学和课程哲学。课程心理学以课程领域的心理问题为研究对象,着重探讨课程的构成、教材的编制和课程实施的心理学依据。课程社会学以课程领域的社会问题为研究对象,着重研究社会变迁与课程的关系、课程的阶级性与阶层差别性以及课程的地区差别与城乡差别等问题。课程哲学以课程领域的哲学问题为研究对象,着重研究课程认识论、知识分类论、课程价值论和课程研制的方法论问题。显然,这一层次的三门基础学科都具有交叉学科的属性。它们对课程理论大厦的奠基作用胜过一般的心理学、教育社会学和教育哲学的作用,因而这三门基础学科是课程基础科学的基础,是重中之重的学科。

第二层次是课程概论,包括幼儿园课程概论、中小学课程概论、中专课程概论和高等教育课程概论。课程概论以课程问题为研究对象,着重研究课程产生发展的基础、课程的整体构成和课程系统的运行问题,为初学者步入课程理论大厦打好基础。所以,课程概论是课程理论的入门学科。

第三个层次主要有课程原理、课程发展史和比较课程论。课程原理着重探讨课程规律,从而概括出旨在说明各主要课程规律的原理。课程发展史和比较课程论分别对课程现象与课程问题进行纵向和横向研究,从而作出有价值的理论概括。显然,第三个层次的基础学科属于课程基础科学中的提高性学科。

2. 课程工程科学的学科群

它的主干学科是课程设计论、课程实施论、课程评价论和课程管理论。这4个主干学科分别研究课程设计、课程实施、课程评价和课程管理的专业

---

① 廖哲勋,田慧生. 课程新论. 北京:教育科学出版社,2003:16.

理论与专业技术。由于幼儿园、中小学、中专和高等教育课程的设计、实施、评价与管理各有不同的特点，因而这 4 个主干学科都有 4 个层次的分支学科。

3. 课程应用科学的学科群

它主要包括课程开发、课程督导、课程管理制度等学科。这些学科同各级课程主管部门、各级课程设计部门和各级教研部门的一般工作人员以及各级学校教师从事的工作有着密切的关系，因而这些应用学科的建立对于课程理论的普及有重要意义。

从上述分析可知，高等教育（或高等学校）课程论是课程论的一个亚分支。它对课程理论人才的培养和课程理论学科群的形成和发展具有十分重要的作用。本书主要从高等教育课程论层面展开对高等教育（或高等学校）课程相应的理论进行探讨。

三、高等教育课程论的研究方法

现代学科发展趋势表明，以不同视角、按不同研究规范对研究对象进行综合探索，已成必然之势。因此，探索独特而多样的新的综合研究方法，就成为课程论学科发展的一个基本态势。

（一）传统的学科性探究方法

它与实践问题有较少密切关系，具体包括以下方法：

（1）分析性的、扩充性的、推测性的哲学性方法；

（2）历史性方法；

（3）族志式的科学性方法；

（4）美学的、现象学的艺术性方法。

（二）多学科或超学科探究方法

它与全观性实践问题联系，具体包括以下方法：

（1）道德性的，有规范性、批判性、评价性、整合性的方法；

（2）宗教性的方法；

（3）诠释性的，有解释学的方法；

（4）功能性的，有理论的方法；

（5）慎思式的方法；

（6）行动研究方法。[①]

肖特在对这些不同方法研究分类时，强调指出，人们的研究取向不同，所关注的课程问题各异，因此，就会采用不同的研究方法。只有使课程问题与课程研究方法保持一致，才能有效地解决课程理论与实践问题。当然，这并不是绝对的。但有一点是可以肯定的，即科学主义与人本主义两种课程研究取向经常使用不同的研究方法。[②]

（三）实证分析的方法

18 世纪末到 19 世纪初，在自然科学蓬勃兴起、开始按照自然科学的规范建构人文科学的背景下，博比特率先运用实证分析的方法建构课程理论。他主张用“经验—分析”的方法来描述客观的生活经验，从而回避了课程的意识形态分析，用纯技术的观点，采用“原子论”的分析方法来研究课程目标，选择学习经验，强调事实与价值的分离。后来查特斯、卡斯威尔、泰勒、塔巴等人均采用这种自然科学实证分析的方法来建构课程理论，形成所谓科学的课程理论。这种研究取向在 20 世纪 60 年代以前一直占据主流，到今天仍有很强的生命力。

（四）人文理解的方法

人文理解的方法是相对于实证分析的方法而产生与确立的。在人本主义课程论者看来，对课程活动的“解释性的理解”是课程研究的根本方法。解释学的方法的特点是：对人文世界的意义必须进行“理解”，而理解又是一个历史的流程和“世界融合”的过程，即理解者的主观世界与“文本”（社会历史）所提出的世界融合的过程。总而言之，人文理解的研究方法强调的是整体综合的定性方法，反对自然科学机械分析的方法，主张对课程问题作直觉

① 李子建，黄显华. 课程：范式、取向和设计. 香港：香港中文大学出版社，1994：426.

② 靳玉乐，师雪琴. 课程论学科发展的方向. 课程 · 教材 · 教法，1998（1）：6.

的和艺术的把握，根据主体的期望和假设进行意义诠释。与人文理解研究方法密切联系着的是现象学、诠释学、存在主义哲学和精神分析理论等。例如，格林妮和平纳主张从个体意识的觉醒和反省出发来建构和解释学校生活的意义。课程设计的目的就在于促进学生的解放、自由和个性的完美。显然，他们注重教育经验的诠释性分析，把课程看做是学习过程，强调师生互动的价值，把课程评价看做是审美的和定性的。艾斯纳则从美学的角度，把课程视为艺术的领域，主张用文艺评价的方式来设计和评价课程。运用人文理解的方法建构的课程理论，通常被看做是解释学的或审美的课程理论。

（五）社会批判的方法

社会批判的研究方法通常是从社会学的角度来建构课程理论。其特点是把批判地分析课程的社会背景因素（政治的、经济的和文化传统的等）作为课程研究的重心，既不同于实证分析方法把重点放在课程的技术层面的研究，也不同于人文理解研究方法把重点放在学校生活的意义诠释或理解。在社会批判论者看来，知识是由社会建构的，而知识的客观性又是有限的，因而课程研究根本不可能排除社会价值和规范的要求。知识与社会权力、意识形态之间存在着密切的辩证关系。因此，要把握课程及其设计、实施的本质，必须透过意识形态进行分析。运用这种方法建构的课程理论，通常被看做是批判的课程理论。

面向未来的课程研究应当把各种方法综合起来，表现出精确的微观分析与整体的理解相结合、定性描述与定量分析相结合、结果研究与过程研究相结合、逻辑与直觉相结合、科学与艺术相结合等特征。

第二章

高等教育课程的理论基础

作为一种学科形态的课程，要构建出合理的课程理论，即通过建立一定的假设，并从不同的知识领域和实践中获得根据，这样可以促进课程理论合理化的发展。在这个意义上，需要探究课程（论）的理论基础，也就是获取课程理论赖以存在的合理依据，借用其他学科的相关研究成果可以使课程理论中的相关观点得到进一步证明，保证课程理论所提出的新见解的正确性和科学性。

第一节　课程理论基础的相关概念

对课程的基础的界定,有人认为是课程的基础,有人认为就是课程的理论基础,也有人认为是课程研究的理论基础。

随着学科分化的加剧,新兴学科不断涌现,导致对社会、学生、知识作研究的新学科不断出现或形成新的融合。因此,为防止可能排斥一些原本对课程有重要影响的学科,有必要区分涉及课程理论基础研究的一些相关概念,如课程基础、课程的理论基础、课程研究的理论基础等。这些概念的基本的指向是课程与课程论发展的基础,即影响课程与课程论发展的因素分析。

一、课程的基础

什么是课程的基础,不同的人有不同的看法。

第一种观点是,课程的基础是指影响课程目标、课程内容、课程实施、课程评价的一些基本领域。① 这里的“基本领域”,就是指确定课程知识领域的外部界线,确定与课程最相关和最有效的信息来源。换言之,对课程基础的研究就是将课程目标、课程内容、课程实施和课程评价看做是课程研究的基本问题,通过对哪些知识可以作为其外部信息来源的分析,找出能够支撑课程理论的基本学科。在这里,课程的基础实际上等同于影响课程的其他学科。

第二种观点是,课程的基础是指那些对课程的建设与发展起决定性作用的基本力量。在西方的课程文献中,也常用“来源”或“制约因素”等术语来

---

① 从立新. 课程论问题. 北京:教育科学出版社,2000:23.

代替“基础”一词。[①] 其着眼点就是分析影响课程发展的因素。这是将课程的基础看做是实践形态的课程的分析，即课程作为一种实践，其发展总是受到多种因素的影响。而分析这种影响，将有助于预测未来课程的发展趋势。这也是我国对课程的基础研究最为流行的看法。

第三种观点试图融合前二者之间的分歧，提出课程基础应为“课程理论的基础”，即指那些对课程的建设和发展起决定作用的基本力量，影响课程设计、实施和评价的基本领域。[②]

将课程的基础看做是影响因素，主要是从实践形态的课程发展角度来看。影响课程的因素众多，以致人们对因素本身的分类也出现了问题。将课程的基础界定为影响课程的基本领域，实际上是试图划分出课程研究与其他研究领域的界线，同时关注其他研究领域对课程的影响与决定作用。这一问题同时涉及对课程本身的认识，将课程的基础划分为客观基础和理论基础，实际是将课程既看做是一种实践又是一个领域或研究学科，或者是将课程划分为两个基本形态——事实形态和理论形态，这是两个不同角度的讨论。

二、课程的理论基础

关于课程的理论基础，涉及两个基本概念：

（1）课程论的基础理论学科。这是指能够对课程理论的构建产生影响的，以知识、学生、社会为研究对象的其他学科。由于这些学科的研究方法、研究对象、研究视角的不同，其研究结论对课程理论的构建也会产生影响。

（2）课程论的基础理论。这是指课程论所独有的研究对象及研究方法和研究结论。

从这样的划分中，可以看出，课程研究的基础理论学科应当指那些对课程基础理论的研究有着重大影响的其他学科，而不是所有以知识、社会、学生为对象的学科。[③]

---

① 靳玉乐. 现代课程论. 重庆：西南师范大学出版社，1995：81.

② 胡斌武. 课程基础研究评析. 天津市教科院学报，2002(5)：55.

③ 刘家访. 我国“课程研究的理论基础”的反思与构建. 四川师范大学学报：社会科学版，2007(3)：109.

“把心理学、社会学和哲学作为课程的基础或基础学科,是大家比较公认的。”[①]这种观点起源于史密斯和洛瓦特。他们认为正是因为课程理论主要研究社会、知识、学生,所以所有研究这些问题的学科即社会学、心理学、哲学(知识问题研究主要是哲学认识论研究的主要问题,它所要解决的是人的认识的来源和知识的性质)就必然成为课程论的理论基础。但是,应该注意的是,如果可以将知识、社会、学生等作为课程理论的研究对象或核心范畴,那么,研究这3个方面问题的学科显然也不仅仅是哲学、社会学、心理学,其他的如政治学、管理学、文化人类学、伦理学等也应当成为课程的基础理论学科。

课程的基础理论学科还包括教学论,并对课程论与教学论之间的关系进行了探讨。[②] 甚至有人提出课程的基础理论学科还包括科学学。他们认为,由于科学学的产生及其发展,要求课程“必须反映人类改造世界的最新科学成果,帮助学生形成辩证唯物主义和历史唯物主义世界观,养成科学精神,具备科学头脑,掌握科学的本领”。[③] 有研究者提出未来学可以成为课程的基础理论学科。他们看到了课程研究方法论中存在的问题,从课程研究方法论的角度提出课程论与未来学之间存在着密切的联系,因此未来学可以成为课程的基础理论学科。蔡斯认为:“课程的基础一般由四个基本领域构成:认识论、社会学或文化学、个体、学习理论。这四个领域的理念、态度、价值观构成了影响甚至控制课程内容与组织的基本力量。”[④]奥恩斯坦则将课程的理论基础划分为哲学、历史、社会学、心理学。[⑤]

三、课程研究的理论基础

课程研究的理论基础,可以从4个方面来探讨:

(1)将课程看做是一种实践形态的课程现象,需要分析课程产生、形成、

---

① 施良方.课程理论——课程的基础、原理与问题.北京:教育科学出版社,1996:23.

② 丛立新.课程论问题.北京:教育科学出版社,2000:318.

③ 廖哲勋,田慧生.课程新论.北京:教育科学出版社,2003:82.

④ R. S. Zais. *Curriculum: Principles and Foundations*. Harper & Row, Publishers, Inc, 1976: 101.

⑤ 奥恩斯坦,等.课程:基础、原理和问题.柯森,主译.南京:江苏教育出版社,2002:33.

发展的规律，探询其发展的根本原因，从而依循课程发展的轨迹预测未来课程发展的趋势。这样，将课程的基础划分为课程的客观基础就有其现实的依据。

（2）课程的理论基础是在这样的意义上使用的，即将课程作为一种客观现象，包括教育实践中的课程现象和教育改革中的课程现象。这些课程现象的客观复杂性常常表现为多种因素的矛盾运动，其发展运行轨迹及动力需要从理论上给予说明，因此将课程的基础看做是课程的理论基础是合理的。

（3）将课程看做是一种学科形态的课程理论时，所要做的是构建出合理的课程理论，即通过建立一定的假设，并从不同的知识领域和实践中获得根据，这样可以促进课程理论合理化的发展。这实际上是寻求课程和课程论的学科基础，即借用其他学科的研究理念、方法和结论，丰富与完善课程理论，从而促进课程理论的进一步发展。作为理论，课程论本身离不开实践，对课程实践的研究也成为课程理论的重要任务。

（4）课程的知识领域。课程的知识领域是决定课程理论本身与外部界线的基本尺度。这是探讨课程研究的理论基础的前提，即只有在明了课程的知识领域之后，才能在此基础上探讨课程理论与其他学科之间的关系，因为其他学科对课程研究的影响以及课程理论从其他学科所能够借鉴的理论观点、概念范畴、研究方法等都无不与课程的知识领域相关。

对于课程论的知识领域的分析，目前还没有一个共识性的东西。如比彻姆将课程的知识领域划分为规划、实施与评价，恩格里什从意识形态（或哲学—科学）、技术（或设计）和操作（或管理）等方面看课程；肖特把课程知识领域归纳为政策制定、编制、评价、变更、决策、活动或学习领域，以及探究所用的形式和语言。①

显然，这样分析课程的知识领域同样无法获得一个公认的观点。如果从课程理论所需要承担的任务看，可以将课程的知识领域划分为两类：

一是关于课程理论建构的主张与看法，包括课程的理论结构、课程思想发展的历史、课程研究方法以及课程编制的相关理论观点。就这一类知识而

---

① 奥恩斯坦，等. 课程：基础、原理和问题. 柯森，主译. 南京：江苏教育出版社，2002：18.

言,其主要的任务是将课程本身所涉及的各种要素按照逻辑的方式组织起来,并形成一定的概念框架或研究框架,以帮助研究者分析与综合资料,形成概念和原则,提出新的想法和参考意见,乃至预测未来。值得注意的是,关于课程理论建构的主张本身就构成课程的知识领域,左右着课程研究的范围。

二是与课程实践相关的知识领域,这一知识领域涉及从事课程实践的程序、方法与技能,或者可以认为是与课程实践相关的知识领域,包括在课程决策与学校工作中发挥强制作用的因素以及涉及课堂行为的各种因素。

课程的知识领域实际上是课程运行过程中人们所形成的关于课程的理念以及课程的具体运行状况。而从课程的发展过程以及人们对课程的认识看,它们都与社会、知识、学生这 3 个基本要素相关。即不管是理论建设还是课程实践中的知识领域,都将这 3 个因素看做是需要解决的矛盾,它们构成了课程所需要解决的基本矛盾。3 个因素相互作用,忽视任何一方都会导致课程理论的简单化和课程实践的失败。分析课程的理论基础需要首先对课程的知识领域进行研究,一方面意味着这些知识领域决定着课程的基本研究对象,另一方面也决定着课程的基础理论学科。

基于上述分析,我们认为课程的理论基础所要解决的基本问题之一是课程理论与其他学科之间的关系。那么,关于课程的理论基础学科有哪些呢?将社会、知识、学生作为研究对象的学科繁多,每一门学科在研究其基本的问题时,也各自具有自己的研究思路与方法,并形成了基本的理论观点。但是,随着学科分化的加剧,即使对同一对象的研究,当今也有多学科研究出现,如将社会作为自己的研究对象的学科就有文化学、政治学、经济学等学科,因此,有将这些学科从社会学中分离出去的趋势,并将其看做是课程的基础学科。所以,如果仅仅将课程的基础学科看做是社会学、哲学、心理学,势必排斥许多对课程研究有重要意义的学科,这对课程理论的研究是不利的。

课程理论的基础学科可分解为:与知识相关的学科,包括哲学、逻辑学等;与社会相关的学科,包括社会学、文化学、生态学、政治学、经济学、人口学、法学、人类学等;与学生相关的学科,包括心理学、生物学、生理学等。①

---

① 刘家访. 我国“课程研究的理论基础”的反思与构建. 四川师范大学学报:社会科学版,2007(3):111.

第二节　高等教育课程的哲学基础

高校的每一种课程都隐含着课程设计者的某种哲学思想与观念,它对高校课程的影响具有基础性和终极性。哲学是高校课程的起点,是对高校所有课程进行连续决策的基础,是制定高校课程目标以及进行高校课程编制、实施和评价的价值标准。高校课程目标是有价值取向的,以课程设计者对于哲学信仰为基础;高校课程编制和实施代表了过程和手段,反映了课程设计者对于哲学观的选择;高校课程评价表明了教学结果,包含着事实、概念、知识原理和习得行为,从本质上讲,也是哲学性的。

一、高等教育课程哲学基础的重要性

关于哲学在决定高校课程方面的重要性,从托马斯·霍普金斯的话语中可以看得很清楚:“哲学在人们以往做出有关课程和教学的重大决策方面一直发挥作用,而且将来仍然是重大决策的依据。一个国家的教育部门为师生作出时间安排时,不管是隐性的还是有意识的,都以哲学为依据……当教师根据不同年级学生的需要改变学科内容时,当评价专家解释他们对教师团体测验结果的评价时,他们都在实践着自己的哲学观,因为事实只有在基本的假设之中才有意义。教师在他们的工作中无时无刻不面临着在行动中需要哲学的情况,如果哲学没能在课程和教学中发挥作用,那么教育就会脱离实际情况而一团糟。”①

在高校课程的各种理论基础中,哲学的影响最长久、最深刻,这主要是由哲学本身的特殊性所决定的。首先,个体总是带着自己特定的哲学观思考、研究和实践高校课程。其次,高校课程的许多问题,尤其是实践中出现的问

① [美]Thomas Hpkins. *Interaction*:*The Democratic Process*. Boston,1941:198-200.

题,必须上升到哲学的层次才能得到终极和根本的回答。这是因为:[①]

(1) 哲学是学校课程观的最根本的基础;

(2) 哲学中关于认识的来源和知识的性质的观点,对课程理论和实践,尤其是课程设计的模式,起着直接的指导作用;

(3) 认识论中有关知识的价值的问题的探讨,对课程内容的选择与组织关系甚大;

(4) 认识论中有关知识的形式与分类的观点,在学校教育中折射为课程的类型和门类。

二、哲学对高等教育课程的具体影响

(一) 哲学为高校课程提供研究范式:高校课程的哲学范式

哲学作为高校课程的理论基础,首先具有这样的价值与意义:为高校课程研究提供了一种新的学科范式,即高校课程研究的哲学范式。高校课程的哲学范式,从教育研究方法的角度来讲,主要是价值性研究,侧重于研究终极性关怀的问题即价值性问题。这一范式主要包括以下几个方面的内容:[②]

(1) 基本命题是,高校课程是达到完善目的的手段,是人类有价值的知识的精华与载体,集中体现着人类关于高等教育的目的和追求。

(2) 基本问题是,高校课程中的知识有何种价值?学生的知识怎样更有价值?第一个问题可以从静态的知识论层面去回答,第二个问题可以从动态的认识论层面去回答。

(3) 核心概念是"价值",以价值为基轴审视高校课程。

(4) 基本研究方法包括思辨的方法和人文理解的方法。前者主要通过概念推演来把握高校课程,用以研究高校课程标准、内容、类型等问题。后者

① 王根顺,史学正.论高等学校课程的哲学基础.高等理科教育,2005(2):1.

② 南京师大"课程的社会学研究"课题组.简论课程研究的学科方式.课程·教材·教法,1997(7):8.

主要通过个体的主观理解和直觉思维以解释高校课程，用以研究高校课程目标、内容、实施等问题。

(5) 基本研究途径主要从高校课程标准、内容、实施入手。

(二) 哲学为高校课程提供前提性意义：高校课程的本体论基础

哲学作为高校课程的前提，是指把哲学观点看做是研究高校课程问题的前提，哲学是高校课程的本体论基础。哲学的作用是为高校课程提供思辨的前提，高校课程中的重要原理是从哲学信念中推导演绎出来的，高校课程思想是哲学观点在高等教育领域的延伸。在本体论这个层次上，哲学对高校课程的影响与对整个高等教育的影响是相一致的。它以特定的关于自然、社会、人的理论来阐明高等教育活动的性质、意义，并且贯彻到高校课程领域，表现为形成关于高校课程的各种基本理念：高校课程是什么，高校课程的基本价值和终极目标在哪里，等等。各种高校课程流派为人们所识别和接受，是以对这样的一些问题的回答而实现的。如唯心主义强调理性的、内省式的思维，以及培养这种思维能力的心智训练，于是在高校课程上便强调文雅教育的人文课程，排斥实用教育的职业技术性课程，忽略经验与科学的重要性。实用主义主张心物交互作用，强调知识的经验基础，以及感性知识的学习和实践活动，反映在高校课程上就非常重视活动课程、实用技术课程，强调通过人与环境的交互作用获取知识经验，把学生的实际经验与课程紧密联系起来。存在主义既主张唯心又强调经验的意义，重视非理性的作用，强调儿童的绝对自由，体现在高校课程中则注重学生完善的人格、健全的个性，以达成自我实现的目的，主张百科全书式的课程体系。

(三) 哲学为高校课程提供评判性工具：高校课程的价值论基础

哲学作为高校课程的评判性工具，是指把哲学看作高校课程的价值评价性工具，哲学是高校课程的价值论基础。高校课程实践在本质上是一种价值创造活动，对价值问题的思考是高校课程内容选择、组织、实施、评价的根本出发点，高校课程建设必须首先考虑其价值取向问题，这便需要依靠哲学价值论的帮助。对高校课程的价值评判主要包括：高校课程实施对象的价值评判和高校课程内容的价值评判两大方面。①

（1）对高校课程实施对象的价值评判主要涉及人的本性，追问人的本性是什么，有没有教育的可能性。对人的本性的评判不同，高校课程内容的选择、编制方式、教学方法也各不相同。如经验主义、行为主义认为人性无善恶之分，强调后天的发展，在选择高校课程内容时则会强调知识的真理价值；基督教神学认为人性是恶的，强调对个体加以限制、惩戒、心智训练，使之真正领悟神学的“真理”，因此，高校课程中神学课程占主导，课程的实施强调训练、惩罚；自然主义、人文主义则认为人性是善的，强调尊重学生，反对体罚，自然在选择高校课程内容时注重那些具有实用价值、功利价值和审美价值的知识，在课程教学中强调学生的自由主动式学习。

（2）对高校课程内容的价值评判主要涉及知识的价值，追问什么知识最有用，对知识的价值判断是确定高校课程范围、选择高校课程内容的基础。最早运用哲学价值论探讨课程问题的英国教育家斯宾塞，他在《什么知识最有价值》当中认为，科学技术知识最有价值，反映在高校课程上便是科学技术课程。美国哲学家杜威认为最有价值的知识是与儿童生活经验相联系的经验知识，以此知识价值观为基础，反映在高校课程上便是活动课程、经验课程。当代英国的赫斯特认为最有价值的知识是有助于发展心智的最基本方面的知识，在这种知识价值观下，高校课程应该是以博雅教育为目标的核心课程。而我国传统文化一直把治人之术的“人道”知识看做是最有价值的知识，它反映在我国以往的高校课程设置上过分强调人文政治、思想道德知识方面的课程，轻视科技知识、生产劳动知识的课程。

（四）哲学为高校课程提供了直接性根据：高校课程的认识论基础

认识论对高校课程理论和实践起直接性的指导作用，事实上，“各种不同的知识就是高校课程设计的依据与题材”。哲学为高校课程提供的直接性的认识论根据，主要表现在以下 3 个方面：

（1）哲学中关于认识的来源和知识的性质，对高校课程设计的模式具有直接的指导作用。关于认识的来源和知识的性质，传统上主要划分为经验论

---

① 王根顺，史学正. 论高等学校课程的哲学基础. 高等理科教育，2005(2)：4.

和唯理论两大派。起源于亚里士多德、后经英国哲学家形成的经验论，认为一切认识都来源于感觉，知识的性质是经验的、暂时的，只有通过人与外部世界的相互作用才能掌握知识。因而，高校课程设计模式注重知识和技能的传递，强调课程的经验化、体验性，以便使学生掌握与自然界和人类社会交往的工具。开始于柏拉图的唯理论，认为认识来源于早就存在于人的内心世界的观念，知识的性质是永恒的。因此，高校课程设计模式主要关注如何把学生先天已有的观念引导出来、挖掘出来，强调学生的理性活动和课程的理论化、抽象性。

(2) 哲学中关于认识的价值取向，对高校课程内容的选择与组织影响甚大。认识的价值取向反映到高校课程中，也就是关于高校课程的价值取向问题。比较典型的高校课程价值取向有 3 种：

一是高校课程的社会价值取向，它强调高校课程是用于服务特定社会利益的工具，学科和专业，知识和技能，要由一定的社会需要来决定。

二是高校课程的个体价值取向，它主张高校课程内容的选择与组织要以个体的兴趣、需要为基本依据和出发点，追求个体的理智健全、人格完善，满足个体的需要、兴趣。

三是高校课程的知识价值取向，它强调高校课程内容知识的内在价值，认为课程内容知识的价值在于知识本身，为知识而掌握知识是值得的，知识是“心智的食粮”。

(3) 哲学中关于认识的形式和知识的分类，在高等教育中折射为高校课程的类型和门类。如亚里士多德根据对认识中的形式与质料的区分，把知识分为 4 类：逻辑学、理论科学、实践科学、制作。依据他的这种认识论，高校课程便可相应地分出 4 种类型。培根把知识分为自然哲学(科学)、人的哲学(心理学、人体学说)、公民哲学(人与人的关系、政治等)3 个部分，共 130 个题目，极大地推动了知识分类体系的发展，也为高校课程的类型和门类科学化、多样化的发展奠定了基础。穆尔认为，历来的哲学家往往把一切“真”的知识归结为 2 种范式(数学、逻辑学所提供的范式和构成种种科学的经验型知识的范式)是不合理的，还存在着具有不同的固有机制与验证步骤及若干特征的知识形式，如美学、宗教、道德等，也是知识领域的构成要素。

第三节 高等教育课程的文化学基础

文化与课程之间有着紧密的联系。社会文化影响并制约着课程的内容:文化模式、文化部类、文化生态影响着课程的设计,文化交流、文化变迁导致课程的变革,文化发展水平制约着课程的现代化进程,社会文化是课程的丰富资源。课程对文化的选择、协调与提升,对文化的传递与传播也体现了课程对文化的作用。

一、不同文化选择取向下的高等教育课程观

(一)以公共文化为主的文化取向视野下的高校课程观

以英国学者丹尼斯·劳顿为代表的文化分析主义课程理论认为,课程本质上是社会文化的一种抉择,因为并非文化中的所有东西都是重要的,都具有同等价值,同时,学校教育在时间和来源方面是极其有限的,因此,要保证学校传播与发扬各种文化中最精华的部分,维护大众文化的精髓,就必须对文化进行严格的选择。通过选择公共文化来编制课程,这是完全可能的,因为文化是人类社会的基本特征,可以从不同历史时期、不同社会形态以及不同地区、不同民族的文化传统中找出有关文化的共同特征。[①] 在这种文化取向下,高校课程观呈现出以下特征:

1. 应确立一种知识形式来概括人类文化的公共部分,以一种切实可行的公共形式或学科编制公共体系作为高校课程的基础

这种知识形式必须是有组织、系统的,各种知识必须以特定的意义有机

① Denis Lawton. *Curriculum Studies and Educational Planning*. London: Hodder & Stoughton, 1984: 25-28.

地联系起来。高校这种公共课程内容的选取,有2个重要标准:

(1) 公共课程要全面囊括各学科体系;

(2) 公共课程要力求取得各学科体系之间的平衡。

高校公共课程的基本特征就是要抽取公共文化作为课程内容,通过精心设计使每个大学生都能在所有重要的知识领域内达到一个起码的理解与体验水平。

按照劳顿的观点,高校应从6个方面来考虑公共课程的科目:①

(1) 数学;

(2) 体育、生理学;

(3) 人文和社会科学;

(4) 表现性艺术与创造性艺术;

(5) 道德教育;

(6) 交叉综合学科研究。

这6个方面既自成体系,又相互联系。

2. 高校课程编制应建立在更加合理、正确的文化选择上,采用文化分析的方法

文化分析方法一般可以分为分类法和解释法。前者着重对社会文化进行纵向、横向的剖析,从而建立文化分类体系;后者重视把文化当作一个整体看待。高校课程编制必须将这两种方法结合使用,把定量研究与定性研究统一起来。文化分析法用于高校课程编制,必须探讨下列问题:

(1) 现存的社会是什么性质的?

(2) 它以一种什么样的方式发展着?

(3) 社会成员希望它如何发展?

(4) 人们采用了哪种价值观、哪种原则、哪种教育手段去促进社会的发展?

(5) 目前的学校制度及课程改革究竟在多大程度上适应了社会需要与社会变革?

文化分析的实际目的在于通过精心设计的高校课程,来发展一种有助于满足生活在特定社会之中的各个个体日后需要的能力。

---

① 王根顺,史学正.论高等学校课程的文化学基础.高教探索,2005(6):56.

3. 高校课程编制的具体步骤

高校课程编制的具体步骤包括 5 个阶段:①

(1) 首先讨论哲学问题,即通过分析人类文化的共同特征——知识形式,确定高校课程教学的目的及课程价值观;

(2) 主要讨论社会学问题,即通过分析特定社会文化的变量,判断现存社会性质及理想的社会蓝图,确定高校课程教学的社会职责;

(3) 着手对文化进行分析;

(4) 把心理学理论应用于高校课程编制过程;

(5) 具体根据时间安排和先后顺序,组织高校课程材料以及课程进度。

这 5 个阶段的步骤适合于各种水平的高校课程编制,既可用于编制国家级别的全国教学大纲,又可用于规划学校级别的课程表,甚至可以被教师用于挑选高校教材。

(二) 以亚文化为主的文化取向视野下的高等教育课程观

以智利教会大学课程教授麦坚索为代表的学者认为,强调高度集中的公共(共同)文化的课程编制程序忽视了社会文化的异质性,课程编制过程应当考虑亚文化或次级文化,因为课程从文化中选材,其中暗含权力的运用和价值的选择,文化分析反映课程中权力平衡的形式,必须考虑来自不同阶层的压力,考虑亚文化的作用。他的以亚文化为主的文化分析模式认为,共同文化容易成为再生产统治阶级文化的借口,课程编制中必须考虑亚文化的影响,否则将不利于孩子们的学习。因而,麦坚索强调,要鼓励包括文化分析过程以及课程编制过程中亚文化的成员参与,要从课程变量观点来组织课程,把主要精力放在亚文化的分析上。②

以亚文化为主的文化取向,要求高校课程应该具有以下特点:

1. 高校课程应从分析文化变量入手,再去分析文化常量

这要求从分析学生最初的文化背景如家庭、同辈群体、学校周围环境等

---

① 史学正. 高等学校课程的理论基础研究. 兰州大学学位论文,2006:33.

② A. Magendzo. The application of a cultural analysis model to the process of curriculum planning in Latin America. *Curriculum Studies*,1988(1):23-33.

入手，然后再分析整个社会的公共文化。

2. 高校课程应从集权制转变为分权制

分权是保证有关文化分析的基本条件，因此应努力提倡分权制在不同的文化背景或亚文化分析中的应用，以及在高校课程设计中的运用，高校课程设计或编制要表现社会所有的文化成分，共同文化和亚文化分析应同步进行。

3. 高校课程应从注重文化同质转向注重文化异质

企图让学生在课程学习中实现文化同质、建立社会共识是不现实的，同一课程不可能给予学生完全的平等机会，“共同一致”只是一个强制文化的托辞，高校课程设计不可能是中性的活动。因此，高校课程编制应从注重文化同质转向注重文化异质，高度重视亚文化对课程的影响。

4. 高校课程应从精英主义转变为各阶层参与

过去高校课程编制都是由少数精英来决定，现在应当鼓励亚文化的组成人员来参与课程编制，如知识分子、社会科学家、教师、学生、家长、社区管理人员等都应在高校课程编制及文化分析中发挥作用。

5. 高校应重视课程编制中的冲突与矛盾

冲突和争论是高校课程设计中的整合因素，它并不能由共同一致的互动来解决。现实表明，在高校课程中追求完全的共同一致是乌托邦式的幻想。在高校中，高地位文化与低地位文化之间、学术文化与职业文化之间、开放课程与封闭课程之间的冲突是一直存在着的，冲突和矛盾是高校课程编制模式本身实质性的整合因素。

（三）折中的文化取向视野下的高等教育课程观

针对劳顿和麦坚索两派文化分析课程理论的不足，斯基尔贝克提倡课程“环境模式”。这种模式根植于文化分析，把课程编制牢牢地置于某种文化结构中，同时注重各阶层文化的冲突和压力。“环境模式”把课程编制看做是一种手段，借助这个手段，教师们通过使学生领悟各种文化价值、各种用来对文化进行解释的结构和各种符号系统，来修正和改造学生的经验。这种模式不是在脱离现实的真空里制订各种课程方案，而是按照不同的学校各自的情况通过对学校环境进行全面分析和评估来作出课程决策。其基本假设是，课程编制应针对单个的学校和它的教师,即以学校为单位的课程编制是促进学校获得真正发展的最有效方式。[①] 斯基尔贝克的"环境模式"既强调共同文化,又注意各阶层文化的差异所引发的意识形态的压力,注重对学校环境进行全面分析和评估,因此它是一种灵活而适应性强的模式。这种模式是一种折中的文化取向,在文化选择中既考虑公共文化,又考虑亚文化,首先把两者作为相对独立的部分,然后再考虑其融合的问题。

这种折中的文化取向,反映在高校课程观上表现为:

1. 在高校课程编制时,首先确立折中的文化观念

这要求以共同文化为主,确立全国或地方的基准线,特别是对于高校核心学科,如外语、计算机、数学等,要确立共同文化的水平基准线。同时,在这些核心学科的内容体系中以刚性对应共同文化,以弹性对应亚文化,根据不同阶层,确定不同的亚文化,使其成为相对独立、可变的部分,而不是共同文化的附属。确立亚文化时,要用可选择性原则代替唯一性原则,做到多样化。

2. 在高校课程开发中,充分发展地方课程、校本课程以及学本课程(适应学生个别化学习的课程),以突出亚文化的作用

因为不同阶层的学生很难有完全相同的共同文化,即使是高校共同课程,其意义对于不同阶层的学生也是不一样的。因此,只有地方课程、校本课程,特别是学本课程,才真正有可能成为学生愿意接受的课程,这时的亚文化才可能作为主导的积极因素发挥特有的作用。高校开发地方课程、校本课程以及学本课程,主要措施是充分尊重学生的意愿,积极调动他们的学习兴趣,加大选修课设立的力度,设计多元文化课程和活动,以适应不同阶层学生的实际需要。

3. 在高校课程编制中,要充分考虑各阶层人士的意见

课程专家、行政官员、社区贤达、校长、教师、学生、家长等都应被视为高校课程编制的组成力量,各自的文化利益在高校课程中得到整合,高校课程才能获得真正的可持续发展。

---

① [英]菲利浦·泰勒. 课程研究导论. 王伟廉,等译. 北京:春秋出版社,1989:61-62.

4. 高校课程编制的步骤

它有5个步骤:[1]

(1) 分析环境。主要考察高校的环境并对其中各种相互作用的因素进行分析,包括外部因素,如意识形态的变化、家长和社区的各种愿望等,以及内部因素,如学校组织特征、学生和教师的特点等。

(2) 形成目标。针对高校师生各种活动的目标进行表述,并形成对环境作出分析、体现想要在某些方面改变那个环境的各种决策的正式目标。

(3) 制订方案。包括选择高校课程学习材料、安排课程教学活动、调配教职员工,以及挑选合适的补充材料和教学手段等。

(4) 阐明和补充实施。使新的高校课程方案在推广时可能发生的实际问题暴露出来,然后在课程实施当中有把握地加以解决。

(5) 检查、评价、反馈和改进。要对高校课堂活动进展情况作经常性的评定,对所产生的各种结果,包括学生的态度及这种态度对学校组织总的影响等进行评价,对所有高校课程参与者的表现作出详细的记录。

二、文化学对高等教育课程的重要影响

(一) 文化对高等教育课程的制约作用

1. 文化传统是高校课程设置的重要依据

文化传统是一定区域内的社会生活共同体在长期的历史演变进程中所生成、积累起来的稳定的文化因素和文化特征。一般认为,文化传统包括民族特有的价值观念、民族特有的思维特点和行为方式、民族共有的心理素质、民族具有的创造力表现形态等4个方面的要素,涵盖了一定区域内与人们有关的价值、信仰、世界观、心理、符号、知识、技术等。文化传统深刻地制约着高校课程设置,影响了高校课程的价值取向、内容选择以及组织方式,成为高校课程设置的重要依据。

(1) 按照美国人类学家米德的观点,认为世界上已有的文化传统主要有

① 冯文全. 论科技革命对学校课程的影响. 四川师范学院学报:高教研究专号,1995(6):44-45.

两种类型:“后喻型文化”和“前喻型文化”。

“后喻型文化”是指以重复过去为使命的那些文化类型。在这种文化中,成年人的过去就是新生一代的未来,每一代儿童都能不走样地复制过去的文化形式,其特点是对现有生活方式所有方面的普遍正确性予以持久的无可置疑的认同,而对变化缺乏认识,缺乏对已有文化的反思、疑问、变革。

“前喻型文化”正好与之相反,是指以开拓未来为使命的文化类型。在这种文化中,年长一代未必比新生一代懂得多,新生一代并不是原封不动地复制过去的已有文化,而以一种独立自主和积极进取的精神,敢于对已有文化进行反思、疑问、变革,以适应急剧变化的社会情境。

相比较而言,我国的文化传统属于“后喻型文化”,美国的文化传统属于“前喻型文化”。两个国家不同的文化传统造成了高校课程设置的价值取向也明显不同。“后喻型文化”决定了在我国社会中,高校课程设置的价值取向是追求稳定、统一和社会本位;而“前喻型文化”决定了在美国社会中,高校课程设置的价值取向是追求变化、多样和个体本位。

(2) 不同的文化传统决定了人们对高校课程的内容选择,使各国的高校课程内容带有鲜明的民族特性。如中国的文化传统是一种比较典型的伦理型文化,十分注重人伦关系和道德修养,表现出明显的“泛道德主义”倾向。

在近代我国高等教育建立初期,高校课程明显具有道德型课程的特点,高校一直把以传播伦理德行观念为目的的思想道德类知识作为课程的核心,极少涉及科学技术类知识。

再如,法国自文艺复兴以来,理性主义便成为该国社会文化的主流。它造成了法国传统社会的高校课程内容主要是人文类学科,实用技术知识则遭到轻视,直到今天,法国大学仍然对学生人文知识的陶冶有一定的偏爱。

(3) 文化传统还对高校课程的组织方式具有一定的影响。由于中西方文化传统的差异,中国高校在课程内容的组织上比较注重结果,方便教师的教,表现为抽象、机械、多为理论的概括;而西方高校在课程内容的组织上比较注重过程,方便学生的学,表现为形象、生动、多为案例的说明。

2. 文化交流是高校课程整合的主要根源

文化交流是不同地区、不同民族文化之间的碰撞、冲突与融合，它推动着文化的发展、文化的创新。文化交流是一种横向的文化流动，既包括一国之内不同类型的文化交流，也包括国际范围内不同国家的文化交流。它不仅是文化赖以发展和进步的基础、文化融合和创新的途径，也是高校课程发展和创新的推动力量，是进行高校课程整合的根源所在。所谓课程整合，是指将不同类型特别是不同文化背景下的课程知识加以协调、平衡，并最终形成一种新的有机统一的课程知识。

21 世纪的国际文化交流更加频繁，当今各国文化均呈现出多元化、开放性、融合性倾向，这必然要求各国加强高等教育领域的开放与对话，对高校课程的理念、目标进行重新定位，对高校课程的内容、形式进行重新调整，及时实现高校课程合理的整合，使高校课程既要跟上国际化、世界性的趋势又要保持本土化、民族性的特点。

3. 文化变迁是高校课程改革的内在动因

文化变迁是文化内容的增加或减少所引起的结构性变化。它是一种永恒的社会现象，具有整体性、结构性的特点，实质是一个新文化不断代替旧文化的过程。只有经过不断的文化变迁，文化才能得到发展和创新，社会也才能随之不断进步。文化的每一次变迁，都给高校课程以冲击和影响，引发高校课程的深刻变化，成为高校课程改革的内在动因。文化变迁要求高校课程要进行较大的改革和变动，在课程目标、课程内容、课程实施等方面都要作很大的调整，或大量增减文化知识，或改变课程编制方式，或重新组合课程结构，甚至对课程的管理体制进行改革，使之适应文化变迁的需要，及时反映社会文化的最新成果，跟上时代发展的步伐。

美国哈佛大学的《当代管理学》教材每年有 20% 的内容被淘汰，世界上最权威的生物学教材每年都要重新编写一次。这都是社会文化变迁迅速的必然要求和突出反映。西欧国家的高等教育课程演变经历了从古代的以“七艺”课程为主，到中世纪的以宗教神学课程为主，再到文艺复兴时期的以人文知识课程为主，然后到近代工业革命时期的以自然知识课程为主，直到现代社会的以综合知识课程为主。相对于以前，到了“二战”以后的当代社会，世界科学技术更是突飞猛进，文化变迁更为剧烈，进入了所谓的“知识爆炸”时期。这种文化变迁的态势向高等教育提出了前所未有的挑战,不仅使高校课程内容迅速变化,高校课程结构也发生了很大的改动,出现了核心课程、融合课程、广域课程、综合课程等新的课程模式;同时,还促进了高校课程管理体制的改革,使高校课程管理的重心逐渐下移,更加民主化、多元化、人性化,形成了国家、地方、学校三级课程管理的体制,并出现了国家课程、地方课程和校本课程 3 种类型并存的格局。

(二) 高等教育课程自身体现的文化特性

1. 高校课程设计是文化的选择与提升的过程

课程设计是指设计者根据一定的价值取向,对可供选择的内容材料进行抽取,并采用一种特定的方式把它们组织起来,形成课程知识。文化选择是主体对某种文化或文化要素或提取或排斥,即对特定文化的扬弃过程,是文化得以净化、提升的前提条件。

从高校课程设计的过程看,高校课程从来都不是对现有文化的照搬照抄,它作为一种特殊的观念形态的文化,是课程设计者进行文化选择、整理、提升的结果。高校课程设计者总是根据客观的现实条件,按照自己的主观认识把自己认定是符合自身利益的、最优秀的文化因子提取出来,纳入高校课程的视野,与此同时,社会文化的许多内容特别是不符合课程设计者自身利益的内容在此过程中就被排斥在外了。高校课程设计也是一种文化整理、文化提升,是实现系统化、条理化的过程。具体反映是,教材的编写和教学内容的组织都经过了课程设计者的精心整理与加工,其结构体系更趋于合理与完善,更加规范化、体系化。

从高校课程设计的结果看,高校课程对文化的选择受制于社会文化传统,同时,这种选择一旦完成,又会对以后的社会文化选择产生一种定向影响。如中国古代孔子"删诗书"、"定六经",形成当时"大学"选择的儒学课程,影响了以后中国几千年的文化走向和文化选择。

2. 高校课程实施是文化的传递与继承的过程

课程实施是指把课程设计付诸教育实践的过程,它是达到预期课程目标的基本途径,是整个课程编制过程中最具有实质性意义的阶段。文化的传递与继承,是指文化在时间上的世代相传,其意义在于使社会文化得以保持延续性,它是文化发展的重要机制。高校课程的实施是社会文化传承的重要中介,文化要想得到很好地继承,实现世代相传,就必须以学校课程为基础,在科学合理的课程设计指导下,在保障有力的课程实施过程中,实现传承目的。人类历史的发展表明,社会文化越发展,文化的传承就越倚重于高校的课程实施。

高校课程实施包含着两个密切联系的阶段:

第一阶段,是通过高校课程实施的过程把外在的客体文化转化为主体文化,即把寓于工具建筑等物质载体、语言文字等精神载体所蕴涵的文化内化到以人的脑细胞为代表的生命体上来。斯普兰格形象地称之为:把"客观文化"安置在个人心灵中,使其成为"主观文化"。

第二阶段,是通过高校课程实施的结果把主体文化不断外化为客体文化,即通过提供具体的情景、条件等,采用循序渐进等方式,逐步地把主体所内化的文化及所形成的创造能力导引出来,并以客体文化的方式展现出来。

在这种不断的"外化—内化—外化"的过程中,人类既传递、保存、活化了现有文化,又形成了创新事物的能力,创造了新文化,实现了文化的增殖。高校课程实施实质正是这种不断的客体文化与主体文化相互转化的过程,社会文化也正是在这两种文化的运动过程中得到世代传承。在这个意义上,把高校课程实施看做是实现社会文化传递与继承的重要机制,并且这种机制的优点是其他社会组织活动所不具有的。

3. 高校课程评价是文化的反思与批判的过程

课程评价是指检查课程实施的情况如何,查看课程是否符合设计者的价值要求,有无实现教育目的,并据此来改进课程的决策。文化的反思与批判,是主体按照一种价值目标,对社会现实的文化状况进行科学的分析、思考,作出肯定或否定的评价,并加以扬弃,引导社会文化向健康方向发展。这包括了两种情形:

(1) 虽然高校课程本身是一种符合统治阶级意识形态、经过选择和提升的主流文化,但在实施过程中,由于客观条件和主观因素等种种原因,实际的结果可能会出现偏差,主体可以掌握这种主流文化,也可能会掌握一种与主流文化相距甚远的非主流文化,甚至是一种与之对抗的反主流文化。在这种情形下,高校课程评价就要对这种非主流文化或反主流文化作出否定性的评定,并加以贬低和矫正,逐渐把这些文化向符合统治阶级意识形态的主流文化的轨道上引导,即所谓的"纠偏"过程。

(2) 在高校课程实施过程中,主体获得一种反思、批判社会文化的精神和能力,但高校课程设计是遵从统治阶级的意志和价值理想,而他们的意志和价值理想并非时时、处处符合客观自然规律和社会规律,所以,高校课程所体现的文化也并非都是先进文化,有时可能是一种落后文化(如处于衰退时期的统治阶级所设计的高校课程文化),甚至是反动文化(如法西斯政权时期高校课程所体现的文化)。在这一时期的高校课程评价中,主体就会经常运用通过课程实施所获得的反思、批判社会文化的精神和能力,对落后、反动的高校课程文化作出科学的反思、理性的批判,最终很有可能否定并抛弃从高校课程中学到的落后文化、反动文化,重新寻找并接受先进文化,形成所谓的"摒弃"过程。①

第四节 高等教育课程的心理学基础

高等教育课程发展的心理学基础主要包括认知心理学、学习心理学、发展心理学、动机心理学、人本主义心理学等。心理学作为课程研制理论依据的主要表现有:课程目标的确定、课程知识的分类、课程内容的选择、课程内容的组织、学生在课程研制中的地位和作用。当代心理学思潮是多元化课程价值取向的基础,学习论、发展论和互动论是课程发展的土壤和支柱,广义知识观和智力观是课程改革的理论依据。

---

① 王根顺,史学正.论高等学校课程的文化学基础.高教探索,2005(6):59.

一、心理学作为高等教育课程基础的重要性

把心理学作为高校课程的基础之一，其依据在于“心理学理论，特别是人的心理结构论、心理发展特征论、学习理论，不仅有助于课程目标与内容的确立、选择与组织，而且能够为课程的实施与评价提供合理的、有效的方法与模式，促进课程理论与实践的发展”。[①] 心理学中有关人的思维和智力的解释、为人的学习行为所提供的理论，都与高校课程有着密切的关系。高校课程的很多基本问题，诸如本质含义、价值取向、内部结构、顺序安排、实施过程、评价方式等，都可以从心理学中得到科学解释和理论支持。

从心理学的角度来说，高校课程是大学生身心发展与客观世界各种事物的关系的产物，是主客体的统一：第一，高校课程要反映人类科学文化知识、经验，以适应大学生身心发展各个方面的需要；第二，调动大学生身心活动的各个方面，来吸取、掌握人类科学文化知识、经验。

总之，高校课程是给人设置的，其学习要通过人来完成，必须符合人的学习和发展规律，促进大学生的身心发展，必须把高校课程的开发建立在科学的心理学基础之上，对大学生的学习和心理发展特点给予深刻的揭示。高校课程开发属于实践的范畴，心理学理论对这一实践活动提出了基本要求：课程内容必须具有科学性，包含情感性，课程设计必须具有新颖性，呈现简洁性，从感知、情感、能力、理解等 4 个方面激活大学生心理的各个因素，作用于他们的心理结构，促进大学生的身心发展。

泰勒把心理学看做是一个“筛子”，认为其有助于理解课程目标是什么以及学习如何发生。

奥恩斯坦强调：心理学是学习过程的统一要素，它构成了学习方法、材料和活动的基础，并随后成为课程决策的推动力。心理学基础将一直是课程理论与实践的关键性基础，这是确定无疑的。这种想法并不新，没有一位课程

---

① 胡斌武，吴杰．课程基础研究：回顾与展望．宁夏大学学报：人文社会科学版，2003(4)：109.

学者或课程实践者会否认。①

施良方则认为:“事实上,人们在设计课程或安排教学内容时,都会对学习哪些内容、如何组织使之最适合学生学习持有自己的看法,或者说,都有其心理学基础,只不过没有明确阐述出来罢了。通过对课程心理学基础的考察,有利于课程工作者清醒地意识到自己依赖的是何种心理学原理以及它们是否相互矛盾,以便少走弯路,更有效地解决课程问题。”②

自古以来,心理学思想都对当时的高校课程产生巨大的影响,它可以为高校课程提供更为丰富和具体的种种帮助。同时,随着高校课程研究的加强和心理学的飞速发展,心理学作为高校课程理论基础的作用越来越明显,高校课程的发展,在某种程度上正是按照特定的心理学理论来设计与决定其目标、内容、形态和结构的。

二、心理学知识对高等教育课程的影响

(一) 心理学为高校课程提供新的研究范式:心理学范式

“范式”是从事同一个特殊领域研究的学者所持有的共同信念、理论、传统和方法,它是一种模式、形式或规则,支配着探究的行为、解释资料的方法以及看待问题的方式。

高校课程研究的心理学范式,属于事实性研究,研究对象是客观事实,主要对课程中的心理学现象和规律作出描述、解释和判断,侧重于研究课程中的技术性问题、事实性问题。它包括以下几个方面的内容:③

(1) 基本命题是,高校课程是影响学生个体心理发展的基本材料,其选择、编制、实施是否符合心理学规律,在很大程度上决定着教育对学生心理发

① [美]奥恩斯坦,等. 课程:基础、原理和问题. 柯森,主译. 南京:江苏教育出版社,2002:106-107.

② 施良方. 课程理论——课程的基础、原理与问题. 北京:教育科学出版社,1996:28,33,41.

③ 史学正. 高等学校课程的理论基础研究. 兰州大学学位论文,2006:15.

展的影响力。[①]

(2) 基本问题有两个:一是现行高校课程是否适应学生当前心理发展水平;二是高校课程怎样才能做到适应学生心理发展水平,对促进学生心理发展具有意义。高校课程的心理学范式研究所有的课题,可以说都是这两个基本问题的具体展开。

(3) 核心概念是"心理发展",关注高校课程对于促进学生心理发展的意义。

(4) 基本研究方法包括理论研究和实证研究两种,并以实证研究为主。其中,理论研究主要用现有的心理学理论对高校课程标准、内容及模式等有关范畴或因素给予合理的理论分析与解释;实证研究主要采用观察法、实验法、问卷法、访谈法等方式,运用心理学规律,探讨高校课程开发整个过程的一系列问题。

(5) 基本研究途径是主要从高校课程的目标、内容、类型、实施、评价等整个过程入手。

(二) 心理学为高等教育课程目标的制定提供基础

长期以来,在高校课程目标的制定中,一直存在着对知识技能可以提出具体要求而对能力素质仍然停留在笼统的原则要求层次上的现象。究其原因,主要是在制定高校课程目标时缺乏心理学研究的基础。尽管高校课程目标的实质性内容主要是由社会政治经济制度、哲学思想和办学宗旨等方面规定的,但心理学理论有助于在确定高校课程目标时采用什么样的方式来表达,或确定其目标能够达到何种程度。流派纷呈的心理科学是高校课程目标价值取向多元化格局发展的基础,它指引着高校课程目标价值观不断走向进步。现代课程论之父泰勒就曾把心理学和教育哲学作为两个"筛子",对已选择出来的课程目标进行筛选。他认为:"在选择课程目标时要运用心理学理论,学校提出来的课程目标要经过心理学这道'筛子'的筛选,这道'筛子'是心理学所提示的选择课程目标的准则,课程目标即课程宗旨,是经学习而得

---

① 南京师大"课程的社会学研究"课题组.简论课程研究的学科方式.课程·教材·教法,1997(7):9.

到的结果，除非这些课程目标与学生的内部条件相一致，否则是没有什么实际价值的。”①

心理学对高校课程目标的筛选作用表现在两个方面：在较低层次上，心理学理论把可能期望通过高校课程学习过程使学生产生的变化与不可能期望产生的变化区别开来；在较高层次上，心理学理论可以把特定的大学年龄阶段可行的目标与那些可能需要花费很长的时间或几乎不可能达到的目标区别开来。

依据心理学规律，高校课程目标既要有一个基本的共同性目标，以适应大多数学生的需要，符合学生心理发展的共性要求，又要在共同性目标的基础上有一个差异性目标，以适合不同学生的需求，符合学生心理发展的个性特点。高校课程目标既应当具有整体性，在设计时考虑一个全面系统的目标，以促进学生在认知、技能、情感等不同系统的全面发展，又应当具有层次性，在设计时突出重点，有所侧重，从而构成不同层次的课程目标。

（三）心理学为高等教育课程内容的选择提供依据

高校课程量与深度的总体水平，是由课程学习者心理发展特点与水平决定的，高校必须在研究学生心理发展特点的基础上确定课程的量与深度，使其与人的心理发展水平相统一。从心理学角度而言，在选择高校课程内容时，需要遵循以下几个方面的原则：

（1）高校课程内容与学生学习动机的关系，要重视培养学生学习的内在动机。

（2）高校课程内容与学生主动参与的关系，要让学生积极主动地参与到课程内容中去，既包括外显式的参与，也包括内隐式的参与。

（3）高校课程内容与学生学习积极性的关系，过难或过易的问题都会抑制学生学习的积极性，在选择时要考虑学生原有的认知水平，不能过深、过难、过多，也不能过浅、过易、过少，要难易适度、多少适量，设计出“摘桃子式”的知识，促进学生认知水平不断提高。

---

① ［美］泰勒．课程与教学的基本原理．施良方，译．北京：人民教育出版社，1994：29-24．

（4）高校课程内容与学生思考能力高低的关系，“一位优秀的课程专家不但要能解决教材难易程度，同时也要能分析思考课程的高低层次”。[①] 在选择高校课程内容时，不仅要根据教材的难易度，还应根据知识对学生思考能力所提出挑战的程度，使学生思考能力具有一定的挑战性，让学生在学习时不断面临新的问题，通过认真思考能够解决问题，鼓励他们尝试各种新的解决问题的办法。

根据心理学原理，高校课程内容既要注重基本知识、基本技能，有一个比较统一的范围和要求，又要体现差异性，反映课程的个性化，在难度上呈现阶梯性，在类型上体现多样性和灵活性。高校课程内容知识要丰富多彩，包含多种知识类型：陈述性知识、程序性知识、策略性知识，明确的知识、缄默的知识，内贮的知识、外存的知识，教材的知识、教师的知识、师生互动产生的知识，从而使其更有吸引力，更具生长性，促进学生的全面学习与发展。

（四）心理学为高等教育课程内容的组织提供方法

在高校课程内容的组织方面，心理学通常被认为是最有用的，在认真研究知识结构与人的认知结构特点的基础上，确定高校课程内容组织的逻辑顺序，既要注重知识的逻辑顺序，又要考虑学生的心理顺序，做到课程的逻辑顺序与人的规律的统一。理想的高校课程应该是一种心理化教材，正如杜威所说的那样：“正当的解决办法是改造这种教材，使它心理化——把教材作为在全部的和生长的经验中相关的因素来考虑。”[②]根据心理学规律，高校课程内容的组织应该由浅入深，由简到繁，处理好每一门课程中知识分化与综合的关系，以及整个课程结构中分科课程与综合课程、文本课程与经验课程、显性课程与隐性课程、必修课程与选修课程、公共课程与专业课程等之间的比例关系。泰勒从课程对心理上所产生的意义角度而提出的课程内容组织 3 个原则，对当今高校课程的组织仍具有重要的借鉴和启发意义。他认为课程组织应遵循 3 个原则：[③]

---

① 黄炳煌. 课程理论之基础. 台北：台湾文景出版社，1991：11.

② ［美］杜威. 学校与社会：明日之学校. 赵祥麟，等译. 北京：人民教育出版社，1994：128，130.

③ ［美］泰勒. 课程与教学的基本原理. 施良方，译. 北京：人民教育出版社，1994：24，29.

（1）连续性，即直线式地陈述课程内容。

（2）顺序性，即强调后继的内容要以前面的内容为基础，同时不断增加广度和深度。

（3）整合性，即要注意各门课程的横向关系，使学生获得一种统一的观点，并把自己的行为与所学内容统一起来。

（五）心理学为高等教育课程的实施与评价提供参考

学生学习的起因（人本主义心理学所强调的）、学习的过程（认知主义心理学所强调的）、学习的结果（行为主义心理学所强调的）都对高校课程的实施与评价具有重要的影响。① 因而，高校课程的实施与评价必须充分运用心理学知识，了解与掌握学生学习的起因、过程、结果对课程的制约作用，尊重学生的主体地位，促进学生的自主学习和发展。

（1）高校课程的实施要求教师必须改变传统的课程观念，不应只关注知识的传递，而应更关注学生的学习兴趣、学习方式和学习效果，树立以人为本的课程观。在课程学习中落实学生的主体地位，创设平等而和谐的师生关系，引导学生主动参与课程教学活动，实现课程教学中的情感互动，并充分借助现代教育技术手段，整合课程资源，拓展课程时空，增强学生学习兴趣，培养学生创新意识，促进学生主动、全面的发展。

（2）高校应摒弃唯量化的、以考试或测验为唯一手段的"常模参照"型的课程评价观，树立情境性、社会性、发展性的课程评价观。从重视课程学习的结果、一次性成绩转变为重视课程学习的过程、可持续发展，促进学生的基础性发展、终身性发展；从关注课程知识的获得、能力的培养，到更关注学生情感的需要、思维的创新与人格的塑造，促进学生的全面性发展、个性化发展。高校课程的评价应全面、真实地鉴别出每个学生各个方面的强项与弱项，揭示出他们在大学里成长的轨迹和进步的方式，让每个学生都感受到自己在课程学习中的成功。高校课程的评价应本着尊重差异、主体发展的基本原则，在一种师生共同参与、协商与交往的过程中完成评价任务。

---

① 史学正. 高等学校课程的理论基础研究. 兰州大学学位论文，2006：17.

第五节 高等教育课程的社会学基础

高校课程是培养高级专门人才、实现高等教育目标的重要手段，是联系高校教师与大学生的中介，与社会系统的关系非常密切，在本质上是一种社会文化的选择，受到社会政治、经济的制约和影响。因此，将社会学作为高校课程的基础，探究高校课程与社会的关系，具有重要的意义和价值。高校课程的社会学基础，依据在于高校课程具有无可争辩的社会性，社会的政治、经济、科技、文化以及为之服务的意识形态都明显或隐蔽地、直接或间接地渗透并作用于高校课程的目标、内容、组织、实施、评价、管理等，制约着高校课程的建设与发展，高校课程必须在适应社会的不断变迁中充实与更新自己的体系。

一、社会学作为高等教育课程基础的重要性

高等教育课程存在于社会环境中，无法脱离社会的大环境系统，作为社会系统的一个组成部分，既受社会政治、经济等方面因素的制约和影响，也因其具有保存、传递或重建社会文化的职能，而对社会发展产生一定的反作用，影响它所服务的社会系统。布鲁纳曾说过："离开社会背景，课程争论的意义也就黯然失色了，因为不顾教育过程的政治、经济和社会环境来论述教育理论的心理学家和教育家，是自甘浅薄，势必在社会上和教室里受到蔑视。"①因此，在思考高校课程的开发与实施时，要研究高校课程与社会之间的关系，认识和把握高校课程的社会学基础。

社会学基础对高校课程的意义，从来没有任何一个时候像现在这样重要，因为历史上没有任何时期像现在的人们这样体现出如此多样的习俗、文

① [美]布鲁纳.布鲁纳教育论著选.邵瑞珍，等译.北京：人民教育出版社，1989：7，92.

化、价值观念、生活方式等,现在和将来都要求处于高校课程活动领域各层面的工作者了解其社会学基础,把握高校课程本质、目的、组织、实施的社会学含义。美国学者奥恩斯坦就强调:“在课程工作中考虑社会基础是如此重要,其原因之一,就是以前从来没有一个时代像现在这样,社会的各个方面发生着如此迅速的变化,我们无法为不同群体设定合适的课程,因为各群体都在发生变化,信息在爆炸,行为在调整,价值观也在发生变化。如果教育者忽视他们所处社会充满变化这一事实,他们将使自己或他们的教育方案处于危险境地。当然,在过去,一般的教育者尤其是教师和课程工作者,满足于不带批判地接受时代的变化趋势,开发出反映当代社会和政治力量的课程。但是,现在对课程的要求不再是仅仅反映社会状况,而是能使个人更好地参与不断变化的社会。”①

二、社会学对高等教育课程的重要影响

(一)社会学为高等教育课程提供新的研究范式:社会学范式

高校课程研究的社会学范式,属于事实性研究,侧重于研究高校课程的社会制约性问题,关注社会结构和师生互动对高校课程的影响、高校课程所扮演的社会角色以及社会权力在分配不同形式的课程知识中所占的地位等问题,从而从单纯的技术层面转向关注政治、经济、意识形态的层面,可以合理而明确地回答一些依靠“工艺学模式”而无法回答的高校课程现象与问题,给高校课程研究提供活力与动力。②

它具体包括以下几个方面的内容:

(1)基本命题是,高校课程作为一种“法定文化”是社会控制的中介,社会通过制订和实施高校课程这种“法定文化”来维护现行社会秩序、稳定与和谐,并且满足统治阶级利益需要。③

---

① [美]奥恩斯坦,等.课程:基础、原理和问题.柯森,主译.南京:江苏教育出版社,2002:152.

② 吴永军.课程社会学.南京:南京师范大学出版社,1999:6-8.

③ 南京师范大学课题组.简论课程研究的学科方式.课程·教材·教法,1997(7):11-12.

（2）基本问题有以下4个：

一是高校课程所代表的是谁的知识；

二是高校课程的这些知识是由谁来选择的；

三是为什么要这样来组织高校课程知识，并以这种方式来教学，其社会原因是什么；

四是高校课程的知识对特定社会群体是否有益。

高校课程的社会学范式研究所有课题，可以说都是这4个基本问题的具体展开。

（3）核心概念是"社会控制"，关注高校课程中所蕴含的社会影响、社会制约、社会控制的成分。

（4）基本研究方法包括理论研究和实证研究两种，并以实证研究为主。其中，理论研究主要用社会学理论对高校课程标准、内容及模式等有关范畴或因素给予合理的理论分析与解释，并对不同文化、经济发展水平、政治制度的国家或地区的高校课程的社会学属性加以比较，以找到其共同特征及各自的社会独特性；实证研究主要采用内容分析法、现场观察法、实验法、问卷法、访谈法等方式，运用社会学规律，探讨高校课程内容及实施、评价整个过程中的一系列问题。

（5）基本研究途径主要从分析高校课程目标、内容、结构、类型、实施、评价等整个过程入手。

（二）社会学为高校课程提供终极目标：社会化

1. 社会化

社会化是个体接受社会规范、成为一定社会成员的过程，它贯穿于个体的一生，是一个持续不断的过程。个体在家庭、学校、交往团体和大众传媒以及整个社会宏观环境中完成社会化过程。学校具有计划性、组织性、针对性，因而是最有效的社会化机构。高校是青年社会化的一个重要机构，鉴别高校教育是否成功的一个主要标志是其能否培养社会所需要的并与之相适应的专门人才，促进大学生的社会化水平。

高等教育完成青年社会化，是通过高校的各种活动来进行的，其中高校课程可以有计划、有组织地按照社会具体要求对个体进行全面、系统的社会化,即社会的价值观念、知识技能通过高校课程这个载体,具体表现为社会对大学生的期望,采用正面肯定与反面制裁、他人评价与自我对照等方式,直接影响个体的人格系统和需要结构,使个体认识到应该或者必须与社会需要相一致,进而完成社会化过程。

2. 高校课程完成大学生社会化的功能和任务

高校课程作为个体社会化中介的高校课程,除了传输共同的价值观念,使个体对社会角色产生认同以外,还必须传授给个体作为社会一员所需要的知识与技能。因而,高校课程在大学生社会化过程中具有双重功能:

首先,对于所有大学生灌输共同的道德规范和文化价值取向,维护社会的稳定与保持文化的同质性,完成社会的控制功能;

其次,必须传授分化的知识与技能,使个体掌握作为社会不同人才的能力。

高校课程完成大学生社会化的任务主要集中于以下两个方面:

首先是价值教育,包括政治意识、人生哲学、道德规范、现代人的意识与心理状态等。

其次是知识与技能教育。知识启迪大学生的心灵,满足他们的求知欲;职业技能则是大学生以后参加社会实践及实现社会升迁流动所必备的素质。知识与技能教育相结合,可以使大学生在未来的社会活动中有较好的应付能力。

(三) 社会学为高等教育课程提供了制约机制

1. 政治影响高校课程的机制

在高校课程中,统治集团掌握着高校课程选择、组织和评价的权力,其内部的运作方式即政治制度、所代表的权力范围、所追求的政治理想和目标等,都是影响高校课程发展的十分重要的因素。①

这主要体现在以下 3 个方面:

(1) 政治权力决定高校课程的权力系统。

任何社会的统治阶级都会运用所拥有的政治权力对高校课程标准、目

---

① 黄清. 影响课程政策发展的社会因素分析. 教育探索,2004(4):27.

标、教学大纲、教科书等的制定权进行控制,有什么样的政治权力运作方式,就会有与之相适应的高校课程权力系统的运作机制。一般地讲,在集权政治体制下,高校课程的权力系统的运作也是集权式的(如前苏联);在分权政治体制下,高校课程的权力系统的运作也大多是分权式的(如美国)。

(2) 政治权力决定下的制度化的政治意识(政治文化)影响高校课程的价值系统。

制度化的政治意识是符合统治阶级价值取向的,它决定着高校课程中所蕴含的主导的意识形态和价值特性,从根本上影响高校课程的价值系统。而高校课程的价值系统正好可以使这种制度化的政治意识的合法性不断得到强化。

政治意识作为人们认识世界和采取行动的思想、信仰系统,具有确认现行高校课程是否合乎义理以及凝聚人心、取得认同的功能。在高校课程中,政治意识的渗透在课程价值取向、目标设立、内容选择、效果评价等方面都有深刻的反映,符合政治集团的根本利益、培养社会稳定和发展所需的人才,成为高校课程实施的一个根本性导向。

(3) 政治权力和政治意识通过中介影响高校课程的要素系统。

政治权力与意识决定着高等教育的根本目的和培养目标,而高等教育的根本目的和培养目标又决定着高校课程的要素系统。高校课程的要素系统包括课程目标、内容、结构、教科书等静态要素和实施、管理、评价等动态要素。政治意识决定高校课程目标、内容、结构的价值特性,政治权力则通过高校课程的权力系统决定其具体的教科书、实施、管理、评价等“实体”部分。

2. 经济影响高等教育课程的机制

经济是政治的基础,是影响高校课程系统的基础性因素,其影响方式主要有两种:

(1) 通过政治意识、政治权力等中介因素影响高校课程。

经济对高校课程的决定作用常常伴随着政治因素,要通过政治的折射。经济发展对高校课程提出的要求必须首先转化成社会统治阶级或优势集团要求变革的意识,然后通过其掌握的政治权力来最终实现。

例如,改革开放以后,经济的恢复、发展、改革对高校课程提出了新的要求,这一要求在转化为政治领袖的明确意识,并通过政治集团自上而下的权力作用以后才逐步得以实现,特别是经济因素对高等教育中的基础课程、核心课程的影响,必须要通过政治来实现,因为这些课程更多地受国家统一控制,深受政治意识、权力的制约,而经济调节的作用较小,并且总是要依赖政治的运作才能最终得以实现。这也是高校基础课程、核心课程往往滞后于经济发展的主要原因。

(2)直接影响高校课程。

随着现代社会生产力的高度发展和市场经济体制的逐步确立,经济对高校课程的影响,特别是对高校课程改革的影响越来越频繁、越来越直接,经常"绕过政治"直接影响高校课程。

例如,现代美国的经济发展决定了在其高等教育目标上特别重视培养大学生的经济技能,以使他们成为富有生产力能力的工作者和一个明智的消费者。因此,在高校课程上就有所谓的"生计教育"、"消费者教育"、"合作教育"等知识内容。

在我国,社会主义市场经济体制的建立冲破了经济影响高校课程必须通过政治中介的单一模式,高校里的大部分课程尤其是实用型课程大多直接受市场调节。

实用型课程培养社会实际所需要的生产型人才,与市场经济密切相关,因此,必须直接研究市场对人才的需求规格,对市场动向作出正确的分析与判断,这样课程才能得以科学地开发、实施。这些都说明,在现代社会里,经济对高校课程有着直接、深远的影响和制约作用。

(四)社会学为高等教育课程提供了功能作用

高校课程一方面受社会政治、经济的制约与控制,另一方面通过对知识的选择、分类、组织、实施、评价等环节与过程,执行为社会选择、培养、鉴别、输送人才的任务,反作用于社会政治、经济,影响社会发展,发挥一定的社会功能作用。[①]

---

① 史学正.高等学校课程的理论基础研究.兰州大学出版社,2006:25.

其功能作用主要包括以下两个层面：

1. 对社会个体的功能作用

它主要指促使个体社会化。任何社会都要对大学生进行有关参与社会生活的基本知识、技能和行为规范的教育活动，保证社会认可的文化知识、意识形态得到传递，而高校课程是实现社会化的重要工具。

2. 对社会整体的功能作用

它具体包括以下内容：

(1) 社会政治、经济合法化的功能。

高校课程被社会学家们视为维持现存的社会结构、特权、利益和知识的基本工具，任何社会的统治阶级都把其认可的价值规范、文化知识当作正确、合理、合法的真理性知识编进高校课程，让学生接受并内化，而师生、家长、社会各界很少对高校课程中所含的信息加以怀疑，一般情况下将其视为当然的存在。这样，现存的社会政治、经济就在这种默认中得以合法化。

(2) 社会意识形态的巩固和强化功能。

任何社会的统治阶级都会通过各种途径巩固与强化其意识形态，而高校课程特别是德育课程便是其有效途径之一。高校德育课程是高校实施德育的主要载体，概括与浓缩了特定社会所积累的道德规范、价值观念、行为方式，而这些在性质上与社会的主流意识形态是一致的。因此，高校课程中这些信息的传递活动就是一个巩固与强化社会意识形态的过程。

(3) 社会控制的整合功能。

与军队、警察、监狱等国家机器在社会控制方面的作用不同，高校课程只是社会控制的一种“软工具”，是观念性的社会控制形式。通过高校课程特别是德育课程，人们接受并内化一整套行为准则，并用它们来指导自己的行为，从而对人们的活动产生一定的约束力，让整个社会系统表现出结构完整、有序，活动有条不紊，各方面配合默契、运转灵活，进而在社会控制方面发挥实际上的较强的整合功能。

(4) 社会制度文化保存与活化功能。

制度文化是与统治阶级价值取向相符合的文化，主要存在于各种公开发行的文化媒体之中。散落于各处的制度文化一旦被选进高校课程，进行条理化、系统化整理、转化,就获得了新的生命,得以长久、稳定地保存。同时,社会制度文化进入高校课程,进行传授、学习,得到传播、继承,便可以激活其"潜在状态"使之变为"显在状态",让制度文化得以活化,发挥应有的社会功能。

第三章

高等教育课程的理论流派

课程理论流派是课程研究者在不同的社会历史条件下对课程问题所作的理解和思考基础上，形成对课程论的某些趋同认识和观点，并在课程界产生实际成效和明显思想影响的独特的课程思想和理论体系。这些课程理论流派反映出课程产生的社会根源、演变和过程，同时体现了研究者的课程观和方法论，对研究课程理论与推动课程实践的改革具有重要的意义。

第一节　永恒主义课程理论

永恒主义又被称为"古典主义"、"新经院主义"、"古典人文主义"等。它代表了西方有着悠久历史传统的人文主义教育思潮。永恒主义形成于20世纪30年代,由于宣扬宇宙精神的"永恒"存在而得名。永恒主义教育的主要代表人物是美国的赫钦斯、阿德勒,英国的利文斯通和法国的阿兰等。

一、永恒主义课程的思想基础

(一) 以古典实在论为基础

永恒主义的哲学基础是古典实在论。基于古典实在论,永恒主义者认为世界是由先验的"实在"组成,因而世界上存在着由"实在"构成的永恒不变的真理,即知识存在于绝对不变的普遍的真理之中。在永恒主义者看来,人是世界的一部分,因而对于人来说,也是一种固有的"实在",即不变的人性。人性到处都一样,它虽然是潜在的,却不会因为对不同文化的信仰而消失。他们又认为,人生下来时他的理性或潜能并没有以完善的形式被赋予,存在着不少欠缺,要改善人性,就意味着要使人的理性、道德和精神力量获得最大限度的发展,也就是人的潜能只有通过后天的教育和训练才能不断完善。在永恒主义者看来,既然真理是永恒不变的,人性的本质到处都是相同的,因此教育的基本原则也应该是永恒不变的。

(二) 崇尚古代文明

在永恒主义者看来,古希腊是人类的黄金时代。在那个时代,人与自然、人与社会以及人与人的关系完美而和谐;人们知道人的价值并且尊重人的价值,知道如何教育自己的孩子,知道教育是使人过真正的人的生活的重要手段。永恒主义者认为,人性是不变的,控制宇宙的永恒法也是独立于时间和空间的,所以,适合古希腊人的教育同样适合于20世纪的人。因而,他们立足于传统中发现的普遍真理,用它来改造现存的文化模式。

二、永恒主义课程的主要观点

(一)课程与教学的目的在于促进学生理智的发展

永恒主义者把学校看做是培养人的理性的社会机构,把培养人的理智看做是教育教学的最高目的。在永恒主义者看来,"因为推理是我们的最高目的,所以发展智力应该是教育教学的最高工作重点"。① 赫钦斯明确指出:"理智的美德是由理智能力的训练而获得的习惯,一种受过适当训练的理智,一种适当形成习惯的理智是一切领域里能够起着很好作用的理智。因此,不论学生是否注定从事于沉思的生活或实际的生活,由理智美德的培养所组成的教育是最有用的教育。"②"改善人即意味着最充分地发展人的理性、道德、精神诸力量。一切人都有这些力量,一切人都应充分地发展这些力量。"③

(二)课程要为生活做准备

生活准备论是永恒主义课程论的基础。永恒主义者认为,学校决不可能是也不应该是真实社会生活的"情境"和"雏形的社会",学校始终是一个人工造成的、有价值的机构。在这个人为的机构中,要充分地发展儿童的智力,从而为将来的生活打下牢固的基础。同时,永恒主义者还继承了传统教育关于儿童的学说,每个人都具有成为理性的人的潜能,而要使这种潜能转化为现实,必须通过教育这种锻炼过程与学习过程,为未来生活作准备。

---

① 奥恩斯坦. 美国教育学基础. 姜文闵,等译. 北京:人民教育出版社,1984:101.

② 华东师范大学教育系,等. 西方资产阶级教育思想流派论著选. 北京:人民教育出版社,1980:199.

③ 同②,1980:219.

(三) 以"永恒学科"为核心

永恒主义者从"永恒真理"中引申出"永恒的学科",是训练学生理智的最好办法,因此他们强调学校课程的确定是教育家和教师考虑的问题,不能仅凭学生的兴趣自由选择。教育家和教师应该以"永恒学科"为核心去为学生设计和确定课程。在永恒主义者看来,所谓"永恒的学科"主要是历代伟大哲学家、思想家的伟大著作,尤其是古代伟大人物的著作,因为"一种良好的教育包括对真理的探求和理解……真理能在文明的伟大作品中找到"。[①] 因此,永恒主义者特别强调学习古人的伟大作品的重要性,如利文斯通提倡学生尤其要重视学习古希腊思想家的著作,阿兰公开强调学生要回到古代伟人那里去和古代思想直接接触,赫钦斯更是阅读古代伟人作品的鼓吹者和实施者。

永恒学科的基本特点或"长处"概括起来有这样几个方面:[②]

(1) 能开掘出人类的共同要素;

(2) 通过这些学科的学习,有助于人们形成共同的观念,有助于人们之间的相互沟通和联系;

(3) 永恒学科集历代伟人思想之精华,是人们学习人类文明最有效的捷径;

(4) 永恒学科是学生进一步学习高深学问以及进一步深入认识世界的基础。

(四) 学生要在教师指导下积极主动地学习

永恒主义者认为要促进学生理智的发展,除了让学生学习以"永恒学科"为核心的课程外,还特别注意强调学生应该在教师指导下积极而主动地学习。在他们看来,教育是一种有目的、有计划地培养学生理智的活动,因此教育教学就不能一味地迁就学生的愿望和兴趣。他们强调学生应该有责任感

---

① 华东师范大学教育系,等. 西方资产阶级教育思想流派论著选. 北京:人民教育出版社,1980:101.

② 赵祥麟. 外国教育家评传. 上海:上海教育出版社,1992:84-85.

和义务感,要服从学校教师的管教,在教师指导下积极主动地学习。

永恒主义者认为,只要教学方法得当,学生是可以通过学习这些永恒学科达到发展智力与形成良好个性的目的的。① 散见于永恒主义者论著中的关于教学方法方面的主张主要有:反对灌输;反对填鸭式的记忆;发挥家长作用,督促鼓励孩子多做家庭作业;倡导"沉思"的学习方法等。永恒主义者的具体的教学方法中,最有特色的是问答法和读书法。永恒主义者主张教师在讲解古典名著的同时,要引导学生反复阅读古典名著的有关章节,熟记有关段落,教师在教学中不能直接把结论强加给学生,而应该激励与指导他们像古代伟人那样去思考,体会伟人的内心活动,通过自己的努力得出正确的结论,并使他们在学习古代伟人名著的过程中使自己的身心受到潜移默化的影响。

第二节　要素主义课程理论

要素主义教育是20世纪30年代末作为实用主义教育和"进步教育"的对立面而出现的,到50年代至60年代成为一种影响很广的教育思潮。1938年在美国成立的"要素主义者促进美国教育委员会"是要素主义教育形成的标志。发起成立这一组织的美国教育家有巴格莱、阿什克维奇、莫里森、坎德尔等人。从那时起,巴格莱一直被看作是要素主义教育的领袖。

一、要素主义课程的思想基础

(一) 以观念论或实在论为哲学依据

观念论和实在论虽为两种不同的哲学流派,但有着极为重要的共同

① 李方.课程与教学论.南京:南京大学出版社,2005:65.

特点。

首先,主张承认有不可侵犯的客观世界的“实在”(包括唯心的实在和唯物的实在),它具有不容质疑的先验规律和秩序,虽然变化是真实的,但它是符合于绵延不断的世界规律和秩序的。

其次,主张人们必须服从于包围自己的客观世界的秩序和规律,因为人们能够改变、修正秩序和规律的范围是微小的,人们唯一应该做的是继承与保持传统。观念论和实在论这种内在的一致性使持这两种哲学观的要素主义者有着共同的课程主张。信奉观念论的要素主义者一般主张给予心灵以优先的性质,强调形式教学,注重对学生心智的训练;严格学业标准;强调教师对学生的示范作用;以“观念为中心”,注重诸如历史、文学等人文学科以及观念的吸收和把握。崇尚实在论的要素主义者则注重学生的感觉经验服从自然的法则,强调诸如数学、科学等学科,注重事实、知识的掌握,要求教师鼓励学生发现真理,鼓励学生提出新的见解、新的观点。

(二) 恶的人性观

要素主义者认为,人性从根本上是恶的,如果不加控制地按照人的欲望和感情行事,人就要胡作非为、捣乱、不守纪律。从性恶的人性观出发,要素主义者认为,世界上的罪恶之源不在于社会或人的无知,而在于人类本身的邪恶。埃德蒙德·伯克认为,在日常生活中,人之所以没有做出他们本来能够做的兽性的行为,主要是因为有社会的约束,即人之所以得到拯救,人之所以没有导致毁灭,是因为人加入了社会,服从于社会的传统、习俗等。[①] 人由于社会而得到拯救,作为其本性邪恶的人就不能破坏社会的安排和社会机构,也不能改变目前“文明社会”的人际的关系。

(三) 保守的社会观

要素主义者认为,社会乃是一种契约,它不能用人的善意或恶意来加以解释。社会不仅表现现在活着的人之间的合作,还表现已死的一代和未来一代之间的合作。正是由于社会中人与人之间的合作,人才能守纪律。人必须

---

① 李方.课程与教学论.南京:南京大学出版社,2005:66.

忠诚于社会，尊重传统，并对那些企图改革的人表示仇恨。个人应服从社会，但也不能忽视个人对社会的责任。要素主义者指出，现代教育的失败就在于没有向年青人灌输责任的意识，因而造成了学生的骚乱、青少年犯罪等。要克服这种现象，就必须让年青人学习过去和传统的东西，以此来控制青年学生的感情和狂想。青年人必须通过社会才能得到改造和拯救。

（四）“符合说”知识观

要素主义者认为，知识就是思想跟观察到的事实相符合。知识的获得乃是一个过程，在这个过程中，人要用自己的智慧对一些零星片段的事实加以反省、思考，这样才能对世界的真正本质以及目的有较好的理解。这种获得知识的方法基本上是一个理性的过程，而且人类的理性可以使人把从经验中获得的一些材料整理成知识。从根本上说，认识的过程乃是联系从事认识的人和有待认识的外部世界的桥梁。以此为基础，要素主义者反对完全依赖经验的认识方法以及在教育上与之对应的“从做中学”，认为实用主义者的这些主张使许多有价值的传统课程在学校中失去立足之地。在他们看来，学校应成为传授“文化遗产”的机构，要通过教学使这些遗产在新生的一代中再生出来。

二、要素主义课程的主要观点

（一）把人类文化的“共同要素”作为学校课程教学的核心

要素主义者认为，在人类的文化遗产中，存在着永恒不变的、共同的、超时间和空间的要素，即“一种知识的基本核心”，那是一切人都应该学习的。所以，他们强调学习的系统性，提出应该严格按照逻辑系统来编写教材，并恢复各门稳定学科在学校教学中的地位。他们又认为，学校是传递人类文化的机构，必须传授给学生系统的书本知识，使学生掌握人类基本知识的要素和民族文化传统的要素。巴格莱强调说：“包括这些要素在内的一个各门特殊学科的教学计划应当是民主教育制度的核心。”①他还认为,学校必须重新审查他们的课程计划,保证让学生学到基础知识和基本技能。因此,在20世纪60年代美国教育改革中,要素主义者特别强调“新三艺”(即数学、自然学科和外语)。

(二)课程设置的三大原则

基于要素主义者的课程标准,他们要求课程设置应遵循这样三大原则:

1. 课程首先要考虑国家的、民族的利益

巴格莱在《要素主义者的纲领》中,对于当时美国的“课程改革”运动提出了严厉批评。他的批评集中到一点,就是当时课程改革的理论从来没有认识到国家或民族对于学校的教学内容有着一种利害的关系,因而实际上否定了在全国人民的基础文化中特别是民主社会中所需要的共同要素。

2. 课程要具有长远的目标

要素主义者认为,种族经验之所以比个人经验重要,是因为前者具有永久的价值,它对于个人一生的生活也是受益匪浅的。

3. 课程要包含价值标准

不言而喻,要素主义者要求包含的当然是资产阶级所需要的“某种有关集体的价值标准,也就是社会上传统阶级的社会文化价值标准、本国政治领导人和思想界领导人(已故的和活着的)的价值标准,以及西方文明是‘伟大’著作家的价值标准。为传授社会的传统,人们也必须传授社会的传统价值标准”。②

(三)教师应该是整个教学过程中的权威人物

要素主义者认为,教学过程中的主动权在于教师而不在于学生。他们强调应该把教师放在整个教育体系的核心,充分发挥教师核心地位的作用,树立教师的权威。在学生的学习过程中,没有教师的指导与控制是绝对不行的。为了使教师成为整个教学过程的权威人物,要素主义者还认为,教师必

---

① 华东师范大学教育系,等.西方资产阶级教育思想流派论著选.北京:人民教育出版社,1980:159.

② [美]理查德·D·范科斯德,等.美国教育基础.北京:教育科学出版社,1984:54.

须具有一流的头脑以及渊博的知识,精通所教科目的逻辑体系,对学生在学习过程中的心理有深入的理解,具有把知识、事实、理论传授给学生的能力,懂得教育的历史和哲学的基础,并能全心全意地献身于自己的工作。

(四) 教学即心智的训练

在教学方法方面,要素主义者注重心智的训练,他们认为进步主义倡导的问题教学法或设计教学法固然有可取之处,但无普遍的适用性。它可能将学生的注意力引向一些具体问题,而忽视了知识的掌握。巴格莱认为教学的最高目的就是进行心智训练。贝斯特(A. Bestor)的基本观点是"学校的存在总要教些什么东西,这个东西就是思维的能力。……维护这一点就是维护优良教学的重要性"。[①] 所以,一切教育教学的目标应该是发展人的智慧力量。一些要求严格和对学生心智训练具有特殊价值的科目,应该在学校课程中占有重要的地位。还要特别注重"天才"的发掘和培养,学校的社会责任是找出最有能力的学生,激发他们最大的潜力。因此,在教学上强调坚持传统的心智训练。

第三节 改造主义课程理论

20 世纪 20 年代,欧美诸国相继卷入一场空前的世界性经济危机,使个人的目的和社会的目的之间的矛盾重新显现。怎样才能建立一个没有经济危机的民主主义制度?学校的社会作用究竟是什么?这一类问题成为人们普遍关注的焦点问题。在教育界,许多人纷纷出来指责风行于全国的进步主义教育软弱无力。于是,作为进步主义教育之一翼的改造主义开始与进步主义分道扬镳了。二战结束以后,社会改造主义在 20 世纪 50 年代以新的面貌出现并走向独立。

---

① [美]贝斯特. 教育的荒地. 华东师范大学教育系,等编译. 西方资产阶级教育思想流派论著选. 北京:人民教育出版社,1980:179-180.

1932 年康茨将“进步主义教育敢于进步吗?”第三次演讲结集出版,命名为《学校敢于建立新的社会秩序吗?》;拉格(Harold Rugg)在《进步主义教育》杂志上发表论文《通过教育改造社会》;克伯屈出版其主编的《教育前线》;约翰·杜威教育和文化研究协会成立。这些都对社会改造主义基本理论的宣传起到重要作用,成为改造主义形成与发展的重要标志。布拉梅尔德是为改造主义带来新貌的主要人物,他于 20 世纪 50 年代出版了一系列著作,如《教育的目的和手段:世纪中的估价》、《走向改造的教育哲学》、《来临时代的教育》等。布拉梅尔德主张,教育不仅仅应该帮助个人适应社会,更重要的是使他们参与社会。他致力于探索一种新的方法,既可以使公民保留基本的民主自由权利,又可以使学校发挥社会改造工具的作用。布拉梅尔德显示了改造主义独立的有组织的范畴,因此有人把他称为“改造主义之父”。

一、改造主义课程理论的思想基础

从 20 世纪 30 年代开始,拉格出版《美国的文化和教育》、《美国的生活和学校课程》、《美国教育的基础》等著作,阐明了他的社会改造主义思想,使拉格从儿童中心论转向社会改造主义。

克伯屈最初是明显的儿童中心论者。1933 年克伯屈在其主编的《教育前线》一书中反复谈到,文化正处在一个巨大的转折点上……旧的边疆个人主义已经过时。这标志着克伯屈由儿童中心论向社会改造论的正式转变。布拉梅尔德自己也宣称,改造主义者是“进步主义(实用主义)的继承者”①。改造主义者认为知识来源于经验。与进步主义者强调的个人经验不同的是,改造主义者强调的经验主要指团体经验。改造主义者认为知识的出发点是社会,而不是个人。从价值论上说,改造主义者认为价值是由“社会一致”决定的社会目标,将随社会的变化而变化。改造主义者认为,从人类学上说,把教育视为传递文化的思想是错误的,儿童应关注社会的变化,致力于环境的改变。他们还主张,最充分的教育就是要充分解放人的创造力,使之自我实

① 华东师范大学教育系,等.现代西方资产阶级教育思想流派论著选.北京:人民教育出版社,1980:2.

现,要达此目的,就必须对社会进行改造。人与社会密切相连,互为存在,而不是互不相干,社会在改变人,但社会的改变也具有个人的痕迹。

二、改造主义课程理论的观点

(一) 课程改造的目标

课程改造的根本目标在于重新设定课程目标。设定课程目标的目的,不是让学生适应现存社会,而是要培养学生的批判精神与改造社会现实的技能。布拉梅尔德指出,课程目标要统一于"理想、社会"的总目标,各门学科的内容统一于"社会改造",课时的安排统一于解决问题的活动。

(二) 改造课程的原则

学校的改造首先是课程的改革。学校课程改革要遵循以下 8 条原则:[①]

(1) 为每一个人提供运用所有能力的机会,即课程应该由多方面的活动和各种材料构成;

(2) 依据综合的原则组织这些活动与材料,并与需要理解的意义保持密切相关;

(3) 提供一切具有社会价值的技能;

(4) 提供关于当代生活的重要问题和课题的实践;

(5) 运用科学的思维;

(6) 组织和运用儿童的矛盾和动机,以儿童学习的矛盾而不是教师教学的矛盾为基础;

(7) 通过自治的学校团体,建立一种社会合作计划;

(8) 为创造力的表现和审美意识的形成,提供充分的机会。

(三) 课程内容

改造主义课程以广泛的社会问题为中心,认为人性是作为一个整体来表

---

① 廖哲勋,田慧生.课程新论.北京:教育科学出版社,2003:115.

现的，课程编制必须体现统一性的课程，这就是问题中心课程。

拉格历时16年的课程实验强调以社会问题为中心的单元设计，布拉梅尔德四年制新型初级学院课程框架使各门学科内容统一于社会问题。学校教育必须有勇气正视社会问题，正视生活的现实，学校与社会必须建立有机的联系。改造主义者认为，学校课程尤其要关心犯罪、家庭分裂、环境污染、交通和住房拥挤、娱乐、战争、疾病、饥饿等社会问题，学生对这些问题要有批判性见解。学校课程设置论题和科目的本身并不是目的，而是为了解决上述社会问题提供一定的背景知识。

（四）课程组织方式

新课程的组织方式的原则如下：①

（1）课程的安排要具有弹性；

（2）多种形式的活动形成学习单元；

（3）充分利用校内外的环境；

（4）学科的重新组织；

（5）对课程的重新认识；

（6）课程计划无需事先制定。

“车轮状”的组织结构是改造主义课程常见的组织方式。轮子的轴心代表某些关键性问题。辐是讨论、知识和技能的学习、职业训练等组成的各类课程，它们是解释和解决轮轴中关键问题的重要前提和支撑。最后是轮胎，它将涉及轮轴问题的所有相关课题统一起来，使整个“车轮”得到有机地联系起来。这种组织方式介于学科中心课程和活动中心课程之间，它打破学科界限，从问题出发，把几门学科结合起来，由一个或几个教师组成的教学小队，通过一系列活动对一个班进行教学。

三、改造主义课程理论的实际影响

实施改造主义课程的学校，在美国并不算多。美国人希望的依然是个人

---

① 华东师范大学教育系，等.现代西方资产阶级教育思想流派论著选.北京：人民教育出版社，1980：77.

的自由幸福和多元民主的社会,改造主义者的课程观点终究不太符合美国社会和人民的价值观念,因此它只在美国一些相对贫困的社区得到推广。

值得注意的是,一些未来学派较为推崇改造主义者的主张。未来学家主张,对于社会未来的发展要谨慎行事,要研究社会的发展趋势,要把未来计划作为课程设置的基础,要"计划未来而不是为未来而计划"。所以,未来学派主张的课程内容着重于环境污染、财富和水资源分配、人口的增长效益、自然资源的不平等利用等。

个人与社会的关系问题是教育一直致力解决的问题。历史证明,提倡社会中心或个人中心都是片面的。社会改造主义者批评进步主义课程片面强调儿童中心,主张"社会一致",关注课程的社会发展价值,无疑是具有进步意义的。不过,改造主义者主张的参与社会、改造社会仅仅是手段,并非目的,其目的在于通过教育社会成员明确社会改革的需要,并在改造社会中改造和发展自己。二者的不同之处在于:进步主义者将发展当作目的和手段,而改造主义者则将目的和手段作了区分。所以,改造主义者最终还是个人中心论者。不过,改造主义者的确是进步主义者的继承者和发展者,做到了他们所宣称的对进步主义者弱点的改正,以及对于它的补充和加强。①

第四节 结构主义课程理论

结构主义教育是要素主义教育在美国20世纪50年代末到60年代末这段特定历史时期的复兴与升华,从而将要素主义所主张的学科课程发展至顶峰——创立了"学术中心课程"。

结构主义以形式主义为方法,它肇始于20世纪初索绪尔(Saussure)创立的日内瓦语言学派,后来主要通过法国人类学家莱维—斯特劳斯的努力而逐步渗透于其他文化思想领域。其核心是结构主义方法,这种方法已广泛地影

① 廖哲勋,田慧生.课程新论.北京:教育科学出版社,2003:117.

响到以及被运用于许多学科,诸如语言学、心理学和教育学等。

一、结构主义课程的思想基础

(一) 皮亚杰的发生学结构主义

瑞士的皮亚杰(Piaget)是当代最著名的心理学家之一、发生认识论哲学的创建者。

他提出了智力发展的阶段论,探讨了影响智力发展的诸因素,揭示了智力的本质。皮亚杰在《结构主义》一书中认为,结构具有3个基本特征,即整体性、转换性、自调性。

结构的整体性是说结构具有内部的融贯性,各成分在结构中的安排是有机的联系,而不是独立成分的混合,整体与其成分都是由一个内在规律所决定。

结构的转换性是指结构并不是静止的,有一些内在的规律控制结构的运动发展。

结构的自调性是指结构由于其本身的规律而自行调整,并不借助于外在的因素,所以结构是自足的、封闭的,结构内某一成分的改变必将引起结构内其他相关成分的改变。“结构主义与建构主义的统一”表征了皮亚杰发生学结构主义的本质特征。

(二) 乔姆斯基的结构主义语言学

美国麻省理工学院的乔姆斯基(Chomsky)教授是当今世界最著名的语言学家之一,他创立了语言学中的“转换生成语法”学派。乔姆斯基认为,作为符号系统的语言具有表层结构与深层结构两个层次。

所谓表层结构,主要是指语言的语法结构。

所谓深层结构,主要是指语言的句法结构。

各民族语言有着不同的语法规则,即不同的表层结构,但所有的民族语言都有共同的句法规则,即共同的深层结构,正因为有共同的深层结构,各民族语言才能够互相翻译或转换。语言的深层结构(句法结构)来自与生俱来的创造能力，是先验的而非经验的。正因为如此，各民族的语言才具有共同的深层结构。结构主义课程范式的重要代表施瓦布(Schwab)在构建其学科结构的理念时就借鉴了乔姆斯基的句法结构理论。

(三) 莱维—斯特劳斯的结构主义人类学

法国人类学家莱维—斯特劳斯是第一个将索绪尔的语言学运用于社会科学的学者，他的结构主义人类学和神话学可以说是应用结构主义方法的典范。莱维—斯特劳斯认为，结构具有以下特征：第一，结构具有一个系统的特征，它由若干成分构成，其中任何一个成分的变化都会引起其他成分的变化；第二，对任一模式都应有可能排列出同类模式中产生的转换系；第三，如成分发生变化，能预测模式将如何反应；第四，模式的组成应使一切被观察到的事实都成为直接可理解的。因此，他指出，结构主义的中心课题，就是从混乱的现象背后找出秩序来。可见与皮亚杰的结构主义异曲同工。

二、结构主义课程的主要观点

相比较而言，皮亚杰最早提出了儿童心理按结构发展的思想，但真正以结构主义心理学为基础全面探讨课程与教学问题，并且建立起比较完整的结构主义课程与教学论的人物是布鲁纳。布鲁纳的课程与教学论思想包括“教什么”、“什么时候教”、“怎样教”等几个方面。其中，最重要的就是他关于“教什么”的思想，其他方面则是这一思想的延伸。[①]

(一) 强调课程内容应当是学科的基本结构

布鲁纳有一句著名的话：“不论我们选教什么学科，务必使学生理解学科的基本结构。”[②]所谓基本结构，就是指各门学科中的基本概念、基本公式、基本原则等理论知识。从结构主义心理学出发，学习是人的主观认识结构连续不断的构造过程，通过与认识对象的相互作用，人的认识

---

① 李方. 课程与教学论. 南京：南京大学出版社，2005：70.

② 布鲁纳. 教育过程. 上海师范大学外国教育研究室，译. 上海：上海人民出版社，1973：4.

结构不断得到改进与完善,认识对象的性质和特征影响决定着认识结构的性质和特征。就这样的过程而言,基本结构的学习对于学习者主观认识结构的发展是最有价值的,而且,基本结构有普遍意义,对于学科的大量事实和现象有最强的说明解释力,有广泛的可迁移性,而且便于学生接受和记忆。

(二) 强调基本结构应与学生的认知发展水平相一致

布鲁纳认为,基本结构的学习应当尽早开始,而且越早越好。他提出了一个著名的假说;"任何学科的基础都可以用某种形式教给任何人。"[①]即只要做到知识结构与儿童各年龄的认识结构相一致,则早期教育能收到应有的效果。

(三) 倡导"发现法"教学

何谓发现?布鲁纳写到:"我将运用这一个假设,即发现,不论是在校儿童凭自己的力量所做出的发现,还是科学家努力于日趋尖端的研究领域所做出的发现,按其性质来说,都不过是把现象重新组织或转换,使人能超越现象再进行组合,从而获得新的领悟而已。"[②]所以发现的过程是一种高级的心理过程,是一种问题解决的过程。发现学习教学就是不把学习内容直接呈现给学习者,而是由学习者自己通过一系列发现行为(如转换、组合、领悟等)而发现并获得学习内容的过程。采用发现法教学,可以减少学生对教师和教材的依赖性,从而培养学生的好奇心,发展学生的推理能力和观察能力,并使其掌握探究问题的方法。

---

① 布鲁纳.教育过程.上海师范大学外国教育研究室,译.上海:上海人民出版社,1973:8.

② Bruner. The act of discovery. *Haroard Educational Review*, 1961(31).

第五节　人本主义课程理论

人本主义心理学崛起于20世纪50年代。它的主要思想起源于亚伯拉罕·马斯洛(Maslow)与卡尔·罗杰斯(Rogers)等人的心理学研究。人本主义心理学由于提出了与被称为心理学第一思潮的、把人描述为本能与冲突的产物的精神分析学派以及作为第二思潮的、强调人与动物的基本相似性、强调学习是解释人类行为的主要根据的行为主义学派截然不同的观点而被称为心理学的第三思潮。其基本理论运用于课程领域而提出的人本主义课程理论,受到教育界的普遍重视,成为当今西方课程理论中的一个重要派别。

一、人本主义课程理论的思想基础

人本主义课程的思想基础主要体现在心理学方面,即作为第三思潮的人本主义心理学。

它认为行为主义心理学是机械的,只孤立地注重学生的智力,而忽视了其情感反应和个性中比较高级的一面。弗洛伊德心理学则过分怀疑个人动机,强调人类病态的、无意识情绪力。与这两派相反,马斯洛强调的是人的主观活动,他第一次把"自我实现"和"人类潜能"引入心理学。在他看来,"自我实现"也就是对天赋、能力、潜能等充分的开拓和利用,是一个形成过程。它有多种层次,可以是生活的成功,也可以是个人动机得到满足或危险解除的瞬间状态和正常的成长过程。因此,马斯洛要求课程应鼓励学习者的自我发现,允许学习者犯错误,表达与表现自己,直至发现自我。

人本主义心理学的核心在于使个人发现他自己的存在,发现他与其他人以及社会团体的关系。[①] 把体验作为主要目标,强调人类独有的特性,如选择

① [美]夏洛特·布勒,等.人本主义心理学导论.陈宝铠,译.北京:华夏出版社,1990:1.

性、创造性、价值观和自我实现,着重意义性,最终关心和提高人的价值与尊严,关心每一个人天赋潜能的发展。

二、人本主义课程的主要观点

(一) 课程与教学的目的在于满足学生个人自我发展和自我实现的需要

罗杰斯曾经批评,过分地强调知识是现代教育的悲剧。教育者将主要精力放在如何设计好课程上面也是错误的。课程具有怎样的内容以及如何设计这些内容并不重要,重要的是引导学生从课程与教学中实现自我发展。可见,自我实现是课程与教学的目的和核心。人本主义课程与教学理论就是要鼓励学生的自我实现,允许学生自由表达、实验、犯错误、获得反馈、发现自我。

(二) 强调人的情意发展和认知发展的统一,要求突出课程的情意基础

人本主义者强调,唯有借助于情意教育和认知教育的统一,整体人格成长才有可能。正如麦克尼尔(McNeil)和辛普森(Simpson)所指出的:"人的存在,就是认知与情意相统一的整体的人格,所以,认知学习与情意学习必须统一。"①

人本主义的课程与教学是要培养情意与认知、情绪与行为相统一的完整的个人。全美教育协会(NEA)20世纪70年代的报告是这样说的:"人本主义课程不仅仅把重点放在智力上,它是以'人的能力的全域发展'为目的的。课程除了纯粹的智力发展外,情绪、态度、理想、雄心、价值,对于教育过程来说也是应当关注的领域,还要发展自尊和尊重他人的思想意识。"基于这种认识,人本主义者要求课程突出情意基础。温斯坦和范特尼(Winstein & Fantini)说:"仅仅凭借知识,是不会产生社会所需要的适当行为的,如果认识到学

---

① 钟启泉.现代课程论.上海:上海教育出版社,1989:157.

习者的感情和需求,影响行为的机会将会增多。"①可见,人本主义认为情意是智慧、行为的基础,要求将教学内容与方法植根于情意的"土壤"之中。

(三) 设置并行课程和"整合"课程,着眼于整体人格的发展

为了实现认知教育与情意教育的统一,实现儿童人格的整体发展,人本主义者设立了并行课程(parallel curriculum)。福谢说:"学校必须设立并行课程,一方面接受系统的知识,另一方面探讨现实中直接提出来的社会的、人类的问题。"②于是他提出了如下的并行课程方案:

课程1,正规的学术课程及有计划的课外活动;

课程2,社会实验课程,这是一种突出"参与集体与人际关系"的课程,因此又称"人际关系课程";

课程3,自我觉醒和自我发展的课程(亦称自我实现课程)。

设立这种课程的意图是教师不仅要传授知识和技术,还要为个体的人格解放与发展提供经验,帮助儿童的人格成长及其自律性的建立。

人本主义的学校课程还体现出整合的特点,它由3种课程整合而成:

第一是知识课程,即指理解和掌握自然科学、社会科学、人文科学知识的课程,旨在发展认知能力;

第二是情意课程,即指健康、伦理、游戏这一类旨在发展非认知领域的能力的课程;

第三是体验课程,即指借助知识课程和情意课程的统一,旨在实现整体人格发展的课程。

(四) 主张意义学习和自发的经验学习

罗杰斯认为,意义学习提倡对知识的灵活理解,而不是消极地接受。在这种学习中,要求学生能在相当大的范围内自行选择学习材料,自行安排适合自己的情境,提出自己的问题,确定自己的学习进程,关心自己的学习结果。

---

① 钟启泉.现代课程论.上海:上海教育出版社,1989:156.

② 同上,1989:164.

此外,罗杰斯还用"自发的经验学习"来描述他所提倡的这种学习类型。其特征是:①

(1) 它使整个人沉浸于学习之中——躯体的、情绪的和心智的。

(2) 教学的方向来自学生。

(3) 它产生学生不同的行为和态度。

(4) 根据学习者的学习活动作出评价。

(五) 促进学生学会学习并增强其适应性

人本主义者认为,知识是否被掌握,所学的知识是否系统,对学生来说并不是举足轻重的。教学过程的重心是"学会学习"。在教学中,至关重要的是帮助学生获得知识、信息和个人成长,这些将使他们以更加现实的态度应对现实世界,而这根本不是凭借教师对知识的传授就能实现的。

教学的目标应该是促进变化、改善学习。变化是确立教学目标的根据,而对这种变化的适应取决于学习过程,而非静态的知识。所以,应该把学生培养成"学会如何学习的人","学会如何适应变化的人",从而成为能顺应社会要求,充分发挥作用的人。为实现该目标,罗杰斯在心理治疗实践中逐渐摸索出新教学方法——非指导性教学。它鼓励学生充分自信,从而使学生产生能超越自己的思想,开发出自己的潜在能力,最终达到学会学习、完善个性的教育目的。其中,教师的作用主要体现在形成理想的课堂气氛,提供给学生可以选择的材料、仪器等,成为学生产生意义学习动机的促进者。

(六) 倡导学生的自我评价

人在一生中伴随着各种各样的外部评价,它们左右着人们的行为和成长方向。在教学过程中,人本主义者对这种外部评价模式持反对态度,倡导学生的自我评价。罗杰斯认为学生是处在学习过程中的人,只有他自己才能清楚地知道自己是否已作出了最大的努力,才能发现哪些方面失败了,哪些方面硕果累累。自我评价在学生的学习活动中具有十分重要的作用,这种作用的本质就是使学生为自己的学习承担责任,因而能使学生更加主动,使学习

---

① 李方.课程与教学论.南京:南京大学出版社,2005:73.

活动更加有效和更加持久。

具体的评价方法有：由学生提问，然后根据问题内容出试卷，学生参与评价；由全班学生讨论课程结束应达到的水平，并谈谈自己已达到的程度；师生共同评定每一个分数；学生书面进行自我评价；若与教师的评价有很大差异，师生之间就进行讨论、商榷，共同确定分数。

第六节　建构主义课程理论

建构主义是当代心理学理论由行为主义到认知主义之后的进一步发展，即向与客观主义更为对立的另一方向发展，被喻为“当代教育心理学中的一场革命”。[①] 建构主义者认为，世界是客观存在的，但是对于世界的理解和赋予世界的意义却是由每个人自己决定的。人是以自己的经验为基础来建构现实，或者至少说是解释现实的。他们强调学习的主动性、社会性和情境性，对课程提出了许多新的见解。

一、建构主义课程的思想基础

(一) 波普尔和维特根斯坦等人的哲学思想

在当代，与建构主义相关的哲学思想有两种：

一是以波普尔(Popper)为首的科学哲学的发展，尤其是波普尔提出“经验证伪原则”。他认为，科学的自然是有意义的，但非科学的自然并非就没有意义，比如形而上学不是科学，但对科学理论的产生具有启发作用，动摇了人们对知识可靠性的迷信。

二是维特根斯坦(Wittgenstein)的日常语言哲学，尤其是他在后期反对逻

① 陈珠，刘儒德. 当代教育心理学. 北京：北京师范大学出版社，1997：97.

辑原子主义,提出了“语言游戏说”和“家庭相似”概念。这些对当今建构主义的创立与发展有着很大的启示。

(二)杜威的经验性学习理论

杜威认为,真正的理解是与事物怎样动作和事情怎样做有关,理解在本质上是联系动作的。由此出发,他将“行动”的学习与不确定情境中的探索联系在一起。强调教育必须建立在经验的基础上,教育就是经验的生成和经验的改造,学生从经验中产生问题,而问题又可激发他们运用探索的知识产生新概念。

(三)维果茨基的“文化历史发展理论”

俄国杰出的心理学家维果茨基的研究,对于理解建构主义也是十分重要的。维果茨基认为,个体的学习是在一定的历史、社会文化背景下进行的,社会可以对个体发展起到重要的支持作用和促进作用。维果茨基很重视学生原有的经验与新知识之间的相互作用。他们将学习者的日常经验称为“自下而上的知识”,而把他们在学校里学习的知识称为“自上而下的知识”,“自下而上的知识”只有与“自上而下的知识”相联系,才能成为自觉的、系统的知识;而“自上而下的知识”只有与“自下而上的知识”相联系,才能获得成长的基础。

(四)皮亚杰的认知发展理论

建构主义的先导当属皮亚杰。他确信,学习最基本的原理就是发现。他认为知识既非来自主体,也非来自客体,而是在主体与客体之间的相互作用过程中建构起来的。一方面,新经验要获得意义需要以原来的经验为基础;另一方面,新经验的进入又会使原有的经验发生一定的改变,使它得到丰富、调整或改造。这就是双向的建构过程。

二、建构主义课程的主要观点

(一)建构主义的课程知识观

建构主义者一般强调,知识并不是对现实的准确表征,它是一种解释,是一种假设,它并不是问题的最终答案。相反,它会随着人类的进步而不断地被"革命",并随之出现新的假设。而且,知识并不能精确地概括世界的法则,在具体问题中,并不是拿来随便用,一用就灵,而是需要针对具体情境进行再创造。另外,建构主义者认为,知识不能以实体的形式存在于具体个体之外,尽管人们通过语言符号赋予了知识一定的外在形式,但这并不意味着学习者会对这些命题有同样的理解,因为这些理解只能由个体学习者基于自己的经验背景而建构起来,这取决于特定情境下的学习历程。

建构主义者的这种知识观向传统的课程理论提出了巨大的挑战。按照这种观点,课本知识只是一种关于各种现象的较为可靠的假设,而不是解释现实的"模板"。科学知识包含真理性,但不是绝对正确的最终答案,它只是对现实的一种可能更正确的解释。而且,更重要的是,这些知识在被个体接受之前,它对个体来说是毫无权威可言的,不能把知识作为预先决定了的东西教给学生,学生对知识的"接受"只能依靠他自己的建构来完成。学生的学习不但是对新知识的理解,而且是对新知识的分析、检验和批判。另外,知识在各种情况下的应用并不是简单套用,具体情境总有自己的特异性。所以,学习知识不能满足于教条式的掌握,而是需要不断深化,使学生走向"思维中的具体"。①

(二) 建构主义的学习观

建构主义者对于学习的基本解释是:学习是学习者主动地建构内部的心理表征的过程,它不但包括结构性的知识,而且包括大量的非结构性的经验背景;学习者以自己的方式建构。对于事物的理解,不同人看到的是事物的不同方面,不存在唯一的标准的理解,但可以通过学习者的合作而使理解更加丰富和全面。建构主义者提倡的学习方法是教师指导下的以学生为主体的学习方法。建构主义者主张的学习环境是开放的、充满着意义解释和建构的环境。学习环境由情境、协作、会话和意义建构等4个要素构成。其中情境是意义建构的基本条件,教师与学生之间、学生与学生之间的协作和会话是意义建构的具体过程,而意义建构是建构主义学习的目的。

---

① 李方.课程与教学论.南京:南京大学出版社,2005:76.

（三）建构主义的学生观

建构主义者认为,学生是信息加工的主体,是意义的主动建构者,而不是外部刺激的被动接受者和被灌输的对象。即以学生为中心,强调学生对知识的主动探索、主动发现和对所学知识意义的主动建构。

（四）建构主义的教师观

建构主义教师观对传统的教师角色提出了严峻的挑战,强调教师的职责不应该是"给予",教师不应该把自己视为"掌握知识和仲裁知识正确性的唯一权威"。建构主义者主张,教师是意义建构的帮助者、促进者,而不是知识的传授者和灌输者。其角色就是学生学习的辅导者,"真实"学习环境的设计者,学生学习过程的理解者和学生学习的合作者。

（五）建构主义的教学观

建构主义者主张教学过程包含 7 个步骤:

（1）分析教学目标,对整门课程及各教学单元进行教学目标分析,以确定当前教学的"主题";

（2）创设情境,即创设与主题相关的、尽可能真实的情境;

（3）设计信息资源,即确定本主题教学所需信息资源的种类和每种资源所起的作用;

（4）设计自主学习方式,即根据所选择的不同教学方法,如支架式教学、抛锚式教学、随机进入教学,充分考虑发挥学生的首创精神,促进知识外化和实现自我反馈,对学生的自主学习作不同的设计;

（5）设计协作学习环境,如开展小组讨论、协商;

（6）评价学习效果,主要围绕自主学习能力、协作学习过程中的贡献是否达到意义建构的要求进行;

（7）强化练习,以纠正原有的错误理解或片面认识,最终达到符合要求的意义建构。

可见,建构主义教学观本质上是对人的主体价值给予充分尊重的教学观,体现了现代教学论的发展方向。

第七节　后现代主义课程理论

后现代主义是后工业化社会出现的。“后现代主义”这个概念最早出现在艺术中，随后出现在哲学中，是一个庞大的思想流派。一般认为，后现代主义具有多元性、多重性、创造性、不确定性、开放性、流动性以及矛盾、不连续、随意、无节制等特征。它反对主张主体与客体二元对立的表象主义，反对主张表层文化与深层文化二元对立的基础主义，还反对主张现象与本质二元对立的本质主义。后现代主义的出现对课程思想和理论产生了重大影响。

一、后现代主义的含义

“现代主义”强调人通过对自然的理性把握和技术征服而确证人的主体性和本质力量，这种现代主义也称为“近代哲学思维方式”。

19 世纪中期以来，西方部分哲学流派不满于“现代主义”将主体与客体、现象与本质、内在与外在分离或对立的二元论思维方式，从而展开对现代理性的批判与超越，并主张完整地体现“人的尺度”，重视非理性的价值。这些流派所倡导的是“现代哲学思维方式”，这是广义的后现代主义。它所实现的是由“近代哲学思维方式”向“现代哲学思维方式”的转变。

从 20 世纪 60 年代开始，西方出现了一种以否定和怀疑为特征的文化走向。这种文化走向否定“确定性”，追求“过程性”和“流动性”；否定单一化的价值追求，提倡多元价值观。这种文化走向一般可称为“后现代运动”。

20 世纪 60 年代以后，西方一些当代哲学家对“现代哲学思维方式”进行反思与批判。他们认为，现代哲学思维方式对近代哲学思维方式的否定，不过是用非理性取代了理性，是以一种片面性取代另一种片面性。因此，狭义的“后现代主义”特指西方 20 世纪 60 年代以来所出现的对“现代哲学思维方式”以及对“近代哲学思维式”的反思与超越的哲学思潮。①

二、后现代主义的课程思想

后现代主义课程理念是对现代课程理念的反思与批判,是一种前瞻性的课程改革思潮。后现代主义课程理念十分丰富。

(一)课程的基本标准

著名后现代主义教育理论家多尔认为,后现代主义课程有 4 个基本标准:丰富性、循环性、关联性和严密性。②

1. 丰富性

多尔认为,丰富性是指“课程的深度、课程意义的层次、课程的多种可能性和解释”。编写课程大纲,应采用一种一般的、宽松的、多少带有一定的不确定性的方式。课程应具有“适量”的不确定性、异常性、模糊性、不平衡性、耗散性等与生动的经验,课程需要这些干扰因素,以形成生活本身的疑问性。学校里主要的科目有其自身的历史背景、基本概念和最终词汇。因此,他要求每门学科应以自己的方式解释“丰富性”。例如,语文可通过隐喻、神话和记叙的解释来发展其丰富性,数学可通过游戏来发展其丰富性,社会学科可从对社会问题的各种解释来获得“丰富性”。

2. 循环性

多尔认为,循环性是“一个人在与环境、与他人、与文化进行反思性相互作用过程中产生自我感的方式”,这是一种“使思想返回自身的人类能力”。“循环性反思”是后现代主义课程的核心。在循环中反思起积极作用。反思、由对话引起,因而对话是循环的必要条件。③

3. 关联性

多尔指出,联系的概念对后现代主义课程在两个方面具有重要意义:教

---

① 张华,石伟平,马庆发.课程流派研究.济南:山东教育出版社,2001:343-346.

② 李方.课程与教学的基本理论.广州:广东高等教育出版社,2002:94.

③ [美]多尔.后现代课程观.王红宇,译.北京:教育科学出版社,2001:250-261.

育方面和文化方面。因而关联性包括教育联系和文化联系。

教育联系主要指课程结构内在的联系，这种联系通过回归性发展课程的深度。这里，在实践中的反思这一过程很重要，通过这一过程，课程随时间的推移变得越来越丰富。他特别强调课程的过程性、联系的偶然性，并指出，课程应由课堂社区（或称班级"共同体"）来创造（或称"自组织"），而不是由课本作者来决定。

文化联系的观念产生于诠释的宇宙学——强调描述和对话是解释的主要工具。后现代主义者还强调文化的两个特性：一是文化的背景性和局部性，因为话语的叙述总是处于特定的历史、语言和地点之中的；二是文化的全球性，因为通过对话话语可以不断扩展到全球和生态的网络之中。所以，要把课程整合到更广的社会文化背景中去。

4. 严密性

20 世纪关于严密性的解释是，学术逻辑、科学观念和教学的精确性。这不符合后现代主义要求。后现代主义者认为严密性包含了解释性和不确定性两个因素。要严密地对待解释。不确定性意味着选择的多样性和系统的开放性，确定性是指每一种观点都有其特定的假设与背景。①

（二）课程是经验的创生

后现代主义者把课程看做师生个体经验创生的过程，儿童的现实经验和可能生活是课程的依据，课程不是由教育行政部门或学校对儿童发展的"规定"，课程是儿童依据自己的经验对课程的再创造。课程是动态的、发展性的。

多尔把课程的精神内涵描述为：课程"是生成的，而非预先确定的"。多尔认为，以往更多地把课程当作一种文本，而忽视了学生的经历和体验。在后现代主义者看来，课程就是师生在教学实践中个体经验的创生。课程应超越"书本世界"，以"生活世界"为学习内容，学生的现实体验是学生学习的起点和基础。这样，后现代主义者对课程的概念的认识已远远超越了传统上将课程只理解为预先设计的"文本"的狭隘认识。

---

① ［美］多尔. 后现代课程观. 王红宇，译. 北京：教育科学出版社，2001：250-261.

（三）课程是复杂的对话

后现代主义者认为最主要和最本质的交往性实践活动就是教学对话，所以后现代主义者将师生的教学对话看做是课程。

派纳说："课程是复杂的对话。"具体含义如下：

首先，课程是复杂的。复杂性是针对科学主义课程片面追求课程简单、追求课程的开发、编制、实施、评价的程序化而提出来的。众所周知，"自然"具有复杂性，对课程而言，也不应视为一线性的程序化过程而展开，而应作为复杂的和创生的、有生命力的相互作用的网络。

其次，课程是对话，是师生之间的交往与沟通。派纳指出，以往和当代的课程具有字面上和制度上的含义。然而，课程概念并非仅限于此。"课程是一个高度象征性的概念，课程是格外复杂的对话"，在对话中，参与者并没有投入到询问和争论之中，也不会发现"真理"，不会证明一个主张，也没有任何结论。对话是开放的、相当个人化的交谈。对话强调的是相互理解和沟通。

在后现代主义者看来，课程不再是文本，也远非某一过程，课程成为一个动词，或一项行动，一次教学实践。这就将课程的概念从静态的、不变的"文本"，扩展到动态的、创生的教学活动——师生"对话"。课程的内涵由此而拓宽。①

（四）课程的主体是信息

派纳指出，课程的主体是信息而不是知识。后现代时期，知识的本质不再是以往主张的事实、信念、真理性的东西及技能，而是信息。信息反映了知识的本质。信息包括已成形的确定的事实、真理，同样包括了未成形的动态的、变化的消息。

相对于现代主义者仅将知识经验看做课程的精神内涵，后现代主义者把信息看做课程的主体是进步的。对话是师生个体知识经验的累积和创生，是师生之间的一种信息流动。后现代主义者将信息看做课程的主体，在当今信息社会有重要的研究价值。

---

① 李方. 课程与教学论. 南京：南京大学出版社，2005：84.

（五）课程要促进学生个体意义的建构

后现代主义者认为，在课程实施中，儿童是中心和主体。儿童主动地、积极地开展反思性、创造性实践，构建人生意义。课程是促进学生经过反思性和创造性实践来探索人生意义的活动及其过程。学生的学习应以主动参与、体验、反思、探究和创造为基础，而不是简单地适应和被动接受，教师是儿童学习的指导者与合作者，和学生一样是课程的建构者，教师要善于发挥学生在课程实施中的自主性和能动性，培养学生的意义建构能力。

后现代主义者关于课程实施的观点，是针对现代学校教育过分强调知识传输、忽视自我意识教育和意义建构而提出来的。

派纳认为，学校教育的失败在于学习者在学习过程中自我意识受到抑制，因而自我在"生活世界"（学校）中被扭曲。他赞同学校教育应以"个人"（学生）为教学的中心，运用学生的想像力，来打破及超越日常生活中认为理所当然的知识，以寻求其真正的意义。他主张意义建构过程中教师应能促成自由而理性的沟通，促成自我意识的觉醒，进而批判和改造外在世界。派纳提出，课程不只是制造知识的学科，它还是学生个体内在经验与外界环境相互作用的经验改造与意义的建构，课程的实施更重要的是关心如何拓展学生内在世界的意义。

后现代主义者主张超越工具理性的课程，主张发展学生内在自我生活世界，提高自我意识，建构意义的世界，以及主张学生自由表现和人性解放，这无疑有利于学生个性的形成，发展学生的心灵世界。但过分注重学生个体经验、自我意识和个人自由，容易忽视社会方向性指导。特别是在教学"全球化"的今天，课程不能不重视时代背景和社会发展的需要。①

（六）概念重构和理解课程

在后现代主义学者中，派纳是"概念重构"论和"理解课程"论的创始人。他认为，概念重构是从微观的意识提升和宏观的文化革命的展开，重新反省和界定课程理论的本质。应超越消极批判阶段，从现象学、精神分析、存在主

---

① 李方. 课程与教学论. 南京：南京大学出版社，2005：86.

义等思想中寻找有益的概念架构及方法，同时要对当代历史和文化的发展有敏锐的察觉，拓展对教育经验的了解与获取，此外，也要促进对课程本质的把握。理解课程与以往的课程思想之区别在于，希望人们从历史、政治、文化、科学、艺术、现象学、环境、个人自传、国际化等诸多视角重新认识课程，将课程的哲学体系建立起来。

后现代主义者主张概念重构和理解课程，这与其课程的宽泛性和复杂性的理念是一致的。课程的丰富性、联系性、复杂性、不确定内在性是概念重构和理解课程提出的理论基础。

第四章

高等教育课程的价值取向

"'价值'这个普遍的概念是从人们对待满足他们需要的外界物的关系中产生的",它"是人们所利用的并表现了对人的需要的关系的属性","实际上表示物为人而存在"。① 因此,价值就是客体的属性对主体需要的满足,其实质是主客体需要与满足之间的关系。

社会对高等教育的需要有两大类:国家、地区的需要(也称社会需要)与个人的需要。国家对大学课程的需要包括政治、经济、文化的需要,因而大学课程的社会价值也可细分为政治价值、经济价值与文化价值。个人对大学课程的需要是基于自身的发展与完善,大学课程的个人价值主要是指大学课程对个人发展完善需要的满足。

① 马克思,恩格斯. 马克思恩格斯全集(第19卷). 北京:人民出版社,1982:139,326,406.

第一节 高等教育课程价值取向的历史变迁

课程价值问题是一个复杂的问题，涉及多种因素的交互作用，从每个因素、每个角度出发，都可以形成不同的价值倾向，每种课程价值观都有其各自的优势和局限性，很难判定某一种或几种课程价值取向是正确的还是错误的。课程价值取向在特定的条件下是合理的，但随着时代和条件的变化，课程价值取向应该进行相应的改变和调整。

一、中国高等教育课程价值取向的历史变迁

中国的文化传统是“学而优则仕”，教育被视为是实行阶级统治和实现政治理想的工具。课程学习以“明人伦”为要旨，目的是为统治阶级培养文武兼备的官吏和其他人才。社会本位占主导地位(有时甚至窄化到政治本位)。

(一) 古代大学价值取向

先秦时期，大学教育是为当时的政治服务的。儒家的创始人孔子明确提出了“学而优则仕”的教育目的，主张为统治阶级培养政治统治人才。反映在课程上，将《诗》、《书》、《礼》、《乐》、《易》、《春秋》等儒家经典作为基本教学内容，为统治阶级培养“德才兼备”的君子。以商鞅、韩非子为代表的法家，其课程的政治性是不言而喻的，其具体表现便是“以法为敬，以吏为师”。墨家是春秋时期小生产者的代表，其教育主张具有一定的功利性，但是这种功利性本身就具有某种政治色彩。墨家是带有宗教色彩的政治团体，有严密的组织、严格的纪律，要求成员必须绝对服从首领的命令。因此，其课程的价值选择仍以社会价值为主，以实现墨家的政治理想。墨家认为教育应培养“兼相

爱、交相利”的贤士，以“兴天下之利，除天下之害”。

汉代教育不仅确立了儒学在中国封建教育中的独尊地位，还在教育制度、设施、内容、形式等各个方面为后来整个封建时代的教育奠定了基础。太学的设立，开了封建中央政府设立最高学府的先河，以后历代中央政府依此设立，在课程内容上大同小异，只不过在不同的朝代，侧重点不同而已。课程的目的是培养通晓儒家经典的政治统治人才，其课程的政治价值得到了推崇。

两宋时期，作为孔孟儒学变种的程朱理学逐渐取得了主导地位。当时大学主要讲授朱子编注的《四书》：《论语》、《孟子》、《大学》、《中庸》。其政治性，仅以《大学》规定的 3 个纲领就可窥见一斑：“大学之道，在明明德，在亲民，在止于至善。”①

明清时期，统治者为了加强封建统治，竭力推崇程朱理学，把其作为思想文化教育领域的统治思想。在课程上，以国子监为例，明代“凡经，以《易》、《诗》、《书》、《春秋》、《礼记》，人专一经，《大学》、《中庸》、《论语》、《孟子》兼习之”。② 清代主要以《四书》、《五经》、《性理》、《通鉴》等为主修课程。

（二）国民党统治时期（1949 年以前）大学价值取向

国民党统治时期，大力推行三民主义教育宗旨，实行党化教育，“为党国服务”成为大学课程的首要价值选择。但蔡元培提出大学是“研究高深学问的机构”，以“思想自由”、“兼容并包”改革了北京大学。他主张强调文理渗透，实行选修制，注重学生个性和自由人格的培养。这一切为保守、狭隘的大学课程带来一股清新的空气。

（三）新中国成立后大学价值取向

新中国成立后，强调教育为无产阶级政治服务。1949 年新中国成立后，毛泽东同志认为，新中国的教育必须以党的总路线、总任务、总政策为出发点，努力使教育工作为党的总路线、总任务、总政策服务。教育为无产阶级的

---

① 孙培青. 中国教育史. 上海：华东师范大学出版社，1992：156.

② 王炳照，阎国华. 中国教育思想通史. 长沙：湖南教育出版社，1994：5.

政治服务,教育与生产劳动相结合的教育方针随之出台。《共同纲领》第四十七条规定了新中国各级各类教育的政策,强调"……给青年知识分子和旧知识分子以革命的政治教育,以应革命工作和国家建设工作的广泛需要",[①]这一政策成了中国几十年来教育的基本政策。[②] 反映在大学课程上,就是必修课占绝对统治地位,基本上没有选修课或很少选修课;思想政治类课程在整个课程体系中占有相当份额。大学课程的政治价值取向最突出,课程的价值取向是以社会本位为主导。

20 世纪 80 年代改革开放后,高等学校的课程价值观也有一个较大的转向。随着改革开放的深入,中国经济的迅速发展,高等教育跟经济建设的联系日趋紧密,对社会经济的干预和影响越来越大,逐步由社会的边缘走向中心,高等学校课程所呈现的经济价值、科技价值逐渐得到了社会的认可和重视。"科教兴国"基本国策的确立,更是明确了大学课程与社会主义经济建设之间的密切关联性,"产学研"相结合的理念深入人心,大量实用型、应用型,以及跟经济建设直接相关的课程的设置与兴起充分反映了这一时期课程的基本价值取向。20 世纪 90 年代后,特别是 90 年代中后期,随着哲学界主客体问题的讨论,人学研究的发展和深入,以及高等教育理论工作者的理性批判精神和学术意识极大程度的发展,大学的课程开始更为关注课程与人的发展之间的内在关系,并从更高、更富有人性的角度来审视现代大学课程的价值取向。

二、西方高等教育课程价值取向的历史变迁

古代欧洲,伊索克拉底的修辞学校(公元前 392 年创办)强调教育应为职业做准备。柏拉图的"阿加德米学园"(公元前 387 年创办)提倡"为学习而学习"。中世纪的欧洲大学弘扬人性和反对宗教的束缚。大学远离社会,注重学术研究和纯理性的发展,始有"象牙塔"之称。

19 世纪初德国以人本位教育价值取向为主导地位。德国的教育家洪堡

① 石佩臣. 马克思主义教育思想史引论. 北京:中国展望出版社,1990:170-174.

② 田圣炳. 我国大学课程的价值选择. 江苏高教,1997(5):38.

认为大学的责任是双重的:一是对科学的探求;二是人的个性与道德的修养。在这一理念的引导下,柏林大学在注重人的发展的同时,开展了对科学技术的研究,倡导教学和研究相统一,强调纯理论研究和纯科学课程,追求培养学生的批判个性和自由精神。柏林大学的大学理念对现代大学课程设置影响极为深远。但柏林大学的纯理论研究和社会现实之间尚有脱节,所幸当时的多科技术研究所、多科技术学校和工科大学填补了这个空缺,从而使大学系统内部不同课程价值取向暂时和谐共处。

工业革命后,社会对大学提出实用型、技术型人才的培养要求。于是,科学课程、职业课程、专业课程迅速登上大学讲台且占据了课程体系的核心位置,古典人文课程逐渐退隐。在美国,大学选择了一条"大学应该服务于社会"之路,从威斯康辛大学明确提出大学为社会服务的目标开始,美国大学开始强调大学课程要为本地区经济建设服务的理念,大学与社会(企业)发生了结合,社会与经济科技的发展得到了促进,大学也由社会的边缘走向了社会的中心。

美国大学的社会本位的课程价值取向逐渐走上主导地位并使美国经济迅速腾飞。大学课程的巨大社会效应、经济效应引起了各国的注目和效仿。社会本位的教育价值取向占据主导地位。①

大学课程的价值选择和课程设置一直是美国大学改革争论的焦点。有人批评大学的课程设置过于功利化。芝加哥大学校长赫钦斯因此推行了"芝加哥计划",主张对学生实行通识教育,取消所有实用型课程,打破以前的专业与课程设置,希望使学生获得融会贯通的知识。他的通识课程、名著课程对西方大学的课程设置影响很大。而20世纪50年代后期美国因前苏联人造卫星上天而引发课程改革,提出了"学术中心课程",指出:"以知识为中心,使每一个学生获得最好的智力发展"。② 但"学术中心课程"过于强调知识,忽视人的全面发展和人才的社会适应性,因矫枉过正而草草收场。

在学校与社会相结合的同时,大学课程的价值取向发生了变化,一些繁

---

① 杜希民,周燕来,于东红.大学课程的价值取向特征.西安电子科技大学学报:社会科学版,2008(1):133.

② 杨军,万明钢.从化人到人化——20世纪课程价值取向演变探析.宁夏大学学报:社会科学版,2004(26):5.

琐的理论性知识受到了质疑,一些与社会、科技发展联系紧密的应用型知识得到了重视。知识本位的内部调整与社会本位的张显同时出现,并在一定程度上实现了复合。随着时代的发展,人的全面和谐发展和全员发展的理念,成为影响大学课程选择的重要因素。

第二节　高等教育课程的三种价值取向

对高等教育课程价值取向的研究基本是围绕着高等教育的价值取向而展开的。关于高等教育的价值取向,一般认为有三种,即知识本位、社会本位和人本位的价值取向。这三种价值取向具有高度的概括性,几乎可以涵盖古今中外所有的高等教育,区别仅在于某一时期某一国家或地域的侧重点有所不同。由此,对高等教育课程价值取向的研究可以归结为三种基本的课程价值取向,即知识本位、社会本位和人本位的价值取向。

一、知识本位的价值取向

(一) 知识价值取向(或知识本位的价值取向)

知识价值取向以知识或学术活动的需要作为大学课程的出发点和归宿,以知识发展的需要来要求教育并设计课程,从而规定了大学教育的人才培养模式和培养过程。大学课程活动对知识结构的完整性、知识内容的逻辑性与系统性的追求,鲜明地表明了其知识价值取向。

(二) 什么知识最有价值

什么知识最有价值? 这在课程领域可能是一个具有价值中立特点的问题。私有概念产生以后,人类就开始分化为不同的利益群体,并为各自群体利益而永无休止地争斗,但是人类也有一些共同关心的问题需要解决,这些问题不会因信仰、环境、时代的不同而不同。表现在高等教育领域,诸如人类的健康成长问题、生产力的发展问题、科学技术的发展问题等,都是大学课程选择的内容。这些问题大多追求的是至真至善,体现了人性善的一面和发展的需求。这种选择的动机是人类最原始、最纯朴的生存发展需求,是人类的本能使然,也是形成高等教育的原动力。这种选择既有永恒主义课程思想的色彩,也有实用主义课程思想的痕迹,具有永恒性,但它并不唯一,这种价值选择并不代表大学课程选择的全部。或者说,大学课程的价值选择并非如此简单,人们还有更多的欲望需要满足,其中功利性需求则是最为强烈的一种。在人类越来越复杂的社会关系中,人们除了满足本能需求外,更多的行为是受利益驱动,所以大学课程价值选择更多的部分体现的是各类群体利益的需要。尽管如此,对于这些较少政治色彩、较少阶级烙印且又长期永存的问题,大学常将其作为课程价值取向的目标之一。[①]

(三) 知识对谁有价值

知识对谁有价值? 这是一个永远充满争议而具有相对性的问题,它与人们的政治信仰、社会地位、时代背景和教育理念等因素密切相关。不同的政治集团,不同的个人信仰,甚至不同的生活环境,对知识的价值会有不同的理解。但对课程的价值取向影响最为强烈的因素主要来自两个方面:

一是来自政治的裹胁,根据政治的需要来确定课程的价值。古往今来,任何政治集团为了自身的利益,总是需要渗透教育、掌控教育,以期从精神上驾驭他人。如我国封建时代的教育,从维护封建统治制度的需要出发,一贯坚持废黜百家、独尊儒学的教育思想。但实际上,"百家"并非无用。英国大学早期推崇的文雅教育,多是为了为社会上层培养具有绅士品质的管理者,它将古典文学、哲学、伦理等课目列为大学的主修课目,而将其他与社会发展关系紧密的技术类课目视为旁门左道,不屑一顾。资本主义国家将私有制作为社会发展的最佳选择,选择一系列的政治理论为其支柱。社会主义国家则将共产主义理论视为政治纲领,辅之以一系列的政治课目为其服务。这些为

---

① 杜希民,周燕来,于东红.大学课程的价值取向特征.西安电子科技大学学报:社会科学版,2008(1):132.

了各自(集团)利益而对知识所作的选择,尽管在价值理念上充满了相对性,在价值取向上带有强烈的"集团自私性",但必须承认,它是影响课程价值取向的重要因素。

二、社会本位的价值取向

大学课程的社会价值是指大学课程对社会需要的满足。大学课程的社会价值又可细分为政治价值、经济价值与文化价值。

(一) 大学课程的政治价值

大学课程的政治价值是指大学课程对政治需要的满足。教育是按照特定社会的需要来限定人的培养规格和发展方向的。因此,满足社会发展的需要是衡量课程价值的一个尺度。事实上,课程往往最能敏感地反映社会对教育的各种要求,尤其是反映代表统治阶级的利益和要求的国家意志。从政治上来说,学校课程是国家对未来人才要求的意志体现。它应该表达和倡导主流的社会价值取向,这种共同的价值观念有利于维系社会的存在与发展。

1957 年之后,由于国际国内政治形势的变化,中国大学的课程也经历了剧烈的变化,毛泽东在《关于正确处理人民内部矛盾的问题》这篇著名报告中指出:"我们的教育方针,应该使受教育者在德育、智育、体育几个方面都得到发展,成为有社会主义觉悟的有文化的劳动者。"这段重要讲话,成为指导我国教育发展的工作指南,在这一思想指导下,大学课程也从学习前苏联模式(强调知识分类和专业结构)向强调高等教育与生产劳动之间的整体性联系的综合模式进行大转向,基本上改变了当时课程目标的价值取向,呈现出了明显的政治化、实用化和国家功利主义的倾向。①

(二) 大学课程的经济价值

大学课程的经济价值是指大学课程对经济需要的满足。课程的设置还必须与社会的经济发展水平相适应,要根据经济发展的需要作出及时和必要

---

① 陈玉琨. 课程改革与课程评价. 北京:教育科学出版社,2001:60.

的调整。西方近现代科学技术的飞速发展,特别是现代工业的发展,对大学提出实用型、技术型人才的培养要求。于是,科学课程、职业课程、专业课程迅速进入大学课堂且占据了课程体系的核心位置。美国大学选择了一条"大学应该服务于社会"之路,开始强调大学课程要为本地区经济建设服务的理念。在中国,随着经济的迅速发展,高等学校课程所呈现的经济价值、科技价值逐渐得到了社会的认可与重视。"科教兴国"基本国策的确立,更是明确了大学课程与社会主义经济建设之间的密切关联性,大量与经济建设直接相关的课程的设置与兴起,充分反映了课程的经济价值取向。

(三) 大学课程的文化价值

大学课程的文化价值是指大学课程对文化需要的满足。课程和文化有着天然的血肉联系,它是一定文化中最有意义的部分,它所包含和表达的是人类在长期的实践和认识活动中所形成的并凝结为智力劳动的知识和经验,文化是课程最基本的内核。

但是,作为独立的教育活动,课程本身并不直接参与社会的政治和经济活动。课程是在继承和传递文化的过程中存在和运行的,其政治、经济等价值是作为课程文化功能的结果而发生的。课程本身就起源于文化传承的需要,传递、复制、再生产社会文化是学校课程唯一不变的使命。

因此,制度化教育中的各种课程必须能够保证文化传递的系统性和完整性,从而保证文化延续及其进一步发展所必需的基础。

(四) 大学课程社会价值的适应与超越的统一

自从20世纪开拓了其服务社会的功能后,高校已不可能摆脱社会对它的影响。课程设置必须充分考虑社会发展的需要对高校课程的深刻影响。但这并不意味着课程设计与社会发展之间是一种亦步亦趋的关系。人类社会的演化本身就是一个不断生成、不断超越的过程。这就内在地要求学校课程不能仅仅回应当下社会生活的需求,被动地接受社会的指令,而是要走在社会发展的前面,积极干预与引导社会生活,为一个行将出现的未来社会服务。如果大学只是为了适应社会而存在,那么大学将不仅丧失它的理想,更有可能从此走向没落。

现代大学不仅仅是适应社会以求其发展,更应是通过引导社会来使其更好地发展。反映到高校课程设置中,"职业化"的课程虽不可少,但不能"泛职业化",能够引导社会、批判社会的人文课程才是更为重要的,因为它可以使社会在前进中少走弯路,从而加速社会的发展,并最终促进人的发展。

三、人本位价值取向

大学课程的个人价值主要是指大学课程对个人发展完善需要的满足。就学生个体而言,学生是有着完整的人的生命的表现形态、处于发展中的、以学习为义务的人。他们是"具体"的而非各种观念的"抽象",是活生生的存在而非各种僵死的"目标",是具有旺盛生命力、具有多方面发展需要和发展可能的学习活动中不可替代的主体。学生是作为生活着的人接受教育的,又是孕育着可能生活和追求可能生活的人。因此,他们时刻用其独有的眼光去理解和体验课程,不是既定课程的被动接受者,而是课程的创造者和开发者。合理的课程应当指向人之为人的整体性的生成和发展,为学生开发和提供相适应的课程和教材。课程只有走入学生的生活世界,从关照生活世界中的学生出发,才会真正具有生命的活力和生活的价值与意义。

现代教育的发展,"以人为本"的教育理念正日益成为世界教育的主流。联合国教科文组织于 1989 年发表的《学会关心:21 世纪的教育》的报告就曾提出:"归根到底,21 世纪最成功的劳动者将是最全面发展的人,是对新思想和新机遇开放的人。"1998 年,该组织又发表了《教育:财富蕴藏其中》的报告,对全面发展的人作了进一步的解释,认为这样的人即"学会认知、学会生存、学会做事和学会与他人共处的人",从而响亮地提出了教育要培养全面发展的人。

世界各国也越来越重视"以人为本"的教育理念。前苏联教育部在 1987 年就曾提出:必须坚决地转向教育的"人本化",并为此创造条件,使教育不仅有助于提高学生的智力能力,而且有助于丰富他们的情感。美、日等国也多次在教育改革方案中提出,应考虑学校课程中的人道主义成分,加强对青少年的思想品德教育和情感陶冶。世界教育联盟总裁、日本芦屋大学校长奥田真丈先生曾指出:教育是以人类个性未完成状态为起点,以人的成长欲求和个体已有的发展机制为依托，去追求完美的身心和完善的个性这个最终的目标。教育是一个引导人自我完善、自我实现、自由创造的过程。只有个性健康地发展，才能从这个发展过程中达到追求自由、全面的目标，教育的功能就在于它具有塑造、培养一代新人的“孕生”机能。在日本最近的课程改革中，就把“培养丰富的人性”作为其改革基本方针的第一条。[①]

不少教育思想家呼吁大学教育要回归人的教育。哈佛大学校长在北大百年校庆中外大学校长论坛上指出：大学开展研究以推动经济的发展是无可厚非的，同样，大学帮助学生寻求实用与令人满意的职业也是必要的，然而，更重要的是，大学要提供无法用金钱衡量的最佳的教育。这种教育不仅赋予学生较强的专业技能，而且使学生善于观察、勤于思考、勇于探索，塑造健全而完善的人格，特别是通过不同学科领域知识的渗透，形成文理事理融合的“通识教育”。

第三节　高等教育课程价值取向的关系

大学课程具有知识本位、社会本位、人本位不同的价值取向，不同时期和不同的利益主体强调了课程取向的不同侧面和维度。由于影响课程价值取向的因素是多元的和不断变化的，其影响的作用是综合性的，程度是非均衡性的，这就使大学课程的价值取向呈现出多元化和动态化的特征。随着人们对大学课程价值取向的深入研究，大学课程价值取向之间的关系也逐渐清晰起来。

一、高等教育课程价值取向的结构

课程的知识本位、社会本位、人本位的三种价值取向都是合理的，但它们

① 彭波，胡弼成.现代高校课程设置人本取向之思考.复旦教育论坛，2003(5)：64-65.

的地位和意义不同:个人的价值取向是目的性的,社会的价值取向是前提性的,知识的价值取向是条件性的,三者之间构成一个合理的、整体的、以目的性价值取向为中心的大学课程价值取向结构。有了这样一种结构,各种价值取向就不再是无序的,而是各自有了明确的归属。①

(一)人本位是大学课程的目的性价值取向

高等教育的使命是促进人的发展,作为其核心的大学课程,就要有效地促进人的发展,舍此就不是大学课程了,因此,个人的价值取向无疑在大学课程价值取向结构中具有目的性地位,是大学课程的目的性价值取向。

(二)社会本位价值取向是前提性的价值取向

人的发展从来就不能脱离一定的社会条件和要求,个人的发展要求总要受社会的发展要求所制约,因此,社会的要求是个人发展要求的前提。不过,社会的要求的"前提性"不是通过直接地向大学课程提出强制性"规定"的机制来表达的,而是通过引导、影响个人发展的要求表现出来的。

(三)知识本位的价值取向是条件性的价值取向

人的发展总是通过习得某些经验或知识来实现的。社会本位和人本位的课程价值取向分别站在促进社会和人的发展立场上选择和发挥知识的作用,拉动知识向自己靠拢,因此都会重视对知识的选择与加工,通过不同的知识组合的作用,包括把人类在创造文化的过程中所表现的精神和所形成的智慧(而不仅仅是知识本身),展现在学生面前,学生以自己的经验基础来学习这些知识,并理解这些知识背后的精神和智慧,从而影响人、改变人或改造社会,通过知识来实现自己的目标。

---

① 刘旭.再议大学课程的价值取向及其关系.高等教育研究,2005(6):61.

二、高等教育课程价值取向的关系

(一) 协调互补性关系

高等教育课程总是特定历史时期各种价值取向调和的产物,其兴衰最终系于大学课程的各种价值取向之间协调的程度。17 世纪西方大学的衰败及其后又走向兴旺,原因即在于其后大学课程对社会价值取向的满足,19 世纪大学迅猛发展是因为当时大学课程切合知识价值取向。

然而,在大学课程发展历史上,由于课程价值取向的无序性,在课程设计上,往往是受其中某一种占主导地位的价值取向所左右而忽视另一种价值取向,是通过在一个时期一种价值取向让位于另一种价值取向的方式实现的。但由于大学课程中各种价值取向的存在都是合理的,也是必然的,被抑制或忽视的价值取向总要寻求满足,这样,大学课程的价值冲突就不可避免,难以协调。

用有序的结构关系来统领大学课程的各种价值取向,就使它们体现出协调互补的关系。大学课程的各种价值取向围绕着其中的目的性价值取向即个人的价值取向展开,于是各种价值取向之间有了协调的可能。

(1) 为了促进实现个人的价值取向,任何时代的大学课程都会而且必须考虑社会对大学课程的要求,大学课程的个人价值取向与社会价值取向不仅都是合理的,而且其间的关系不再以对立、冲突为主调,而是内在地具有协调的可能。

(2) 为了实现个人的价值取向,获得合适的知识总是有益的。在大学课程中,只要是服从于促进人的发展,追求知识的价值取向与个人的价值取向是相得益彰的。

(二)“共时性”作用关系

大学课程价值取向之间非此即彼的矛盾,决定了不同价值取向的满足呈现此涨彼消的过程,实际上体现的是一种“继时性”作用现象,即大学课程的各种价值取向是先后而不是同时获得满足的。通过这种“继时性”作用,大学课程的各种价值取向之间在过去尚能达到一定程度的协调，大学也因此有了较大的发展。

但20世纪中后期以来，人们对大学在社会进步、经济发展、人性完善以及文化繁荣等各方面的价值的认识逐步丰富和加深，大学课程所承担的价值期待越来越复杂、多样，于是，各种价值取向不再满足于"继时性"作用，而是要求得到"共时性"满足，大学课程必须着力培养学生社会所需要的各种素质。学生个体素质的发展，要符合社会需要，要满足社会的价值取向。对学生素质的培养是凭借丰富的知识和学生对知识的追求实现的，这其实也是满足知识的价值取向的过程。因此，大学课程可以通过"共时性"作用来满足各种价值取向。

社会的发展要求与人的发展要求这一关系的状态如何是大学课程价值取向之间关系协调水平的重要表现。大学课程毫无疑问应尽量满足社会各方面的合理要求，但是必须通过教育所培养的人形成具有适宜于社会的素质来体现。因此，突出个人的价值取向的目的性意义时，不是忽视社会发展对大学课程的要求，而是以人的发展来更好地实现这一要求。这样，社会的要求与人的需要就辩证地统一起来。①

大学教育还是传承人类的事业。但是，人类文化并不只是希望通过教育让学生来接受，在根本上，文化的发展是要让人成为"文化人"，比前辈更有智慧的人，又通过人的发展来实现和体现文化的发展。因此，课程必须把人类在创造文化的过程中所表现的精神和所形成的智慧传承给学生。学生在这一过程中得到了发展，在学生的发展中，人类的文化不仅得以继承，并且有了更强的活力，得到实实在在的发展。在这一过程中，文化有了"人化"的内涵，继承与创造得到辩证的统一。

① 刘旭. 再议大学课程的价值取向及其关系. 高等教育研究，2005(6)：63.

第五章

高等教育课程文化

将课程视为文化，是赋予课程一种文化主体地位，使其具有自律性的、内在性的、独特性的文化属性与品质。因而，课程作为文化的命题，是一种本质性的逻辑判断，是从本体意义上对课程进行文化设定，使课程从文化“虚无”状态还原为文化实体状态，并非将课程混同于实然的社会文化现象。就具体的文化形态而言，课程文化的品性与社会文化现象的品性具有质的区别，而且恰恰是这种质的区别才突出了课程文化存在的重要意义及其在整体文化发展中的重要价值与作用。[①]

① 赵颖，郝德永. 当代课程的文化底蕴与品质. 教育科学，2002(5)：25.

第一节　课程文化及其特征

课程文化的实质，是课程文化最根本、最深层、最终极的规定性。它规定并决定着课程文化的性质、属性与特征，关系着人们对课程文化的认识、理解、评价和借鉴。课程文化是一种独特的文化，它虽然有一切文化都具有的特征，但不能简单地、仅仅从纯文化的角度去认识课程文化，而是应该从更广阔的范围内去总结、提炼课程文化的发展成果。

一、课程文化的含义

（一）文化的含义

"文化"一词在西方源于拉丁文"culture"，是指人在改造自然界的实践过程中对土地的耕耘、加工、开发及对植物的种植、栽培等活动。"文化"一词在后来的使用中被人们引申，逐渐出现了转义，成为一个复合的整体，它包括知识、信仰、艺术、道德、法律、习俗和个人作为社会成员所获得的其他能力及习惯，包括各种外显与内隐的行为方式等。

"文化就是在人们生存和发展历史中形成并通过人们的各种活动而表现和传承的行为方式、价值观念、风俗习惯、语言符号、知识系统的整体。它的核心是价值观念。"①"广义的文化总括人类的物质生产和精神生产的能力、物质的和精神的全部产品。狭义的文化指精神生产能力和精神产品，包括一切社会意识形态，有时又专指教育、科学、文学、艺术、卫生、体育等方面的知识，以与世界观、政治思想、道德等意识形态相区别。"《苏联小百科辞典》（第

---

① 石中英.教育学的文化性格.太原：山西教育出版社，1999：82.

5 卷）认为，文化是“人类在其历史的进程中创造和发展起来的各种物质上和精神上有价值的东西的总和”。

1871 年，泰勒把社会科学意义上的“文化”定义为：知识、信仰、道德、法律、习俗以及包括作为社会成员而获得的其他任何能力、习惯的复合体。①

文化从纵向划分可以分为 3 个层面，即物质层面、制度层面和精神层面。从人的发展、生产和生活 3 个方面看，文化包括：

一是指“个性的形成或个人的培养”；

二是指与自然相对的“文明化了的人类所进行的一切活动”；

三是指与贸易、金钱、工业和工作相对的“日常生活中的吟诗、绘画、看戏、看电影之类的娱乐活动”。

从人类的特性看，文化内涵包括：“文化是创造性的活动过程，是人的特殊活动方式，是变化的发展的人的社会属性，是人通过物质和精神活动的具体形式实现的自我发展和自我再生。”

从文化的显现性看，文化分为内隐文化和外显文化两个方面。内隐文化包括观念、心理等精神要素，外显文化由物质文化、行为文化、制度文化等组成。

（二）课程文化

课程文化显然不能是“课程 + 文化”或“文化 + 课程”，既不是“课程”与“文化”两个词及含义的黏合，也不是这两个词简单的相加。它是一种具有自身质的规定性的文化形态。它包括课程和文化这两个概念内涵的共同本质。那么课程文化到底指什么？

（1）课程文化有两个方面的含义：一是课程体现一定的社会群体的文化；二是课程本身的文化特征。前者主要是就课程是文化的载体而言的，后者主要是就课程是一种文化形式而言的。应该说，课程文化包含着这两个方面内容。②

（2）课程文化不是体现在学校中的某个社会群体上，即不是以学校中的

① 金志远. 课程文化：实质、属性与特征. 内蒙古师范大学学报：教育科学版，2005(11)：82-85.

② 郑金洲. 教育文化学. 北京：人民教育出版社，2001：228.

某个群体为载体,而是以群体之间的关系和活动为载体,教师和学生中任何一个方面的活动及所体现出的文化特征无不在课程文化上有所体现。课程文化是他们双方互动的产物。狭义的课程文化主要是指教材文化而言。宽泛定义的课程文化即为学生在学校情境中获得的一切经验的过程。

(3) 课程文化是指按照一定社会对下一代获得社会生存能力的要求,对人类文化的选择、整理和提炼而形成的一种课程观念或课程活动形态。

(4) "课程文化,就其本质上讲是一种精神财富,这种精神财富不只表现为课程意识、课程思想、课程价值等内隐的意识形态,而且表现为人类在漫长的进程中所创造的课程制度、课程政策等外显的制度化形态。这样才能构成课程文化的整体内容和结构。""课程文化有三层含义,它包括课程'的'文化,又包括课程'与'文化,还包括实践的课程文化。"

(5) 课程和文化都是主体发展的资源,二者的共同点就是发展资源。据此认为,课程文化即为主体发展的文化资源。①

从文化的角度来看,课程文化包括课程物质文化、课程制度文化和课程精神文化。

第一,课程物质文化是指在课程原理指导下研制出的课程计划、课程标准、课本、教学指南、补充材料、课件以及它们的语言特色和表达方式等。它们以课程文化物质载体的形式存在。

第二,课程制度文化主要包括课程研制的技术规范,课程开发和实施的各种规则、政策、法规和决策方式,包括对官方课程、地方课程、校本课程、教师所教课程和学生所学课程的规划、实施、评价等管理措施和管理方式。

第三,课程精神文化是课程文化的核心,它以课程理念的形式体现在课程目标、课程研制与开发、课程实施与管理的各种课程活动中。

从课程的角度来看,课程文化又包括课程目标文化、课程内容文化、课程实施文化与课程评价文化。

第一,课程目标文化反映了课程选择文化或建构文化的价值取向,是课程领域中最具有精神意义的文化现象。

第二,课程内容文化是不同学科的差异中共同存在的标志性话语,它以

① 金志远.课程文化:实质、属性与特征.内蒙古师范大学学报:教育科学版,2005(11):82-85.

显性和隐性两种方式渗透在各具特色的不同学科之中，既具有民族性，又具有多元性。

第三，课程实施文化主要反映在课程开发与情境教学之中，它最能体现课程文化的自组织特点和建构意义。

第四，课程评价文化同样体现在课程评价领域中的价值取向。

二、课程文化的特征

课程文化的特征可以概括出以下几点：

（一）从文化根源看，课程文化要有民族性和传承性

课程文化的民族性是指在不同的民族文化氛围中，必然产生不同特点的课程文化。文化是民族的灵魂，是维系国家统一和民族团结的精神纽带。世界上每个成熟的民族都有属于自己特有的文化形态和文化个性，而这种特有的文化就成为民族亲和力和凝聚力的重要源泉。而课程改革的顺利实施与否在一定程度上决定其是否与本土文化相适应。课程改革必须扎根于文化传统，实现本土化，否则会成为空中楼阁。"任何课程或知识的发展和创新实际上都必须考虑本土的文化处境。"[①]不论是本土生长式的课程改革还是移植式的课程改革，都是一种人为事件。在进行课程改革设计时，应充分考虑整个社会的文化倾向。任何一个国家或者民族的文化都有其传承性的一面，即在其体系要素中有隶属于历史的长期稳定的东西。

课程文化的传承性特征就是指课程文化传统的继承性。在课程改革过程中，不能人为地割裂课程文化的传承性。将文化中那些延续性的、亘古不变的要素看做是历史的糟粕而弃之不用，从而使课程改革脱离了生存于其中的文化，使自己失去了文化的支撑。因此，作为课程文化，必须担负起传承本民族文化、体现本民族文化特性的历史使命。

---

① 丁钢.课程改革的文化处境.全球教育展望，2004(1)：17.

(二) 从文化发展看,课程文化要有时代性和创新性

人类社会已从工业文明进入一个知识信息时代。文化赖以存在的社会环境发生了巨大变化,那么课程文化也同样必须具有不断丰富发展、开拓创新的时代性。课程文化应在民族性的价值取向与时代性的价值取向之间保持适当的张力,既要保持本土民族特色,又要具有国际视野,要有不落后于时代的脚步。

创新性是现代教育对人才培养的基本要求,而课程是教育的核心,所以课程文化的创新性是和现代教育的要求相一致的。

(三) 从文化本质看,课程文化要有社会性和实践性

社会性是指课程文化受到社会文化的影响与制约,社会文化无时无刻不对课程文化发生重要影响。社会意识形态、价值观念、行为准则、文化心理、人际关系、道德规范等,无不影响着课程文化。

实践性是指课程文化不同于一般的文化,不单纯是为了总结或研究,也不是自然形成的,而在于指导实践、用于实践。

(四) 从文化属性看,课程文化要有人本性和自觉性

人本性是指人是课程文化的主体,是课程文化的首要因素。它是文化的本质和人的本质的统一,人本性特征是课程文化的本质要求。课程文化就是一种主体文化,课程文化的最重要、最直接的功能是对人的价值观、精神、道德等的引导与控制。

自觉性是指课程文化在课程主体高度自觉的努力下形成的,是主体自觉的自我意识所构成的文化体系。课程已经由单纯的文化的复制、传递、维持、辩护的工具转变为自在的、自主的、自觉的文化主体,这不仅是由教育本身的根本属性与逻辑所决定的,也是当代教育与学校课程改革的迫切需要。①

---

① 郝德永.课程与文化:一个后现代的检视.北京:科学教育出版社,2002:387.

(五) 从文化构成看,课程文化要有多元性、融合性和系统性

英国著名课程论专家劳顿从社会学角度对课程的界定是:“课程在本质上是社会文化的一种选择。”①无论在西方还是在中国,社会文化永远不可能是一元的。课程文化的发展不应是排斥社会文化的多样性的。相反,课程文化的发展应体现文化多元并存而相互交融的趋势。各国各民族文化的差异存在正是交流和对话的基础,并由此互相渗透、互补互动。因此,课程文化的多元性是形成符合自身需要的课程体系所必需的。

随着世界市场的形成和发达的交通以及大众传播媒介的普及,不同地区、不同民族的文化都呈现互相开放、互相交流、互相引进、互相吸取的发展趋势。而促进各民族文化融合的手段和途径是多种多样的,如教育、战争、移民、旅游等。但教育是实现各民族文化融合的最积极、最有效的手段。

课程文化的系统性是指课程文化是由相互联系、相互作用的潜在要素组成的,是一个具有特定功能的整体。课程文化作为一个系统,按其组成要素的性质可分为结构系统、载体系统、功能系统等。

三、课程文化的功能

课程文化不是一种完全被动的、承受性的社会文化的传承工具,它本身具有一种自律性的、内在性的、独特性的文化属性与品质,课程文化与社会文化不是等同的一个概念,它的持续发展与更新的特点决定了它具有一种超越和引领的功能。②

(一) 价值导引功能

课程改革不是一种价值无涉的纯技术的社会活动,它是涉及一个价值判断的过程。课程批判理论要求把课程改革放在更宏观的社会背景之下,通过揭示课程活动与现象背后所隐含的权力与利益的斗争,反映了课程对人的控

① 刘灿. 刍议课程文化. 当代教育论坛,2007(3):80.

② 代建军. 论课程文化的重塑. 山西师范大学学报:社会科学版,2009(1):139.

制与规约,从而旗帜鲜明地告诉人们,在课程改革过程中,绝不能漠视隐藏在课程目标与内容后面的价值导向。在课程改革过程中,必须清楚"谁要改革"、"改革什么"、"改革谁将受益"以及"改革何以可能"等问题,对这些问题的回避,必将导致课程改革的"形式化"与"肤浅化"。因此在课程改革过程中,一定要注重确立相对明晰的课程价值观,包括"什么样的课程价值是最合适的"以及"如何保证课程价值的适切性",这就涉及课程文化的研究与探讨,价值作为课程文化的核心概念,其类型与取向的定位直接与文化有着密切的关系。比如,"西方文化强调个人的自我价值,反映在课程改革价值活动中就体现为对个人存在和发展权利的强调,而东方文化强调群体的和谐、人与自然关系的和谐,反映在课程改革价值活动中就体现为对社会发展和社会秩序的强调"。[①] 课程改革作为对传统课程体制的突破与创新,在课程文化方面必然有新的内涵与品质,它在课程价值方面要发挥引导作用,唯有如此课程改革才可能有坚实的基点和明确的方向。

(二) 文化认同功能

课程改革价值确立以后,要想真正在实施的过程中被认可与接受,必须得到各种利益群体的认同,不然导致的结果就是阳奉阴违。课程改革文化认同有多种形式,一般来说,认同方式可分为:强制性认同,诱导性认同,自发性认同,理性的、反思性的认同。这些方式表明,为了达到文化认同的目的,可以借助外在的制度与策略,通过妥协、讨价还价和其他各种调解形式来影响和干预参与者的认知,使他们坚定改革信念,实现文化认同。但是,这里有一个前提条件,就是课程文化本身具有被接受的可能性。也就是说课程文化自身的品性决定了其天然地具有文化认同的功能,课程不仅仅是文化传承的工具,其自身就是一种文化,它通过对浸染于其中的群体价值观念潜移默化的影响,使文化认同得以自觉地实现。如课程改革中将大量的西方课程理念移植过来,这些概念、术语、理论都是在西方文化与语境中产生的,一旦放在中国的社会文化环境中,必然与中国文化产生激烈碰撞,对于长期浸染于中国文化中的教师和学生,肯定会出现文化不适应现象,进而对新课程改革产生

① 胡定荣.课程改革的文化研究.北京:教育科学出版社,2005:127.

认同危机。如何在中西课程文化之间形成恰当的张力，实现多种文化的有机融合，以保障课程改革的顺利进行，这就需要通过课程文化自觉，在与文化"他者"的对比中，激活自己的传统课程文化精华，合理吸收借鉴西方的课程文化，把一种新的课程文化深深熔铸在课程改革的生命力、创造力和凝聚力之中。[①] 因此当前的课程改革有一个紧迫的任务就是展开本土行动，进行中西文化的对话与交流，在具体实践的过程中，寻求一种文化认同。

（三）革新思维功能

一种新的课程文化的诞生，首先意味着思维方式的变化，自从现代课程产生以后，课程理论研究范型就发生多次转变。从最初博比特、查斯特以及泰勒的技术理性到施瓦布、施滕豪斯的实践理性，直至最近批判理论以及后现代理论所主张的解放理性，每一次转型都在思维方式方面有了较大的革新。具体到我国的课程改革，它在文化方面突破了传统课程研制体制的保守性与封闭性，把综合、自主、探究、合作、开放等理念糅进课程文化的框架之内，因而要求改革决策者和实施者在改革的过程中进一步解放思想，转变思维。唯有如此，才能适应课程改革所提出的挑战和要求。

（四）转化行为功能

课程文化是一个抽象的名词，最终是由处于这种文化之中的人的外显或内隐行为来体现的。对于课程文化而言，它不是一个书面的"文本"，而是由课程决策者与参与者的互动组成的一个复杂的规则系统，对课程文化的研究实质上就是对参与其中的人的行为模式的研究。课程行为研究对课程变革的开展具有深远的意义，它可以揭示课程变革动因以及演进历程，并为课程变革提供有益的借鉴与启示。如果在改革的过程中，能够明晰人们行为方式的变化规律，在不同阶段采取相应的措施引导行为转化，那么可以更有效地消除冲突，加强合作，保证课程改革顺利进行。

---

① 张晓东.课程文化自觉——实现课程改革的文化转向.当代教育科学,2004(18):16.

第二节 课程与文化的关系

文化是课程的母体,课程是在一定标准下对文化加以选择的结果,或者说课程是对文化的一种精选,具有文化传承功能。因此,围绕揭示课程在文化传承中的运作机制,人们开展了课程与文化关系的研究,并产生了一些有影响的学术流派,其中最具代表性的是美国的功能主义、多元文化主义,英国的文化分析理论,以及有多国学者参与其中的批判理论。

一、课程与文化关系的研究

(一) 功能主义

功能主义源于法国社会学家涂尔干。他认为"整个教育活动在某种程度上都应该服从国家所施加的影响",①学校课程必须使学生适应社会环境。受这种思想影响,美国学者帕森斯认为社会是通过学校课程来筛选学生的,学校是帮助学生进入适当的社会位置的社会机构。瑞鲁慈和斯基尔贝克认为学校应该传播其所在社会的文化,应该为"年轻人取代社会中的成年人作准备"。② 阿普尔提出了课程知识选择中一个价值选择的问题:"谁的知识最有价值?"并认为"教育的问题从根本上来说是伦理的、经济的和政治的问题"。③ 鲍尔斯和金蒂斯认为资本主义学校教育是再生产社会、政治、经济结构的机构,资本主义当权者对经济的操纵常常是课程的决定性因素,他们的思想和价值观在学校教育中产生实际影响。这样的资本主义学校培养的劳

① 教育大词典编纂委员会. 教育大词典(第6卷). 上海:上海教育出版社,1992:477.

② Kimball & Solon. *Culture and the Educative Process*. New York:Teachers College Press,1974:257.

③ [美]阿普尔. 意识形态与课程. 黄忠敬,译. 上海:华东师范大学出版社,2001:12.

动力将“听命于资本主义唯利是图的雇佣的需要”。[①] 与此不同,法国社会学家布迪厄指出学校并非简单地反映社会,而是具有再生产社会关系的功能。吉鲁克斯则特别重视学校教育与社会文化发展之间的作用,他称教师为“智力改造者”,认为教师要有能力重新考虑“社会秩序与学校教育之间的联系”。[②] 与批判理论选择部分社会文化现象作为研究对象不同,英国杰出的课程论专家劳顿以整个社会文化作为背景进行系统分析,体现出高屋建瓴的理论气魄。他将课程定义为“文化选择”,[③]并认为这个定义扩展了课程研究的视野。他认为,“教育不可能与价值无涉,不同的价值系统或思想会产生不同的课程”。即使是纯科学课程也要接受社会文化选择,“在大多数情况下,如果价值和信仰得不到学校的传播,就根本不会再流传下去”。[④] 教育关注的就是把社会认为的文化中最有价值的方面传授给下一代,而为确保对文化适应的选择,必须认真规划课程。因此必须建立一套筛选程序或筛选原则。

(二) 多元文化课程理论

多元文化课程理论主张,多元文化的社会必须提供“一种动态的环境,在那里人们的信仰意味着交流、保护、辩论、转换、保留、品评、宽容等,所有人的行为都得尊重其他人的信仰”。[⑤] 课程必须有效地代表族群的伦理文化,同时反映所有人口的利益和需要。为此,沃尔钦提出了一种“转换生成”课程,通过它认识“任何一种生活的价值特点”,以适应多元文化的社会。马斯格若伍设想出“第三文化”,认为“无需保护也无需传递文化特征,而是超越它们。

---

① Samuel Bowles and Herhert Gintis. *Schooling in Capitalist America*. New York: Basic Books, 1976:151.

② Henry A. Giroux and Peter McLaren. Teacher and the politics of democratic schooling. *Harvard Education Review*,1986(3):257-293.

③ Denis Lawton. *Curriculum Studies and Education Planning*. London: Hodder and Stoughton, 1983:2.

④ Denis Lawton. *Education, Culture and the National Curriculum*. London: Hodder and Stoughton, 1989:31.

⑤ P. H. Walking. The idea of a multicultural curriculum. *The Journal of Philosophy of Educational*, 1980,14(1):94.

多元文化社会的任何学校的课程都将植根于无止境的多边整合的辩证过程之中”。①

二、课程与文化关系剖析

课程与文化的关系,具体地说,可以从两个方面来分析。

(一) 从方法论的角度说,课程文化就是课程对文化的选择

课程是文化的载体,文化通过课程得以传承,但是,传承什么和怎样传承,就是个文化选择的问题。课程文化选择的特点,即从人的需要和社会的需要两个方面来进行课程知识的选择,这两个方面是课程文化选择的两种取向或者说是两种尺度。

英国社会学家斯宾塞的课程文化选择是个人取向的,他提出为了完满人的生活,要以人的生活为尺度,其中所说的“人”指的是个人,而不是抽象的人。那么,教育该选择什么样的内容帮助个人准备生活呢?他提出,应以“生活”为尺度来设置课程。他从个人生活和发展的需要出发,认为:“为我们的完满生活作准备是教育应尽的职责,而评判一门教学科目的唯一合理办法就是看它对这个职责尽到什么程度。”②他按照重要的程度把人类生活的主要活动加以分类:直接保全自己的活动,从获得生活必需品而间接保全自己的活动,目的在抚养教育子女的活动,与维持正常社会政治关系有关的活动,在生活的闲暇时间满足爱好和感情的各种活动。根据这 5 类活动他开设了一系列的课程,为以后的分科课程奠定了基础。

当代英国课程论专家劳顿于 1983 年在他的《课程研究与教育规划》一书中提出的“文化分析”方法却是以社会为取向的。他通过分析社会和勾画最适合于社会发展的那种知识和经验来进行文化选择,从中寻找人类的共性,然后再分析这些共同的文化特征是如何或应该如何与教育相联系。他认为,教育关注的是把我们认为文化中最有价值的方面传授给下一代,由于学校时

---

① 范兆雄. 课程文化研究框架分析. 教育理论与实践,2005(9):33.

② [英]斯宾塞. 教育论. 胡毅,译. 北京:人民教育出版社,1962:7.

间和资源的有限性，就必须认真规划课程，以确保对文化的适当选择。要使课程规划建立在对文化的合理选择基础之上，就必须建立一套筛选过程或筛选原则。他把这个选择过程称之为“文化分析”。他把文化系统分成政治、经济、理性、交流、技术、道德、信仰、美学、成熟9个子系统，并提出了文化分析规划的模式：普遍具有的文化特征（包括价值观和信仰）—英国社会的文化—文化分析—文化选择—课程目标。

（二）作为对象化的课程文化

1. 意识形态与课程文化

意识形态是指一种受到社会文化因素影响的观念或价值系统，它可作为人们思想的准绳、信仰的规范和实践行动的纲领。从外延上说，它包括宗教、哲学、价值观、思维方式等诸多方面内容。

（1）文化霸权。从知识社会学的角度来看，课程目标的决定、教材的选择及学业结果的评监的过程，都充满着价值判断，而并非是客观事实的呈现。课程不论其编制的过程或是它本身的内容，都包含着利益、权力和资源分配的冲突问题。进一步来说，课程就是政治权力的一种反映，正如阿普尔分析的那样：课程所表现出文化资本的分配和使用，就像经济生产方式和过程一样，可能反映既得利益者的意识形态。为了解学校课程与社会权力之间的关系，阿普尔曾在《意识形态与课程》一书中提出可供思考和批判的出发点：

课程是呈现谁的知识？

课程的内容是谁来选择？

课程为什么以这种方式来组织和施教？

为何只针对特殊的群体？

是谁的“文化资本”（包括外显的部分和内隐的部分）被安排在课程之中？

以何种观点来解说经济现实，以及是以谁的原则来界定社会正义，且被安置在课程之中？

为何以及如何将特殊的群体文化理念，以所谓客观和事实的经验在学校中出现？

官方的知识如何具体地表现出社会优势阶级利益的意识形式或形态？

学校如何将这些限定而且仅是代表部分标准的认知合理化为不可怀疑的真理？

在文化机构中施教的知识是代表谁的利益？

由上述要点来看，学校如果不注意学习内容中的意识形态以及学习过程中知识或价值学习与社会权力结构、社会阶级的关系，那么不仅无法了解课程本质的复杂性，而且教学可能成为一种灌输，学校也可能成为意识形态的制造工厂，成为文化霸权的工具。

（2）性别歧视。这方面的研究成果颇丰，较多地集中于对教科书的分析。凯利和尼兰分析了美国学校的教科书后指出，大部分的教材忽视了女性的角色。女性极少出现在教科书上，即使有，大部分女性限于家庭生活方面，如洗衣服、烹饪、裁缝和养育子女等。成人女性除了教师、护士、秘书外，很少扮演其他的角色。插图上也包括女性，但她们都不是主角，只是背景的形象。有些插图描述母亲在厨房做晚饭，而父亲坐在客厅的安乐椅上，口中叼着烟斗，悠闲地看报纸。英国的学校教科书对两性的职业、人格和公共生活也有不同的描述。如沙若兰的研究指出，英国实行学校的教科书也普遍描写“男主外、女主内”的现象。在职业方面，男性外出工作，女性在家做家务。休闲生活方面男性阅读书报，洗自己的轿车，给房子涂油漆，女性则烹饪、修补衣服、购物等。由这些教科书分析的例子可知，教科书所描述的社会是父亲社会，是男权中心主义，女性的角色和活动常被略而不谈，极少数描述的女性的地方，不是极端的强调“女主内”的家务角色，就是歪曲了女性的角色和形象。因此，性别差异，甚至男尊女卑的意识形态色彩十分浓厚。这种意识形态的内涵包括对女性的省略、忽视、刻板化和歪曲。

（3）价值取向。不同的文化背景与意识形态，就会形成不同的价值取向。如美国一直有实用主义、个人主义的传统，在价值取向上倾向于追求实效与功用，强调个人独立、个人尊严、个人自由等。这种价值取向对课程的影响表现为在选择课程知识的时候，不是崇尚古典的知识而是崇尚现代的知识；不是崇尚贵族式的知识，而是崇尚博物学式的知识；不把知识作为终结性的真理来掌握,而是把知识当作适应新环境的工具来认识。我国向来注重伦理精神,价值取向是伦理型的,信奉中庸之道,所以在课程选择上,主要以道德课程为主,在思维方式重视直觉与整体,不像西方人那样重视理性与分析。

2. 课程制度与课程文化

课程文化不仅包括观念层面,而且还包括制度层面。前者是内隐的、深层的,后者是外显的、表层的。文化传统的不同,价值观的差异,形成了不同的课程政策与制度。

大体上来说,世界范围内,课程制度可分为两种类型:

一种是中央集权型课程制度,课程权力集中在中央,包括概括性的指导方针,通过政府立法作为国家政策而制定的正式文件,每个学生要获得的具体规定能力等,这是一种自上而下的从中心到外围的运作方式。如法国、俄国的国家本位课程。

一种是地方分权型课程制度,社区和学校有较大的自主权,并没有统一的课程标准。如美国的"州自为政",英国的"学校本位课程"。

这两种课程制度是在不同的历史文化背景下形成,彰显了不同的课程文化观,不能随意地判断谁优谁劣,客观地讲,各有优缺点。随着时代的发展,在当前的情况下,这两种课程决策在国际范围内有趋同的趋势。①

第三节 课程文化范型

从产生课程思想开始直到今天,课程文化呈现出3种范型:课程即生活,课程即知识,课程即发展。② 每一种课程文化范型都呈现出自己的特点。

---

① 黄忠敬. 课程文化释义:一种分析框架. 学术探索,2002(1):102-103.

② 代建军. 论课程文化的重塑. 山西师范大学学报:社会科学版,2009(1):140.

一、课程即生活

教育的最初含义是学习,即年轻一代跟随年长者在参加狩猎、采集以及祭祀的过程中自发地学会了生存所必需的经验、技能以及部落内的伦理规范。后来为了维持人类种群的生存,人们开始把教育作为一种有意识的活动,纳入人类的行为范畴体系之中,“教授”成为一种意向性活动,而“教授”是需要载体的,在这种背景下,远古形态的“课程”产生了。

必须说明的是,这时的课程形态不是文本的,它是情境性的,是简约的生活。美国教育专家布鲁巴克曾对这一现象作过表述:“假如回归到遥远的历史中,就一定会发现,课程有其职能上的起源,无论是返回到埃及人那里、巴比伦人那里,还是返回到中国人那里,情况似乎都是一样的——课程,无论正式的还是非正式的,都是起源于人们的日常生活。”①

二、课程即知识

随着人类认识能力的不断提高,课程的人文功能逐渐衰退。人们用分析的方法切割世界,裁剪生活,课程也随之根据性质的不同被分门别类。人们开始有意识地根据知识演进状况对已有的知识进行梳理与归类,并把它们作为设置课程的标准。

中国早在春秋时期,就有了六艺的提法,这可能是中国课程最早的分类方法。“六艺”把儒家经典分为《易》、《书》、《诗》、《礼》、《乐》、《春秋》,这种划分方法显然是根据先秦以前不同经典的伦理旨趣而进行分类的,它们之间的联系比较松散、简单。

此后,西汉末年刘歆编著《七略》,他通过梳理先秦到西汉末年的学术发展路向,把这一段时期的学术文化分为6个大类38个小类。

六艺略:易、书、诗、礼、乐、春秋、论语、孝经、小学;

诸子略:儒家、道家、阴阳家、法家、名家、墨家、纵横家、杂家、农家、小

---

① 布鲁巴克.西方课程的历史发展.北京:人民教育出版社,1993:43.

说家；

诗赋略：屈原赋之属、陆贾赋之属、荀卿赋之属、杂赋、歌诗；

兵书略：兵权谋、兵形谋、兵阴阳、兵技巧；

数术略：天文、历谱、五行、蓍龟、杂占、形法；

方技略：医经、经方、房中、神仙。

这种分类方法相对于“六艺”而言，划分的维度与复杂性增加了，而且所涉及的内容也广泛了，具有一定的内在结构。但是概而言之，二者的划分思路是一致的。从中国的知识分类来看，知识谱系构建的出发点更趋向于人文、伦理的体系，划分的标准主要依据经典、流派、技巧等，同时从这种划分方法的特点中可以看出中国知识谱系的梳理体现出较强的主观性与经验性，而且缺乏对自然科学的关注，这种取向在很长一段时间内一直影响着中国课程内容选择与组织的范式。

西方的知识谱系整理则走了一条与此完全不同的道路，西方知识类型的划分目的就是运用理性的思维认识社会与自然，因此从一开始起，西方的分类方式，便表现出较强的科学性、逻辑性和结构性。西方这种知识分类的原则与方法直接导致了西方课程的分科特征，同时对知识谱系的追求也间接弱化了课程对人的生存的关注。但是真正导致课程异化的原因，要从 17 世纪开始，随着科学理性的张扬，“自然主义”逐渐占据上风，培根的“知识就是力量”成了那个时代最强有力的声音。培根在他那个时代真切地感受到知识的价值，同时意识到明确地进行知识分类的重要性。培根根据近代科学所具有的科学性、普遍性与客观性的品质，提出“知识树”的构想，并以此来对知识谱系进行划分。

三、课程即发展

教育的进步本来应该不断强化人类的主体作用，可是人们却痛苦地发现，人在知识和能力不断增长的过程中，逐渐异化为自己对立面的“客体”，成为一个个“单向度的人”，其中的缘由跟课程功能的错位应该有一定的关系。回归成了人们未来课程必然的选择。对于这一问题，许多哲学家与教育家都有比较清醒的认识。胡塞尔曾说：“在 19 世纪后半叶，现代人让自己的整个世界观受实证科学支配,并迷惑于实证科学所造就的'繁荣'。这种独特现象意味着,现代人漫不经心地抹去那些对于真正的人来说是至关重要的问题,只见事实的科学造成了只见事实的人……实证科学正是在原则上排斥了一个在我们不幸的时代中,人面对命运攸关的根本变革必须立即作出回答的问题:探问整个人生有无意义。"①

胡塞尔的追问重新引发了人们对教育使命与课程功能的思考:

第一,课程为什么会蜕变为学术名词与符号?

第二,课程还要不要关注人的生存际遇?

第三,课程的社会功能与人的发展功能真的难以调和吗?为什么课程越来越多,人们所得到的却越来越少?

这一系列的问题,逼迫人们必须去沉思课程到底应该做些什么。

从课程的起源来说,课程本来是维持人的整体性生存的产物。后来,随着人类理性能力的发展,人们把探究的目光转向知识探究。这种转向本无可厚非,对于任何社会来说,知识都是促进人发展的最重要的载体。但是,在知识推动社会高速发展的过程中,知识的获取成了最终的目的,人的生存退居一隅,这是非常可悲的事情。人们创造了知识,但却为知识所奴役,更可怕的是,失去了智慧的标尺,当知识呈爆炸式的状态无限增长时,人们被抛进了信息的洪流中,逐渐失去了判断和选择的依据,以至于连知识的获取也变成困难的事情。如果是这样的话,课程就彻底背离了教育的真义。课程不是一个不断做加法的过程,如果只是不断增加内容,而不能促进人的发展,那么课程只能在技术化的道路上越陷越深,而离教育的本真越来越远。教育说到底是一个育人的过程,它需要关注人,关注人的主动性。教育不是一件"告诉"和被告知的事情,而是一个主动和建设性的过程。从这种视角出发,课程改革所倡导的"人本"文化理念,有其可取的地方,这种课程文化不能简单地说是移植于西方,更确切地说,它是当前社会文化的反映。随着社会的发展,随着对个体价值的关注,课程文化自然需要以人的自由发展为旨归。

---

① 胡塞尔.欧洲科学危机和超验现象学.张庆熊,译.上海:上海译文出版社,1988:5-6.

第四节　课程文化标准

课程文化标准主要是指关于课程文化的指导思想、价值、旨趣及依据的准则或尺度。任何时代、社会的学校课程都不乏这样或那样的合理化标准与依据。在阶级社会中,学校课程的核心标准与依据无疑是社会政治理性主义的价值准则;在工业社会中,社会政治理性主义的价值标准与社会经济功利主义的价值标准共同构成了学校课程合理化、合法化的依据。而课程文化的品质及其恰切性、合理性标准不能是移植而来的外在的、既定的某种东西,而应体现出内在性、自主性的特点。课程是作为教育活动的媒体或手段而存在于教育系统中,课程理论是作为一种教育理论而构成总体教育学理论的一部分。因而,课程文化的性质与标准只有建立在教育学的一般原理基础上才能获得解释。教育学原理是课程文化品质与标准的根本性的、最后的依据。

一、课程文化具有内在的客观价值

人的一切活动都是在一定的文化环境中进行的,所以其本质都是文化的活动,活动的产物是文化成果。这种文化成果不仅表现为人对外部世界的作用,而且表现为人对自身的改造——成为文化人。文化总是要求每个个体融入其中,通过潜移默化的形式影响人的思想、道德、生活和审美,塑造人的灵魂,也通过设计各种方案积极而主动地进行培育文化人的活动,促使人去接受文化,把自然人训练成为文化人。因此,文化的教育价值既是文化发展的需要,是文化的本质内容,又是文化刻意强化的。发展培育人的文化,完善文化的教育价值,是人类活动的重要领域。学校课程是文化发展到一定阶段,为强化、优化文化的教育价值而产生的。课程一旦被创造出来,就成为人类自身再生产和文化活动的一项重要内容,进而获得了作为一种文化而发展的客观价值。世界上没有不包含价值的文化,也没有外在于文化的价值,因此任何一种课程文化活动都包含着客观价值。

课程传递文化的价值是有选择的。这种选择是通过社会阶级和阶层对文化的控制来实现的。课程价值往往是时代文化的主流价值,但不代表文化的全部价值,课程是一种规范文化,它反映的是社会主流文化的价值。通观人类文化发展的历史,主流文化的价值往往是不同类型的文化发展到一定阶段、一定水平的反映,代表的是文化进步到某一水平的客观价值。各种不同文化类型的课程各自拥有自己的客观价值,因而各自有一套衡量课程文化发展的标准,这是课程文化发展的相对性的一面;但是各种不同文化类型的课程都有满足传递人类生产知识的需要,因而有一个共同的价值,它是各种不同文化类型的课程文化发展的共同基础,它反映着课程文化发展的绝对性的一面。①

二、建立教育学性标准

课程标准乃至全部的课程观内部的冲突与分歧都是围绕社会、知识、学生这 3 个因素进行的。学科中心论、社会中心论、学生中心论,就是由于对课程来源或制约因素的简单化、片面化还原而赋予了课程单一化的标准。任何一种因素对课程文化性质与标准的定性与定位,虽然都是必要的但又都是不充分的。

(一) 知识、社会、学生标准

1. 知识标准

课程文化无疑是由知识、经验构成的。知识、经验构成了课程文化的本原,是课程文化最直接的制约因素。脱离知识、经验的课程是不存在的。因此,知识、经验是一个必要的、具有教育性的因素。知识中心论课程观的错误就在于将知识视为必然的、客观的真理,认为知识自身的价值就是课程的全部依据,课程就在于为学生的学习提供知识材料,教育过程就是所谓的特殊的认识过程,学生的学习不过是对知识的认知与掌握,从而否定了课程的其

---

① 范兆雄. 论课程文化发展的客观标准. 教育研究,2004(6):62.

他的价值依据与来源。

2. 社会标准

社会作为课程发展的一个重要制约因素,赋予了学校课程现实性的标准与变革的直接动力。因而,社会也是课程文化标准的一个必要的教育性指标,但不是唯一的依据。社会中心论课程观的错误就在于将学校课程完全视为社会政治、经济及文化制度的产物及附庸,否定课程的其他来源及制约因素,课程被视为社会制度化文化的辩护、维护及再生产的工具。

3. 学生标准

学生作为课程发展的一个最重要的制约因素,赋予了课程根本性的标准及依据。满足并促进学生身心健康发展的需要,是学校课程的根本性使命。学生身心的健康发展作为教育活动的直接目的,又是教育活动区别于其他一切活动的根本性依据。因而,就制约课程文化 3 个方面因素的性质而言,知识、经验是属于媒介性的,社会是属于外在性的、间接性的,而学生则是属于内在性的、根本性的。不过,学生这一制约因素同样不能赋予课程文化充分的合理性依据。学生中心论课程观同样是错误的。它无视社会的政治、经济、文化等因素与学校课程之间的相互影响、相互作用,把学校教育从社会情境中分离出来,将其引向“真空”地带。

(二) 教育学性标准

教育学性标准主要是立足于教育的内在价值及其应然性品质与逻辑,在整合、升华各个单质性教育性标准的基础上而形成的一体化的自在、自律与自为性的关怀尺度。这就意味着,课程文化具有与众不同的内在性与超越性的教育学性品质。

1. 课程文化由工具化向文化化转化

课程文化的内在性品质、内在性与外在性、他律性相对,是指课程文化的本体性、自主性品质。具体地说,课程文化的内在性品质意味着课程文化是一种独立存在的本体化的文化形态,它具有独特的、自律性的文化基频、关怀依据、使命、旨趣、原则及评价尺度。内在性品质决定了课程文化是自主的、自觉的而不是他律的、消极被动的,是自为、自成的而不是给定的、委派的。

在大力弘扬人的主体性、强调人的主体地位的当代,要赋予培养主体手段的学校课程自主性的文化品质,这几乎是一件迫不及待的事。但缺乏自主性的工具化教育与课程对人的自我、自主性的培养是无能为力的。显然,只有具有内在性品质的自主性教育与课程才能承担起培养人的主体性的使命。这就使内在性作为课程文化的根本性品质具有了现实依据与逻辑前提。

在具体的教育实践发展过程中,常常是课程的性质决定教育过程的目的、机制与方法。在这种意义上说,有什么样的课程,就有什么样的教育运行模式。课程是外在性的、他律性的,那么,教育运行模式也必然是外在性的、他律性的,其内在性的旨趣、目的、使命就无从谈起,也无从实现。因而,教育的内在性旨趣与目的的实现是以具有内在性品质的课程文化为前提的。实现内在化转换,即由工具化向文化化转化,是当代学校课程的根本性变革。①

2. 课程文化的先行性、先导性、超越性

超越性与滞后性、适应性相对,是指课程文化的先行性、先导性、理想性品质。具体地说,课程文化的超越性品质意味着课程文化是一种走在社会前列的、走在时代前列的、对社会起导向作用的先锋性文化,是一种不为现实的"此岸世界"的功利主义、实用主义原则所迷惑、困扰及束缚的理想性文化,是一种不盲目地、无原则地适应社会主流文化的探索性的文化。超越性品质使课程文化独辟一块净土、开创一片理想的文化天地。人类文化将因这种超越性的课程文化而变得更加神圣,更加深刻,更加充满生机、活力与意义。

(三) 课程文化的进步性

课程所传递的文化的进步程度决定着自身的进步程度。衡量课程文化进步的标准也就是衡量文化进步的标准。课程文化进步的标准是客观的,不是人们随意确定的。从根本上说,课程文化发展就是要通过文化扩散使这些财富真正能让更多的人受益。因此,课程要尽量反映先进的文化成果,不管

---

① 赵颖,郝德永. 当代课程的文化底蕴与品质. 教育科学,2002(5):29.

这些先进的文化成果来自哪一种文化类型，都应根据文化进步的客观标准来加以选择。历史上，课程文化发展的总趋势正好与代表先进生产力的文化成果相一致。随着人类知识的进步，现代科学知识已经具有不可替代的功用，"现代教育本身应当是科学教育"，[①]现代课程也呈现出以科学知识为主，并以科学性作为衡量课程文化发展的时代标准。

（四）课程文化坚持绝对主义与相对主义知识观的统一

绝对主义的知识观倡导可测量的精确而恰当的课程目标。主张的绝对知识是科学知识，现代课程理论"都被吸引在现代主义的科学观周围"，[②]遵循着"技术理性规则"。绝对主义课程知识观容易导致标准化，导致某种绝对知识的文化中心主义。进入现代社会以来，在西方文艺复兴和启蒙运动中发展起来的现代科学主义作为绝对知识统治着现代社会。

相对主义知识观提倡知识的多元化，否定客观真理和理论的普适性，主张知识是"根植于一定的文化环境的"，评价知识的标准是模糊不清的，人类不可能置于一个完整统一的知识图景之中。该观点认为，各种语言游戏之间毫无共性，无法比较。在后现代相对主义者的眼中甚至不存在人类文化的概念，有的只是各种支离破碎的某些人的文化。他们主张对各种不同的文化平等相待，反对西方文化中心主义，也反对一切主流文化，反对一切标准，主张解构一切。这种相对主义的思维逻辑也作用于课程文化，表现为一种相对主义的课程知识观。相对主义课程知识观有利于纠正绝对主义知识观下的某些偏颇，帮助突破某种长期凝固不变的知识体系，但容易导致否定一切和怀疑主义。当其强调自我知识建构时，实际上已经陷入了一种矛盾的自我中心主义。

根据科技文化与精神文化的划分，知识也可以分为物质世界的知识和精神世界的知识。在课程文化发展过程中，物质世界的知识具有绝对性，精神世界的知识具有相对性。先进的、高效的物质世界的知识比较容易获得各种不同文化类型的认同，这是处于课程文化发展不同水平的各种文化类型具有

---

① 胡德海. 教育学原理. 兰州：甘肃教育出版社，1998：243.

② 威廉姆·E·多尔. 后现代课程观. 北京：教育科学出版社，2000：70.

进行课程文化传播动机的重要前提。[①] 科技文化作为对物质世界作用的产物,并不是西方文化的独创,而是各种文化共有的。即人类文化都离不开某种作用于物质世界而取得的知识。任何一种文化都有其作用于物质世界的知识。于是,所有人类文化类型都在这一方面具有可比的基础。

第五节　课程文化建设

课程改革要实现课程的整体跃迁,要实现从技术理性取向到文化价值取向的转变,新的课程文化的支撑不可或缺,而且应该从课程改革伊始就要着手进行课程文化的重塑,让课程文化引领并保障课程改革的顺利进行,课程文化与课程改革实现双向互动,课程文化不断为课程改革提供源动力,课程改革在创新与探索中丰富与提升课程文化的内涵,可以从以下几个方面建设与发展课程文化。

一、课程文化自觉

课程文化自觉,简而言之,是文化自觉在课程领域的能动表现。[②] 信息社会世界高峰会议 2002 年在《布加勒斯特宣言》中明确提出:"促进语种多元化及文化主体意识,尊重并欣赏文化是信息社会的根基所在。"同样,课程改革要求建设者们有一种强烈的课程文化主体意识。这种主体意识是作为历史主体的人对课程本体的价值、命运生存和发展的自觉关注:不仅在于人通过课程实践活动改造课程,创造对象化的课程世界,更归结于通过这一活动提升教育中的人作为主体的价值和生存境界;不仅在于人的本质力量外显与对象化,更归结于人的本质力量的形成与发展。正因为课程实践的创造性功能

① 范兆雄. 论课程文化发展的客观标准. 教育研究,2004(6):65.

② 张晓东. 课程文化自觉——实现课程改革的文化转向. 当代教育科学,2004(18):17.

内在地包含着人作为主体的自我创造和自我发展,课程实践才最终具有文化的意义,人们才能够把关于课程活动积累的一切创造概括于"课程文化"这个概念之中。

课程文化主体意识服务于课程建设者,从而构成主体的自我形成、自我批判、自我超越和自我实现。但是,当前的课程存在着文化主体意识的迷失,西方课程文化并不是理想的现代课程文化,不能成为其他民族课程文化的楷模。在课程实践中,一些人有意或无意夸大西方文化所长,看不到中国传统文化的地位和价值,看不到中华民族在文化创造中的能动性和自主性,这是文化主体意识薄弱的表现。

同时,还要努力实现文化主体意识的群体转向,课程文化建设需要所有课程参与者们的付出,而不仅仅是一些"上层精英"的高空呼喊,基层课程实践一线的建设者们是课程文化的坚固基石,要把所有课程关涉者的积极性和能动性都调动起来,从集体的无意识走向群体文化主体意识。

二、开放的课程文化

随着全球化的不断推进,开放已经成为一个无法回避的文化现象。课程文化自觉必须要有一种宽阔的视野。实际上任何形态的文化都是一元与多元、共性与个性的对立统一,人类文化从相对一元走向相对多元是不可阻挡的必然趋势。

课程文化的开放与民族特色课程的建构并不矛盾,我们要保持课程文化的民族性。封闭自守是过于消极的课程文化发展战略,越是保守越是落后,有容乃大,一定要以宽容的心态面对课程文化的多元化。实际上,也只有在与他文化的碰撞中,课程文化才能激荡出生命的活力,才能从他文化中吸取更多的养分。

三、积极的课程文化理性

寻求人类自身活动的理性规范,这不仅仅是历史事实,而且也是人类的本性,这个断言并无复杂之处。从哲学史的一般现实而言,无论是东方还是西方,构筑人类理性的尝试和追求从所谓的“文明时代”的开端就有了。课程文化理性是实现了对科学理性片面理解的扬弃,既关注科学理性,又关注人文理性,有机地实现了科学主义与人文主义的整合,是把科学理性与人文关怀化为一体的崭新的课程文化哲学的思路。正如教育文化学家费曼·内姆琴所言:“任何强调文化一致性的假定,都是站不住脚的。”①课程文化价值取向的多样化、复杂性,要求人们必须具备清醒的头脑,前瞻并看准课程文化发展的方向,这就必然需要课程文化理性的出场。

课程文化理性表现在求真务实,能在真实的充满实践智慧的课程情境中去思考和判断;表现在不唯上,不唯外,具有冷静的辨别与选择能力;表现在拥有富于理智的激情,感动而不盲动;表现在善于反思,却又不失灵性。只有在这样的文化理性的规约下,课程的文化建设才能更多地从其内在的文化发展规律出发,而不是被人为外控因素摆布,从而走向良性循环的健康发展轨道。

四、课程文化建设的切入口

课程改革作为政府的一项大事件,不能仅仅在课程自身的框架内做文章,应该把它放在更宏观的社会背景下去进行设计与规划,其中重塑课程文化就是一个非常重要的工作,要找到课程文化构建的基点。课程文化的形成不是人为设定的过程,它是时代发展的必然,因此在构建新型课程文化的时候,应立足于对时代需要的分析与把握。“人类教育发展的历史深刻表明,一个急剧变革的社会,必然要求教育作出及时相应的变革,这不以人的意志为转移。只有自觉认识时代的要求并积极行动,才能与时代共同前进。于是,对时代精神的把握及对当代中国教育改革深化的思考,成了理论研究中首先提出并具有统观全局意义的第一个大问题。”②

① 张晓东.课程文化自觉——实现课程改革的文化转向.当代教育科学,2004(18):17.

② 叶澜.新基础教育探索性研究报告集.上海:三联书店,1999:20.

五、发掘本土课程文化资源

课程改革的口号是“国际视野,本土行动”,这是一个新潮而又有感召力的课改宣言,但是反观课程改革实践,发现“本土行动”这一方略性的改革精神存在被误读与曲解的现象。在具体的课程运作过程中,课改的理念、范畴体系与话语系统更多地是以西方的课程理论为范本,而“本土行动”被狭义化为技术层面的实施策略。

这种实施策略并不是立足于民族文化的根基之上,在某些方面甚至存在不顾现实可能、抛弃传统精髓的现象,课程改革在某种程度上存在“削传统之履,适理念之足”的问题。这种做法有点本末倒置的倾向,事实上,现代许多新的课程理论与改革意见都有很深的历史根源,“现在的根,深扎在过去,而对于寻求理解现在之所以成为现在这样子的人们来说,过去的每一事件都不是无关的”。①

我国是一个有着悠久教育传统的国家,而且自从新中国成立以后经过60年的积淀,形成了许多富有特色的课程思想,这些都是宝贵的精神资源,为课程改革提供了坚实的文化支撑。因此,要充分发掘本民族的文化精髓,根据时代与现实需要,在学习与借鉴外国先进理念的基础上,不断扬弃,形成富有本民族特色的改革思想与课程文化。

六、创设新的课程文化话语系统

任何一种课程文化都应该拥有一套与之相应的话语系统,这是课程文化成熟的标志。泰勒的“目标”,布鲁纳的“学科结构”,施瓦布的“审议”,布迪厄的“实践”、“场域”与“文化资本”,以及多尔的“丰富性”、“严密性”、“关联性”、“回归性”,都是某种课程文化的话语系统,这种话语体系深深地内嵌于课程文化范型之中,生动、形象地阐释了这种课程文化的精髓。

因此在某种程度上来说,话语更像是课程文化的一个“隐喻”,它赋予

① 吕达.课程史论.北京:人民教育出版社,1999:4.

玄虚的文化一个真实的“抓手”,在文化与课程之间搭建了一座可感、可触的桥梁。[①] 反观我国当前的课程改革,也出现了许多新的课程话语,自主、探究、合作、创新等,透过这些话语,我们隐隐感受到新的课程文化的气息,但是这些话语仍然不够精练、不太具有民族特色,还不能完全昭示新课程的精神。在课程文化的重塑过程中,我们仍然需要在课程实践的基础上选择、提炼课程话语,以便形成一套完整的话语系统。

① 代建军.论课程文化的重塑.山西师范大学学报:社会科学版,2009(1):142.

第六章

知识、知识观与高等教育课程

知识是课程的基本来源,没有知识,也就没有课程。“知识制约着课程内容层次及范围的历史流变,决定着课程内容广度与深度的时代进程;知识的类型及其结构制约着课程结构的变迁;方法论意义上知识观是课程思想及其原则的基本依据。”① 知识构成课程的问题,不仅仅是知识本身的问题,更主要的是知识观的问题。因为知识及其变化对课程的影响最终要经由人对知识的理解方可实现。因此,可以说,每一次课程演变都在一定程度上反映出知识观的变化。课程变化的直接动因并不全部来自知识观,但知识观应该是引起变化的重要原因之一。从某种意义上说,课程知识观是进行课程设计和课程改革的一个重要理论基础。

① 郝德永.课程研制方法论.北京:教育科学出版社,2000:76-80.

第一节　知识的性质与分类

对知识的定义很难作出准确的界定。这种状况就像罗素晚年所悟到的那样:“知识是一个不能得到精确定义的名词。”[①]知识历来是哲学认识论的研究对象,在西方有人把认识论称为知识论,在很多场合,知识与认识同义。所以,传统的有关知识的定义多是从哲学的角度提出的。

一、知识的含义

在我国,占主导地位的仍是来自哲学认识论的定义,这些定义都是根据哲学认识论中的反映论给出的,强调知识是人对客观世界的主观反映。

《中国大百科全书·教育卷》中对知识的定义是:“所谓知识,就它反映的内容而言,是客观事物的属性与联系的反映,是客观世界的主观映象。就它的反映活动形式而言,有时表现为主体对事物的感知或表象,属于感性知识,有时表现为关于事物的概念或规律,属于理性知识。”[②]《教育大辞典》中对知识的定义是:“知识属于认识范畴,是人类的认识成果。经验是知识的初级形态;系统的科学理论是比较完备的知识形态。”[③]知识是“对事物属性与联系的认识,表现为对事物的知觉、表象、概念、法则等心理形式,可通过书籍和其他人造物独立于个体之外”。[④]

上述观点属于传统知识定义,但随着认识论、心理学研究的进一步发展,随着人与知识的关系的主题由“发现知识”、“占有知识”转向“探寻和构建知

---

① 鲍宗豪.论知识:一个新的认识域.上海:上海人民出版社,1991:140.

② 董纯才.中国大百科全书·教育卷.北京:中国大百科全书出版社,1985:525.

③ 顾明远.教育大辞典(第6卷).上海:上海人民出版社,1992:130.

④ 顾明远.教育大辞典(第1卷).上海:上海人民出版社,1992:144.

识与人的意义关系"，这种传统知识定义越来越受到了较多的质疑和批判。

二、知识的性质

柏拉图在《泰阿泰德》中，把知识界定为一种确证了的、真实的信念。知识是由信念、真与确证3个要素组成，这是西方传统知识的三元定义。按照这种定义，知识首先是真的，但仅仅是真还不足以是知识，你还需要相信它。康德把有关事物的判断分为3个层次，最高一级是知识，它不仅在主观上而且在客观上是有关事物的真判断。[①] 齐硕姆(Roderick M. Chisholm)认为，真意见必须要有充分证据才会成为知识，确证主要指命题必须有恰当的理由或证据。信念可能会碰巧为真，但知识却不允许有这种偶然性。

扎泽博斯基(Linda Zagzebski)把知识界定为一种"关系"，即人们与现实相接触的一种认识关系。他认为，知识可区分为两类：一类是有关事物的直接知识，它是主体通过与实在的对象进行直接的经验接触而产生的认识；另一类是有关事物的间接知识，它被称为命题知识。它是主体所认识的关于世界的真命题。麦克金(Colin McGinn)认为，知识各种不同的表达方式组成了一个知识家庭，如认识谁(who)，如何(how)认识，认识某物与他物的区别等。构成知识家庭根本特征的概念是"辨认性知识"，即从与他者的不同中辨别出某物的知识。使用知识家庭的共同特征可以对知识的异中之同加以说明，建构知识的统一理论，这种知识的统一理论应当以"辨别"概念作为核心。他认为，命题知识，即对某物是什么的认识，不过是从创见物中区别该物的一个特例。[②] 麦克金对知识的分析，吸收了维特根斯坦的"家庭相似性"的论点。

总之，称得起知识的信念，必须满足以下3个条件：

(1) 命题P为真；

(2) S相信命题P；

(3) S相信P所形成的信念得到了确证。

也就是说，知识是确证了的真信念，不同观点的分歧在于确证的度、确证

---

① 赵长林. 知识论发展与课程知识观的嬗变. 教师教育研究，2004(4)：26.

② 同上，2004(4)：27.

方法以及知识的分类。

三、知识的分类

（一）知识论层面的分类

1. 感性知识与理性知识

这种分类是从认识论的角度出发的。感性知识直接来自人们的感官，它包括感觉、知觉等，其特点是认识的直接性、不确定性；理性知识来自人们的理性能力，它包括概念、判断和推理，其特点是认识的概念化、确定性。

2. 人文知识、社会科学知识和科学知识

这种分类是从知识的学科范畴上进行的，还可以再细分为哲学、文学、历史、艺术、科学等学科。我国高等学校专业目标则是按照一级学科、二级学科、专业来划分知识领域的。人们一般认为，人文知识的客观性、理性程度最弱，科学知识最强，社会科学知识介于二者中间。社会科学知识具有理性与客观性的特征，比如，法律、经济知识需要一定的逻辑推理，经济活动表现出周期性特征等。

3. 个人知识与社会知识

这种分类是从知识拥有主体的角度来分的。罗素在其《人类知识》一书中，对个人的知识与社会的知识进行了区分。他认为，社会知识从总量上可以说多于个人知识，也可以说少于个人知识。因为，百科全书式的全部社会知识却不能包含个人的知识部分。他说："整个社会的知识和单独个人的知识比起来，一方面可以说多，另一方面也可以说少；就整个社会所搜集的知识总量来说，社会的知识包括百科全书的全部内容和学术团体的全部文献，但是关于构成个人生活的特殊色调和纹理的那些温暖而亲切的事物，它却一无所知。"①个人知识是通过自身亲身经验而得到的，这种知识不是可以用语言完全能够表达出来的。

波兰尼认为，个体知识，特别是个体的判断力，在科学发现中，起了举足

---

① 罗素. 人类知识. 北京：商务印书馆. 1985：1-3.

轻重的作用。理智的激情、信念、良知、责任心与判断力的协同,自始至终伴随着科学的研究工作,理智的激情通过科学的美感和真理建立起了内在的关联。社会知识则是祛魅的,排除了情感、价值和激情,追求客观、普遍与价值中立。

4. 根据知识的经济功能分类

经合组织把知识分成了 4 种类型:

一是事实知识,指的是人类对某些事物的基本认识和所掌握的基本情况。

二是原理和规律知识,指产生某些事物和发生事件的原因和规律性的认识。

三是技能知识,指知道实现某项计划和制造某个产品的方法、技能和诀窍。

四是知道知识产生源头的知识,指知道是谁创造的知识。

我们发现,第 1 类、第 2 类是“可编撰的知识”,第 3 类、第 4 类是“可意会的知识”。

(二) 课程论层面的分类

1. 费尼克斯的课程知识分类

费尼克斯主要是从发展学生能力的角度来对知识进行分类的。他在《意义的范畴》这本书中指出,普遍教育所关注的不应只是智力的发展,因为它是理解和形成基本意义的过程。

他所说的意义有 4 个维度:

一是有关内部经验的维度。包括感受、意识、激励以及难以明确表达的领域。

二是逻辑和法则维度。任何类型的意义都要通过特定的逻辑或结构原理表达出来。

三是选择性维度。从理论上说意义是无穷的,因此必须对它们进行选择,选择值得进一步发展和阐释的问题。

四是表达维度。所感兴趣的意义要通过符号进行交流,符号是表达意义的中介。

根据意义的 4 个维度,他把知识分为 6 种类型:

一是符号学,包括普遍语言学、数学、非推论性符号形式;

二是经验论,包括物理学、生物学、心理学、社会科学;

三是美学,包括音乐、视觉艺术、运动艺术、文学;

四是心智研究,包括哲学、心理学、文学和宗教;

五是伦理学,包括道德规范和知识;

六是福音学,包括福音及传道的知识。

2. 赫斯特的课程知识分类

赫斯特认为,在日常用语中,知识的对象是人、地方、物体、理论、技能、感受等。但是在哲学上,知识的对象并不是我们所知道的东西,它们有 3 种类型:

一是“直接的客观知识”,即我们所知道的人、地方、事物。

二是“知道是这样的知识”,即我们所知道的事情是怎样的,它们是用某种陈述或假设来表达的。

三是“知道是怎样的知识”,即我们知道在何时何地以何种方式做何种事情的知识。

最后一种知识不仅需要认知和理解,还要具备一定的能力。

赫斯特和彼德斯将知识分为 7 种形式:①

一是形式逻辑和数学;

二是自然科学;

三是道德认知和判断;

四是美学;

五是哲学;

六是宗教经验;

七是对自己和对他人心灵的认知。

---

① 赵长林. 知识论发展与课程知识观的嬗变. 教师教育研究,2004(4):28-29.

四、知识观

知识观,从词义上看,"观"在汉语中,是指"对事物的认识或看法",英文将其译为"viewpoint on/about"或"idea on/about",即"对……的观点"或"对……的看法"。由此可见,知识观不是知识本身,它是关于知识的知识,是伴随着知识的积累、丰富与增长,人们对知识所作的一种认识与反思。也就是说,知识观是人们对知识的基本看法、见解与信念,是人们对知识本质、来源、范围、标准、价值等的种种假设,是人们关于知识问题的总体认识和基本观点,如理性主义知识观、经验主义知识观、逻辑实证主义知识观、批判理性主义知识观、实用主义知识观、科学主义知识观等。

第二节　传统知识观制约下的传统课程观

传统型知识观包括理性主义知识观、经验主义知识观和科学主义知识观。

一、科学主义知识观的诞生

对"知识"的观点,在西方哲学史上存在着3个具有代表性的观点:理性主义、经验主义、实证主义知识观。

(一)理性主义知识观

理性主义知识观的代表人物是柏拉图和笛卡儿。

柏拉图认为感觉是与理智完全隔离的,理智和理念世界的存在保证了知识存在的可能性和合理性。

笛卡儿以"我思故我在"明确了知识是如何产生的以及知识与主体的关

系,即只有通过理性的思考,通过演绎推理获得的思想才是可靠的知识。

在理性主义者看来,知识是认识者通过理性来把握客观世界的产物,是"通过他自己按照概念先天地设想进去并予以展现的那种东西"。

理性主义者强调逻辑推理与分析,认为如果没有理性的参与,人们的感觉经验往往是混乱的、模糊的和不清晰的,不可能成为客观的知识体系。

(二)经验主义知识观

经验主义知识观的代表人物是培根和洛克。

培根认为"一切自然的知识都应求之于感官",他要求人们克服那些源于人类族群、个体本性、语言的社会和历史传统的偏见,提倡以一种新的观察和实验的方式,使人们能够不受任何"先见"的影响而去接触自然、观察自然和理解自然。

洛克跟培根一样,都否认"内在观念"或"天赋观念"的存在及其认识论意义。洛克更加鲜明地提出:"心灵比如说是白纸,没有一切文字,不带任何观念,感觉是人们获得知识的唯一通道,我们的一切知识都在经验里扎着根基,知识归根到底是由经验而来的。"①

总之,经验主义者认为,要正确地反映事物的本来面目或事物之间的本来联系,认识主体就必须按照事物本来的样子来认识事物,知识就是对外界事物的忠实反映,观察和实验是获得这些知识的最可靠途径。

理性主义知识观与经验主义知识观是相互对立的两种知识观,但都是以人与世界的主客二分对立为理论前提的,都肯定知识的绝对性和真理性。其最大的分歧在于知识获得的途径。前者则强调运用逻辑推理、演绎获得知识,十分重视思维的精确性;后者强调运用直观、观察获得知识,十分重视观察的精确性。

(三)实证主义知识观

理性主义知识观和经验主义知识观的斗争在实证主义那里达到了极致。经验被看做是获取知识的基础,按照实证自然科学的要求获取知识成为科学

---

① [英]罗素.西方哲学史(下卷).北京:商务印书馆,1976:634.

的范式,并且试图成为人类一切科学的范式。

16 世纪以来,特别是 17 世纪以来,自然科学强调观察和实验,要求提高知识的"确实性"或"实证性",与空洞、荒诞的中世纪经院哲学形成鲜明对照,自然科学一直倡导努力求知的风格。

1830 年法国哲学家孔德创立实证哲学,率先提出实证主义的基本原则。

孔德主张知识只能局限在经验的范围内,经验之外是否有物质自然界存在以及物质与意识的关系究竟如何等问题,属于人的认识能力无法企及的形而上学的领域,对这些问题无法从经验的角度去加以讨论和说明,只能悬置起来;一切科学知识必须建立在来自观察和实验的基础上,经验是知识唯一的来源。

(四) 科学主义知识观的诞生

18 世纪,由现代自然科学知识和技术发展直接导致的英国工业革命,使人类的知识第一次在经济领域显示出巨大作用。

19 世纪,细胞学说、生物进化论、能量守恒定律、电磁学说等现代科学成就的取得,科学理论开始转化为新的生产技术和生产力。科学的应用几乎渗透人类生活、社会运行的各个角落。这时,无论是平民百姓还是社会的统治者,都认为只有科学知识才是真正的知识,只有科学知识才能够告诉他们真理,科学的方法被看成是获得知识的唯一正确的方法。

到 19 世纪末,社会学、心理学、政治学、历史学、经济学、人类学、教育学等一大批知识领域先后采用自然科学研究范式,建立了基本的科学研究方法论,科学知识在人类知识领域的主导地位逐渐建立起来。与此同时,随着人类社会的变迁,人们以往尊崇的知识观也越来越暴露其缺陷和不足之处,科学主义知识观诞生了。

二、科学主义知识观的内容

(一) 知识的普遍性

"普遍性"是指普遍的可证实性(推理的或实验的方式)以及所有知识都

可以纳入普遍的规律和一般原理中而不能超越与突破。

知识的普遍性具体包括两个方面的内容：

首先，真正的知识是在不同的环境下能够被反复验证。

其次，真正的知识必须是超越社会和个体的介入，限制和排斥社会因素和个人因素的介入。

验证知识的客观性有两个方法：直接证实和间接证实。直接证实就是用人们直接的知觉经验来进行验证；间接证实就是以直接经验为基础，或借助一个已经被经验证实的命题为前提，经过一系列逻辑推理过程去证实。

（二）知识的客观性

客观性就是知识的外在性和绝对性。

“外在性”是指认识对象是独立于认识主体之外的客观存在。知识就是通过理智和经验的方式正确地反映外在对象的本质属性或对象之间的本质联系，认知主体好比一面“磨光的镜子”，认识客体如同是一个等待被反映的事物，主观反映与外部客观事物相符合就是知识客观性的最基本意蕴。

在知识获得过程中，一切从经验事实出发，排除一切主观因素；在知识的陈述上，使用客观的数字、符号、公式等精确的科学语言对知识进行高度抽象化的表达。通过这两个方面的努力，将知识从具体的事实背景中剥离出来，成为一种放之四海皆准的教条。

“绝对性”是指知识作为认识的结果，它是一种确定的、必然的绝对真理，与主体的情感、价值观等因素无关。知识来源于不可感觉的、独立于时间和空间之外的必然世界（或理念世界），它是永恒的和确定不变的，且仅能为人们的理智和直觉所把握。

（三）知识的中立性

中立性就是知识的价值无涉。知识是纯粹经验的和理智的产物，只与认识对象的客观属性和认识主体的主观认识能力有关，而不与认识主体的种族、身份和相关的利益有关。排除了主体因素，因而也排除了社会因素对知识的影响，忽视了知识的社会属性。

知识的中立性获得是建立在以下假设的基础上：

（1）现代知识是对客观事物的正确反映，而客观事物是不依人的意志、趣味和利益为转移的；

（2）现代知识是得到普遍经验的证实或逻辑证实的，这些普遍证实的证据或逻辑规则都是超越个体和社会的，是与社会和个体的状况无关的。

（四）知识的实用性与功利性

科学主义强调知识的实用性，强调知识面向人的生活，具有明确的实用性倾向，这无疑是知识观的一种超越。

但是，在实践中，它对这种实用性作了庸俗的解释，将人的日常生活，尤其是日常物质生活作为生活的全部内容，认为知识仅仅是人征服自然、改造自然的工具，生产、占有物质财富是知识价值得以实现的标准。

三、科学主义知识观制约下的课程形态

在相当一段时间里，科学主义知识观左右着学校教育。在此基础上建立起来的课程形态，被称为传统课程。

（一）传统课程特征

课程以知识为中心。科学主义知识观教条式地坚持知识的客观性，所以知识一旦获得就会一劳永逸地为人所掌握并在任何情况下都发挥作用。由此，科学主义知识观顽固地坚持科学知识是知识的唯一范本。它试图在人类知识王国中建立一种专制的一元化的知识体系，人类文化的其他领域，要么被纳入科学主义知识观中接受科学的改造，要么被逐出认识和认识论视野。由于科学主义知识观的傲慢与偏见，教育领域逐渐形成了一种“主知主义”教育思潮，捷克教育家夸美纽斯第一次明确提出用“百科全书式”的知识武装学生的头脑，使学生的智慧得到普遍发展，因此被称为“泛智论者”。后经洛克、裴斯泰洛齐等人的发展，至19世纪德国的赫尔巴特逐渐形成了完整的主知主义教育观。赫尔巴特从观念心理学的基本观点出发，把“知”放在首要地位，知识教学被当作教育的最基本途径，知识授受成为教学的中心，教育的任务旨在使学生掌握既成的事实、规则、定理。主知主义的教育观于“五四”前

后传入中国,与中国传统的教育观念基本相通,后经前苏联教育学家凯洛夫的强化,对中国教育课程形态产生了重大而深远的影响。

传统课程特征可概括如下:

1. 课程的设计以"科学知识"为中心

科学主义知识观认为,只有科学知识才是真正的知识,也才是最有教育价值的知识,才能够促进社会和个体的发展。因此,人文学科知识被挤到了极其狭窄的空间里,一切知识包括原来的人文、社会学科知识都被工具化了。知识被视为固定不变的抽象的概念、公式、原理、命题等,学生掌握知识就是掌握这些东西。知识被看做是高高在上的不可改变的真理。甚至就把教材看做是知识,认为学生掌握知识就是掌握教材,掌握教材就掌握了知识。课程的编制更多地关注学科的逻辑,而很少顾及学生的心理特点和需要。教育的使命被定位于探索知识的基础、追求绝对化的知识及其授受。

2. 课程的功能注重知识的传授

人们只把知识作为被管理、被掌握的工具,而忘却了知识的发展价值、人文价值。如果说在农业社会,由于学校教育与生产劳动的分离,教育的核心是古典学科知识的话,那么,随着工业社会的到来,这些实用型知识便逐渐取代了古典学科知识的地位,成为教育的核心。科学知识以其最大的教育价值在现代教育中已经根深蒂固,支配着现代教育的一言一行。

3. 课程评价以学生掌握多少既定的知识为标准

追求评价过程中的技术化、程序化和标准化,强调评价手段的科学性,忽视了其多样性和差异性。总之,知识几乎统辖着课程的方方面面。

(二)传统课程的严重缺失

科学知识观确实为现代教育的发展和繁荣打下过坚实的理论基础,对冲破中世纪的蒙昧主义、神权思想是功不可没的,也带来世界科学技术文明的兴起与人类的发展。然而,随着科学技术在全世界的胜利,现代知识也日益取代上帝而成为人们崇拜的对象,科学知识便具有了王者的地位与权势,压抑其他知识及知识观的合法存在。

这导致了传统课程的严重缺失,具体表现如下:

1. “传授知识”的价值取向规定着课程体系的设置，忽视“能力为本”的理念

在科学主义知识观的主宰下，课程知识等同于“理论知识”、“学术性知识”，知识的广泛来源与外延被否定。于是，课程致力于知识的逻辑性、可计算性、可操作性及可测控性的承载与传播，知识中本有的、应充满生机和活力的部分被一次次地从课程中剥离出来，使其成为死知识。学校课程注重的是使学生掌握结论式的现成知识和书本知识，而忽视了对于学生运用所学的知识去分析问题、解决问题和创造新知识的能力的开发与培养。

2. 片面强调“科学主义”价值取向，割裂了知识的融合性

各门学科中都存在着追求纯科学的倾向，纷纷试图以科学知识来构建其知识范围与体系，传统文化及本土文化在课程中的作用被所谓的现代文化所取代，人类文化中的精髓和富有灵性的部分难以在课程中得到充分反映，民间知识、本土知识被忽视，具体的实践知识与生活知识是低级的，进入不了课程的“大雅之堂”，而个体知识和缄默知识被无情地逐出了知识的殿堂。知识被看做是具有绝对的客观性，与主体的情感、意志努力、价值观等因素无关，所以知识与具体的社会情境和问题情境割裂，认识主体把知识从具体的社会情境中抽象出来，使知识与自身割裂开来。其结果是课程应有的意义和价值属性消失殆尽。

3. “专门职业化”取向的高等教育课程，忽视“以人为本”的教育理念

科学主义知识观虽然立足于人的日常生活，却是仅以满足人的物质需要来确立其自身的价值，带有明显的功利主义倾向，知识不再是为生活的目的，不再是人自我完善的方法，而是一种外在于人的，满足当下生活实际需要的工具。知识对人类的价值在于对自然的认识、改造和征服，疏远了人生的意义和价值。“专门职业化”取向导致课程分类越来越细，各门学科的课程之间的融合性严重弱化，尤其是文理科课程之间相互渗透性很差。这种“职业至上”的价值取向，导致人人只关心满足自己的需要而缺乏社会责任感，大学生的人文素质和文化品位滑坡。

4. 课程远离生活世界

科学主义知识观认为，真正的知识就是对隐藏现象之后的规律的认识和把握，这样一来，就在生活世界之外预设了一个抽象的、本质的世界——科学

的世界。所谓的“科学世界”,是指人们用概念化和体系化的科学理论所描述的客观的世界。科学主义知识观将知识局限在这个稳定的、不变的、抽象的世界中,拒绝任何主观性的人生体验和价值判断,从而排除生活世界的意义和价值。这就造成了科学世界和生活世界的断裂和对生活世界的遗忘,进入一个自我封闭的象牙之塔。课程的知识停留在“抽象”阶段,抽空了知识的形成与发展过程。学生缺少生活体验,知识缺少与生活的联系,学生回不到“具体化”的环节,既不能以感性经验为基础,又不能把知识落实到感性经验。在实际教学过程中学生完全从其现实生活世界中被拉了出去,进入一个冷冰冰的“教学世界”。

第三节 批判主义知识观影响下的当代课程观

随着社会和知识自身的发展,当代知识观也在不断地作出相应的调整。20 世纪 60 年代以来,兴起了新的知识观。因为新的知识观是对现代知识观的质疑、反思、批判和超越,关于知识的阐释是基于对现代知识问题的批判和反思之上的,所以称之为批判主义知识观。它包括建构主义知识观和后现代主义知识观。

一、建构主义知识观

建构主义是 20 世纪 60 年代以来形成的一种教育理论流派,代表人物有皮亚杰、维果茨基、波兰尼等。

建构主义者认为,世界是客观存在的,但是对世界的理解和赋予的意义却是由每个人自己决定的。人们是以自己的经验为基础来建构现实的,因此个体的经验以及对经验的信念不同,对外部世界的理解也就各异,所以建构主义者更关注如何以原有的经验、心理结构为主来建构知识,强调学习的主动性、社会性和情境性。

建构主义理论有关知识的论述很丰富，概括而言，主要包括以下 3 个方面：

(1) 知识是一种主体性的存在，即主体基于自己的经验及所处的社会文化历史背景，通过主动建构的方式而获得的融入主体世界的知识。

(2) 知识不是问题的最终答案，它只不过是人们对客观世界的一种解释、假设或假说。知识并不能绝对准确无误地反映事物的本来面貌，而是需要针对具体问题的情景对原有知识进行再加工和再创造。

(3) 知识由外部的直观反映转向自身的主动建构，对知识的理解只能是由学习者自身基于自己的经验背景而建构起来的，取决于特定情况下的学习活动过程。

二、后现代主义知识观

后现代主义是 20 世纪后半叶在西方社会流行的一种哲学、文化思潮。代表人物是福柯、德里达、利奥塔、费耶阿本德、罗蒂、霍伊、格里芬、杰姆逊等。

后现代主义以非中心性、多元性、异质性、开放性、宽容性、无限性、不确定性等特征的无限的思维方式，提出后现代主义知识观。

后现代主义知识观的基本观点包括 4 个方面：

(1) 知识不具有绝对的客观性，而是具有相对的不确定性，依存于知识的掌握者，知者与被知者紧密联系在一起。

(2) 知识系统是开放的，不是封闭的。

(3) 知识形成一种主体与客体、主观与客观相互交融的复杂的知识状态。

(4) 知识传播方式是多样化的。

后现代主义知识观具体体现在知识的本质观、价值观和获得观 3 个方面：

1. 知识的本质观

(1) 知识的情境性。知识的“情境性”是指“任何的知识都是存在于一定的时间、空间、理论范式、价值体系、语言符号等文化因素之中，离开了特定的境遇,既不存在任何的知识,也不存在任何的认知主体和认识行为。

(2) 知识的理解性。知识具有理解性,是主体与主体之间的理解和合作,是主体与客体之间的沟通和对话。

(3) 知识的不确定性。所谓“不确定性”,是指知识并不总是能够精确地预测和反映即将出现的结果,知识总是处于一种不断生成、不断修正和不断完善的状态之中。

2. 知识价值观

知识与人的关系发生了变化,人与知识的关系不是机械决定的关系、“占有与被占有”的关系。知识使人的价值发生了转变:

(1) 重视知识之发展价值,知识价值不仅仅局限于较低层次的功利价值和认知价值,知识的价值更重要的在于它的发展性、精神性价值。知识的发展价值处于知识价值系统中的最高层次,它关注的是情感过程、意志过程和人的个性心理特征。

(2) 知识都应该是平等的。后现代主义者坚决反对科学主义知识观的“唯科学知识独尊”和“知识霸权”,认为知识的类型是多样的,科学知识只是知识王国中的一种,知识没有等级之别,只有类型之分,每一种知识都应该是平等的。

3. 知识的获得观

知识的获得是一种个体在已有知识的基础上新的知识的主动生成与建构的过程。知识的获得是一个积极对话的过程。知识获得的途径是,在信息社会和知识经济的社会中,知识首先被看做是一种信息,教育的功能主要表现是要促进信息的共享和增殖。网络为学生提供了一个广阔的学习空间和崭新的学习手段,未来的学生首先要学会的不是记忆和掌握知识,而是首先要学会如何选择、组织、整理知识与信息。

三、批判主义知识观影响下的当代课程观

批判主义知识观的出现使当代课程观发生了重大的转变。

1. 课程目标

知识授受走向培养学生的主体性,从事先预设走向动态生成。课程目标

不再是完全预设、不可更改的，在探究过程中可以根据实际情况不断地予以调整。不是以获得知识的数量多少为课程的目标，而是关注知识的获得方式和知识之间的关系，怎样提高学习者对知识的想像能力；不是以学生能够墨守成规地继承和积累知识，而是培养学生对知识的质疑和批判的习惯与方法。

2. 课程内容

后现代主义知识观的出现，把知识从客观性、确定性中解放了出来，认为知识是具有多元性的：不仅有理性知识，还有经验知识；不仅有人类知识，还有个人知识；不仅有显性知识，还有隐性知识；不仅有结果知识，还有过程知识；不仅有外在的知识，还有内在的知识；等等。

洛普谢尔认为知识应分为事实的知识、方法的知识、规范的知识和价值的知识。前两类涉及认知领域；后两类涉及非认知领域，对学生的理想、价值观、世界观、信念、情感、伦理、审美等的形成与发展具有深远影响。

学生的发展不只是科学知识，更有精神发展的需求。后现代主义知识观下的课程内容编排应从强调知识的单一性和确定性转变到强调知识的多元性和不确定性上来：从分科走向综合，从体系化走向结构化；由静态、封闭的框架体系转向动态、开放的结构化的材料，由注重知识量的积累转向更多地关注知识的质，实现课程的“丰富性”。

3. 课程实施

后现代主义知识观认为知识是具有价值的、体现了认识者的主观意志，是认识者主动地去理解以及建构和实践的知识。因此，课程实施不仅仅是教育学专家、课程专家的专利，也不是行政部门的特权，而是由课程实施的两大主体——教师和学生——共同建构、共同参与的活动。

课程实施从认知活动走向交往活动，从对象性的主客体关系走向主体间性的意义关系。课程实施是一个动态的过程，而非一个静态的事件；教与学是师、生和知识之间的理解与对话，而非单一的师传生受；知识是建构的，而非给予的。因而这种课程实施是一种实践取向的范式，是开放、互动、生成、发展的，是随着教育活动双主体的互动交往过程而不断展开、调整、发现、探索新的活动内容和形式的课程。

4. 课程评价

后现代主义知识观认为知识具有个体境域性，是在特定的时间、地点、空间、价值体系、文化背景等具体环境之中,由个体加以建构的,知识并非客观的、普遍的对象。知识是与个体的主观体验联系在一起的,每一个体对认识对象的理解都不可避免地带有个人意识,具有独特性和个人性。每一个体兴趣、爱好、学习习惯、认识方式、知识经验、情感态度不尽相同,因而对知识的认识过程乃至认识结果也不尽相同。也就是说,认识的差异由于认识主体的差异而存在。

后现代主义知识观增加了我们对差异的包容程度。如果采用一致性目标衡量每一个体,忽视学生之间的个体差异,那么并不能展现个体发展的结果。

第七章

高等教育课程与教学

从源头上看，课程论是从教学论中衍生出来的。但是，在课程论作为一门独立的学科问世之后，课程论与教学论的关系发生了分化。英语国家一般倾向于采用“课程论”概念系统来包纳教学论，形成了以“课程论”概念系统包纳教学论的英美体系。欧洲大陆的德语、法语、俄语国家倾向于采用“教学论”概念系统来包纳课程论，在教学概念系统中讨论课程问题，形成了以“教学论”概念系统包纳课程论的欧洲大陆体系。[①] 中国自新中国成立之后受此影响，加之自身的历史传统，课程论研究长期以来从属于教学论范畴。近些年来，中国原有的大教学论的认识被打破，新的思想得以涌现，形成了有关课程论与教学论关系的各种不同见解。

① 洪明. 课程论与教学论关系的历史嬗变. 教育评论，2007(1)：115.

第一节　课程论与教学论关系的研究观点

课程与教学之间、课程论与教学论之间是什么关系？在国外有5种不同的主张:“教学(论)包含课程(论)模式”、“二元独立模式”、“相互交叉模式”、“课程(论)包含教学(论)模式”和“二元循环联系模式”。[①]

在我国,曾经比较流行的观点是:教学包含课程,教学论包含课程论。20世纪80年代中期以来,情形开始变化,许多人纷纷更新观念。有人明确提出与阐述了“两者相互独立和相互分离的新观点,主张课程与教学教育实践的两个领域”,“课程论与教学论:现代教育学的两个分支”。[②] 随着课程论研究和实践的发展,又出现课程包含教学的大课程观、课程论包含教学论的大课程论的观点。20世纪末,整合课程与教学理念的提出,展示了新世纪时代精神的要求和课程论与教学论关系的发展走向。

一、大教学论观

大教学论观从教学论的立场出发,主张将课程视为教学内容,把课程理论当作教学理论的一部分。这是一种传统的观点。其形成原因除历史因素和受前苏联影响外,在我国还存在管理体制方面的原因。

从夸美纽斯的“大教学论”到赫尔巴特等人的教学思想,都明确地体现了这样的观念。之后,这种观念在前苏联最具有代表性。在前苏联的教育学著作中,自凯洛夫时代起,“课程”一词就极少见,“课程”为“教学内容”所取代,因此课程属于教学论研究的范畴。

---

① P. F. Oliva. *Developing the Curriculum*. New York:Harpercollins Publishers Inc,1992:11.

② 刘要悟.试析课程论与教学论的关系.教育研究,1996(4):10-16.

这种观念在我国教育理论界和实践领域里亦甚为普遍。我国对教学论的系统研究大致始于20世纪80年代初，这一时期直到90年代初，我国的教学论著作大多是把课程作为教学的一个部分来处理的。如王策三的《教学论稿》用了三章的篇幅分别来探讨"课程的历史发展"、"课程的本质与结构"及"课程设计的方法"，它们与"教学过程"、"教学原则"等内容是并列的。情况相似的还有李秉德教授主编的《教学论》、吴杰教授主编的《教学论——教学理论的历史发展》等。吴也显教授在《教学论新编》中更明确地指出，"课程是教学系统中的构成要素之一"，并具体阐明了其中的原委。

这种观点还体现在日本佐藤正夫的《教学论原理》一书里。该书的第二章"教学内容"占全书篇幅的近三分之一，论述的就是课程问题，与"教学过程"、"教学方法"等内容并列。

长期以来，我国推行的是高度集中统一的课程管理政策，在很大程度上受政治和行政权力的影响。教师和教育管理者不过是国家预定课程的具体实施者，关注的是如何教学的问题。只需将"法定内容"有效传授给学生就行了，无需考虑如何设置课程。因此，对教育研究者来说，教学问题的研究完全可以取代课程问题的研究。

二、大课程论观

大课程论观把教学看做是课程的一部分，把教学理论归入课程理论的范围之内。这一观点认为，课程是一个广泛的概念，是学校教育中的一个大系统，而教学则是一个特殊的现象和子系统，远没有课程那样重要。泰勒等知名学者都是把教学作为课程的一部分来对待的。

近年来，我国也有学者持此观点，他们认为：课程作为一种客观存在，与教学是不能分离的；课程作为一种教育进程，包含了教学过程。

课程的属性和类型是多方面的，不仅包含了各类课程，而且也包含各类教学，包括课堂教学、课外教学、模仿教学、陶冶教学等。

同时，随着教师也是课程研制者这一理念被人们所接受，"课程包含教学的主体机制"实际上也就被确认了。

在物化构成上，大课程论超越了课程就是教材的观念，扩大为课程材料包括课程原理、课程计划、课程标准、课本、教学指南、教师指导、补充材料、课程包(多媒体课件)等。

此外,教学评价是以包含在课程中的教育目的和目标为标准,所以,教学评价实质上也归入课程评价。①

甚至有研究者提出大课程论,强调在体系上应包纳课程论、教学论、分支课程论、分支教学论和教育技术学等5个下位学科,每个下位学科又包含着大量的次下位学科。

三、一体化的观点

一体化的观点认为,课程论与教学论两者密不可分,不能孤立地存在,必须综合起来进行整体性研究。如著名课程论专家施滕豪斯就特别强调课程与教学过程中的一系列相互作用;美国课程论学者坦纳断言,把课程与教学看成是相互孤立的要素,不仅是不可能的,而且会误入歧途,应打破课程与教学之间的分裂状态,把课程与教学综合成一个问题而不是把它们分成孤立的问题来进行研究。

我国有学者认为,课程与教学既有关联又是各不相同的两个研究领域。课程强调的是每个学生及其学习的范围,教学强调的是教师的行为;课程与教学不是平面和单向的关系,而是相互依存的交叉关系;课程与教学不可能在相互独立的情况下各自运作。

我国还有学者从社会发展形态的角度分析了课程与教学研究相分离的原因,他们指出:将课程作为学校教育的实体或内容,将教学作为学校教育的过程或手段,这是工业社会"科技理性"支配下教育"科层化"(bureaucratization)和"制度化"(institutionalization)的结果。由此形成的"制度课程"(the institutional curriculum)造成了课程与教学两个领域的相互分离,形成了两者间机械、单向和线性的关系。应当以"解放理性"取代"工具理性",将理解活生生的教学情境置于研究的中心。这样,才有可能打破课程与教学的界限,使课程与教学的界限再一次模糊和融合起来。

---

① 黄甫全.大课程论初探.课程·教材·教法,2000(5):2-6.

四、并列论

这一主张认为,课程论与教学论应是教育科学下属的两个独立分支科学,各有特定的研究对象和不同的特点,构筑理论体系的相关概念也不相同,需要分别进行深入研究。

课程论研究各种形式的课业及进程,教学论研究教与学;课程论涉及课程研制、课程标准、课程管理、课程评价等核心概念,教学论涉及的是教学目的、内容、方法、过程、组织形式及教学评价等核心概念。

也就是说,课程是指学校的意图,教学是指学校的实践;课程是为有目的的学习而设计的内容,教学则是达到教育目的的手段。

相应地,课程理论主要探讨教育的目标和内容,教学理论主要关注达到这些目标的手段。

持这一立场的学者认为,课程论与教学论目前正处于分化期,应当把课程论与教学论看做是两门相互独立的教育学科,这有利于课程论和教学论的许多重要问题得到进一步的研究。

这类观点的持有者多半是研究教学论的学者,他们希望与课程论划清界限,不愿意看到日益火热的课程论研究对教学论的渗透,希望教学论研究和课程论研究不要相互替代,而要携手并进。[①]

五、"制度课程"与教学分离

当教育为"科技理性"或"工具理性"所支配的时候,教育沦为社会的控制工具,这极易导致课程与教学的分离。为"科技理性"所支配的教育科学加剧了这种分离。[②]

现代教育的发展过程即是日益按照"科技理性"的原则组织起来,日益走向"科层化"和"制度化"的过程。而现代教育的科层化和制度化的过程也就

① 洪明.课程论与教学论关系的历史嬗变.教育评论,2007(1):115.

② 张华.课程与教学整合论.教育研究,2000(2):58.

是课程与教学日益分离的过程。课程日益成为单一化、同质化的“制度课程”。

所谓“制度课程”,是特定社会在特定历史时期规定并实现的合法化的学校教育内容。“制度课程”具体体现为官方的课程文件(例如,课程标准、课程指南、教科书等)及这些课程文件的操作形态。“制度课程”具有密切联系的两种功能,即外部功能与内部功能。①

就外部功能看,“制度课程”处于学校教育与社会的交叉点上,承担着把社会(或社区)对学校教育的期望和限定转化为具体的教育计划的任务。这具体体现为社会按照外显或内隐的价值观对课程内容(知识、技能和意向)进行选择和组织,并将这些内容转换为适合班级使用的学校学科。

就内部功能看,“制度课程”实际上成为一个对教师的工作进行管理和限定的规范框架。随着现代教育规模的日益扩大,“制度课程”成为对众多教师的教学行为进行控制的有力工具。为了达到有效控制的目的,官方规定的课程指南往往对教师的教学实践规定得非常详细,以排除教师可能作出的与官方认可的社会需求相悖的课程变革。

在制度层面,课程与教学极易成为两个分离的领域,二者的关系也被视为一种线性关系。课程就成为学校教育的实体或内容,它规定着学校教育“教什么”。教学是学校教育的过程或手段,它规定着学校教育“怎样教”。课程是教学的方向或目标,是在教学过程之前和教学情境之外预先规定好的。教学的过程就是忠实而有效地传递课程的过程,而不应当对课程作出任何变革。这样,课程与教学就被割裂开来,机械地、单向地、线性地发生关系。②

现代教育制度把课程简单化为单纯的“制度课程”,而“制度课程”是社会意志的合法化,通过“制度课程”对教师的教学加以控制,进而实现社会对学校教育的控制。因此,现代教育中课程与教学分离的过程即是现代教育日益工具化、日益成为现代科层社会的一个环节的过程。这是“科技理性”(或

---

① W. Doyle. Curriculum and Pedagogy. P. W. Jackson. *Handbook of Research on Curriculum.* New York: MacMillan Publishing Company,1992:487.

② 张华. 课程与教学整合论. 教育研究,2000(2):52.

“工具理性”)在现代教育中日益占据支配地位、日益膨胀的过程。为“科技理性”所支配的现代教育科学的兴起加剧了课程与教学的分离进程。

教育科学在20世纪不断发展的历史即是课程研究与教学研究日趋分离的历史。课程研究的基本使命是将课程开发纳入理性的轨道。从课程开发科学化运动的创始者博比特(F. Bobbitt)与查特斯(W. Charters),到将课程开发科学化运动发展至顶峰的泰勒(R. Tyler),以及泰勒的众多继承者,形成了完备的理性化的课程开发程序。在这个漫长的研究历程中所诞生的形形色色的课程开发模式皆可归属于“目标模式”的范畴,皆具有“程序主义”(proceduralism)的性质。这类研究对课堂教学关注甚少。①

从裴斯泰洛齐于18世纪末、19世纪初倡导“教学的心理化”运动以来,经福禄倍尔、第斯多惠、赫尔巴特的发展,教学论在19世纪就成为哲学心理学的一个分支。19世纪末科学心理学诞生之后,教学论开始成为科学心理学的分支。20世纪初教育心理学从科学心理学中分离出来以后,教学研究开始建立在教育心理学的基础之上,教学论遂成为教育心理学的应用学科、分支学科,这种研究取向一直延续到20世纪70年代。总体来看,这类教学研究的出发点是对教学行为的有效控制,是由效率驱动的。其研究内容主要包括两个方面:

一是对教学方法或教学模式进行实证实验研究,力求发现最好的方法或模式。

二是所谓“教师效率研究”(teacher effectiveness research),主要研究影响教学效率的教师的个性品质和教学行为表现,力求发现确认最好的教师的标准。

这类研究对怎样控制教师的教学行为积累了大量资料,对教师教学行为分析的精细程度相当惊人,然而对课程内容本身却极少关注。

---

① 张华.课程与教学整合论.教育研究,2000(2):53.

第二节 课程论与教学论的关系

关于课程论与教学论的关系,从它们的历史发展看,并非是并列发展的;从学科角度看,它们是两个并列的独立分支学科;从实践层面看,课程论与教学论相互渗透,密切联系。

一、教学论与课程论并非平行发展

(一)教学论较早从教育学中分化出来

尽管课程论与教学论均是教育学的两门亚领域或下位分支,但教学论是较早从教育学中分化出来的。早在17世纪,以特拉克发表的《教学论》与夸美纽斯《大教学论》的诞生为标志,教学就已成为一个独立的研究领域。

20世纪之前,课程一直是作为科目来诠释的(至今也有如此诠释的),直到博比特、查尔斯开始关注课程研究,提出了情境模式的课程研制理论,1918年博比特出版《课程》一书,课程才成为一门独立研究领域。

(二)教学论理论体系比课程论完善

正因为教学论研究历史较长,教学论研究者不仅对各种规定性进行了研究,而且对教学论的元理论也有诸多探讨,教学论本身体现了既分化又融合的发展趋势,教学论框架基本确定,在我国关于主体教育理论等方面的研究是较为深入的。

课程论研究者对其研究对象、内容等规定性研究尚不十分深入,课程元理论的研究更为薄弱,其体系框架远不如教学论成熟,在我国课程论研究方面独创性见解还不多见。教学论比课程论成熟还体现在对教学实验论认识与发展及应用等方面。

总之,教学论与课程论不是并行发展的,教学论发展得早且完善。[①]

(三) 数百年间课程问题一直包含于教学论之中

教学论比课程论早诞生约300年。在这300年间,课程是为教学服务的。如赫尔巴特指出教学的直接目的是为了培养学生多方面兴趣,要开设历史类(历史、文学、语文)和科学类(数学、工艺、自然科学)课程,这里的"课程"是实现教学直接目的的手段。即使是杜威所主张的"缝纫"、"瓦工"、"木工"等活动课程,也是服务于他的"教育及经验的改造"、"教育即社会化活动"、"教育即生活"、"教育即生长"等教学论主张的。

在这300年间,课程是指实践中的科目或形态,课程是以教学内容或学习经验身份作为教学论的研究范畴之一的,即是在教学论视角下,研究课程的内容、形式和类型。

(四) 教学论比课程论根基厚实

课程概念解释至今未得到广泛接受的定义,而对教学概念的定义有相对共同倾向性的认识;教学论较课程论根基厚实一些。课程概念是课程论所要研究问题和理论的基点,课程概念应是课程论首先必须明确界定的基本概念。然而,至今关于课程的定义仍是见仁见智的。如《国际教育百科全书·课程》给出了课程的9种定义。关于课程概念认识的争鸣是一种学术繁荣的正常体现。但令人遗憾的是,课程概念至今却没有达成能够得到人们公认的结果,不仅缺乏具有普遍性的科学定义,甚至没有形成关于便于人们使用和沟通的工具性定义。[②]

而在教学论中,尽管关于"教学"定义也存在着不同的认识,但许多专家、学者倾向于双边活动观,不仅王策三[③]、李秉德[④]、吴文侃[⑤]等专家、学者持有

---

① 王光明.也谈课程论与教学论的关系.教育理论与实践,2003(2):58-59.

② 丛立新.课程论问题.北京:教育科学出版社,2001:1-2.

③ 王策三.教学论稿.北京:人民教育出版社,1985:91,319.

④ 李秉德.教学论.北京:人民教育出版社,1991:2.

⑤ 吴文侃.比较教学论.北京:人民教育出版社,1996:111.

这一观点，而且《教育辞典》也是在双边活动观下界定"教学"的。① 人们倾向于这样一种观点："教学是教师的教和学生的学的统一活动。这一活动过程中，教师有目的、有计划地传授、培养和教育，学生主动地掌握一定的知识和技能，发展智力，形成一定的思想品德，双方各尽所能，共同完成社会赋予的培养有用人才的神圣使命。"②双边活动观在一定程度上反映了教学功能和教学关系。当然，"双边活动说"肯定不是"教学"概念的终结性定义。作为一门科学，最基本概念定义的不确定性是学科不成熟的一种体现。目前对教学概念的定义有相对统一的倾向性认识，所以这是教学论比课程论相对完善一些的一种体现。

二、课程论与教学论是独立平行的两个分支

（一）课程与教学研究对象及理论体系的相关概念不相同

从科学视角来看，课程与教学研究对象及构筑理论体系的相关概念不相同：前者研究各种形式的课业及进程，而后者研究教与学；前者涉及课程研制、课程标准、课程管理、课程目标和课程评价等核心概念，而后者涉及教学目的、内容、方法、过程、组织形式及教学评价等核心概念。研究对象不同说明研究内容不尽相同，而概念是理论生命的细胞与构筑理论的平台，概念不同，理论肯定不同。因此，从科学视角看，课程论与教学论应是教育科学下属的两门独立分支科学。

（二）理论基础不同

从理论基础上讲，课程的内容与方向在相当程度上受哲学及相关学科（诸如文化学、社会学和心理学等一级学科）的直接统摄；而教学论则与此类学科的关系较为间接，它与学习理论、管理心理学、社会心理学等二级学科关系紧密。一定时代的课程观是该时代哲学观和知识成果的反映。

---

① 朱作仁. 教育辞典. 南昌：江西教育出版社，1988：632.

② 丛立新. 课程论问题. 北京：教育科学出版社，2001：1-2.

(三) 内容不属于同一范畴

从内容来源上说,课程论内容直接从人类已有的文化成果中取舍而来,这些内容虽然都是教育内容,但不全是教学内容。教学内容主要体现在教材中,是对课程中系统化、体系化了的正确反映客观事物本质及规律的科学文化知识的浓缩和提炼。教育所传递的人类文化被概括和总结于课程中,所以它应当作教育内容而成为教育学的组成部分,而不应成为教学内容,否则,便人为地减少了课程的份量和范围。文化的实质和核心部分浓缩于教材中,通过教学的途径内化为学生的发展因素。所以,课程与教育内容属于同一范畴,而教学内容与教材为同一范畴。

(四) 影响因素不同

从影响因素看,课程的编制和发展主要受较高一级规律的制约,教学过程的规律不是课程的决定性因素。

具体地讲,课程编制和改革的制约因素主要有:①

(1) 政治经济及社会发展的需求,它直接反映和体现国家的教育方针、教育目的和各级各类学校的培养目标;

(2) 科学文化发展水平,时代的科学文化成果为课程的选择与编制提供知识前提和可行性条件;

(3) 受教育者的身心发展水平,课程的编制与设置是以适合人的发展为着眼点的,是以心理学为其理论基础的,对受教育者的发展潜能、主体性人格、个别差异和成熟规律等指标,课程论必须综合考虑;

(4) 课程论自身的发展规律和研究传统,课程发展历程给现代课程改革提供什么昭示、各课程论流派的观点有何共识与创新、哪些应予以借鉴或进一步研究等问题,都影响着课程的编制和改革。

(五) 研究侧重点不尽相同

现代教学论研究将从知识教育论转向主体教育论,由唯科学主义教育转

---

① 卜志军,高兰绪. 论课程论的学科地位及其与教学论的关系. 高等师范教育研究,1996(5):10-11.

向科学主义与人文主义的结合，由机械唯物论转向辩证唯物论，并关注教学论的元理论研究，交流、实践与主体发展将是现代教学论研究的关键词。[①] 因为“课程论构建的方法和方法论，从70年代以来一直未取得实质的进展”，[②] 所以课程论将侧重研究课程的概念模式、课程合理化的理论、课程的研制理论、课程实施与评价理论，逐步进行课程论的本体与方法论研究。也就是说，课程论与教学论研究侧重点不一样。

（六）研究范围不同

从研究范围来看，课程论除研究能被感知的知识、技能和经验（显性课程）的领域外，还研究团体气氛、人际关系、价值倾向、情感态度、校内外环境等因素（隐性课程）对受教育者发展的潜在影响，这些都是教学论不多谈及或研究不够的。

从课程论的自身发展看，它与教学论的分离更利于各自的深入研究和不断发展。如果课程论包含在教学论之中，那么无疑限制和束缚了课程论的发展，而且还会使人们对课程论作出狭隘化、片面化的理解；这给教学论的研究和发展，也背上了沉重的包袱，致使教学理论的深刻性、统摄性差，成为不能很好地指导教学实践的重要原因。

第三节　课程论与教学论整合的趋势

关于课程与教学整合的理念，在20世纪初杜威实用主义哲学的基础之上就已确立起来，但这个理念的影响主要存在于思想层面。20世纪末课程与教学充分汲取一个世纪以来人类认识发展和价值探究的精华（现象学、存在主义、法兰克福学派、哲学解释学、后现代哲学）后重新整合起来。

---

① 裴娣娜. 论我国教学论学科建设与发展. 中国教育学刊，1998(6)：35.

② 江山野. 简明国际教育百科全书·课程. 北京：教育科学出版社，1991：65，91.

一、“课程教学”是课程与教学整合的新的理念和实践形态

(一)“解放兴趣”是课程与教学整合的新价值取向

如果说杜威关于课程与教学的整合是以“实践兴趣”的追求为核心的话，那么当今课程与教学的整合则以“解放兴趣”为价值取向。“解放兴趣”亦称“解放理性”，是人类对“解放”和“权力赋予”的基本兴趣，这种兴趣是人类通过对社会构建的可靠的、批判性的洞察而从事自主的行动。[①] “解放兴趣”是最基本的、“纯粹的”兴趣。“解放”意味着“从外在于个体的存在中获得独立”，是一种自主的状态而不是放任的状态，它整合了自主和责任。只有通过自我反思的行为(即自我回归自身的行为)，“解放”才是可能的，因此，“解放兴趣”所指向的是主体的诞生，其核心是对主体进行权力赋予。

当课程与教学的价值取向定位于“解放兴趣”的时候，教师和学生就不再只是既定课程计划的实施者，而是课程开发者与教学设计者。课程不再只是“制度课程”，而是“体验课程”——被教师与学生实实在在体验到的课程。课程的内涵发生了质的变化：课程是“一个情境化的社会过程”，课程是“一系列事件”，课程是“学生有机会学习的东西”，课程是由师生交互作用而产生的“一种不断生成的建构”。在这里，课程不再只是一些于教育情境之外开发出的书面文件，而是师生在教育情境中共同创生的一系列“事件”，通过这些“事件”，师生共同建构内容与意义。教学不再只是一个传递内容而与内容无关的“管道”，而是一个产生基本的课程效应的社会情境。课程与教学不再是社会对教师与学生施加控制的手段，而是教师和学生追寻主体性、获得解放与自由的过程。

当课程与教学的价值取向由“工具理性”被“解放理性”所取代的时候，当课程与教学的研究不再局限于获得普遍性的、价值中立的课程开发或教学设计的程序、规则、模式，而把重心置于理解活生生的教学情境的时候，课程

① Ibid. 民主主义与教育. 王承绪，译. 北京：人民教育出版社，1990：17.

与教学的界限再一次模糊,二者再一次融合起来。①

对这种课程与教学整合的新的理念及相应的实践形态,美国学者韦迪(R. Weade)用一个新的术语来概括,这就是"课程教学"(curriculum instruction)。②

(二)"课程教学"的内涵

1. 课程与教学过程的本质是变革

课程与教学过程的进行包含着对内容的某种方式的变革。在"制度课程"的层面同样如此。不过在制度层面,课程与教学对内容的变革是为了更忠实地实现社会对学校教育的期望、更有效地传递社会希望学校传递的内容。比如教科书等书面课程文件之所以变革内容是为了便于教师和学生的教与学,教学过程中对内容的简化则是为了便于学习者接受。在这里,对内容的变革是有效传递内容的手段。

在"体验课程"的层面(具体教育情境的层面)上,对内容的不断变革与其说是手段不如说是目的。因为在这里课程与教学指向于人的主体性的提升、指向于人的自由与解放,而对内容的不断变革与创造正是人的主体性充分发挥的表现。因此,教师与学生在具体教育情境中不断变革与创造内容,从而不断建构自己的意义,这正是课程与教学过程本质的反映。

用"变革"的观点看课程,"课程就不只是'内容'(content),而是'关于内容的理论'(a theory of content)。就是说,课程是关于特定内容是什么的观念、认识特定内容意味着什么、当教师教授特定内容的时候他在达到何种目的"。③ 也就是说,课程在本质上不是对所有人都相同的普遍性的内容,在特定教育情境中每一位教师和学生都对给定的内容有其自身的理解,都对给定内容的意义有其自身的解读,都有其关于特定内容的自己的理论。正是"关于内容的理论"支配着具体教育情境中的每一位教师与学生对给定内容不断

---

① 张华. 课程与教学整合论. 教育研究,2000(2):56.

② Weade & Regina. Curriculum instruction: the construction of meaning. *Theory into Practice*, 1987:26(1):15-25.

③ W. Doyle. Curriculum and Pedagogy. P. W. Jackson. *Handbook of Research on Curriculum*, 1992:507.

变革与创造,以便使给定的内容不断转化为“自己的课程”。

用“变革”的观点看教学,教学即是教师和学生在具体教育情境中对内容作出根本变革的过程——内容的创造过程与意义建构的过程。传统教学的内涵是基于教育心理学原理对内容进行有效传递的过程、忠实实施既定课程计划的过程,这里关切的重心是对内容的有效传递过程,而不是对内容的变革过程,教学研究也因而成为内容传递的工效学。基于“变革”观的教学则是课程创生与开发的过程,这里的核心是内容的不断变革与创造。

2. 教学作为课程开发过程

当课程与教学在“解放理性”的基础上重新整合起来之后,教学就不只是一种人际交流过程,而是课程开发过程。在课堂情境中,教师的主体性充分发挥的过程即是教师在“创作”(author)课程事件或“创生”(enact)课程的过程。教师之所以能够在课堂上创作课程事件并引导课程事件的进行,是因为他们具有关于课程内容的强劲的理论(也许教师本人并未清晰意识到这一点)。显然,教师的这些理论是基于其对课程内容的认识和信仰。但是,教师关于课程内容的理论是情境性的、与其课堂经验密切相关的。所以,教师的知识或理论是由“事件构成的”。

在课堂情境中,当学生的主体性充分发挥并积极参与到课程创生过程中的时候,实际上也在“创作”课程事件。在与课程事件的相互作用中、在完成任务的过程中,学生创生着自己的课程,以其特有方式建构着意义。学生有自己的“课程知识”,“学生的课程知识深深隐藏于班级结构或文化之中”。[①] 因此,在课程教学中,教师与学生的主体性充分发挥的过程即是共同创生课程的过程。在课程事件的“创作”这个动态过程中,课程内容被持续生成与转化、课程意义被不断建构与提升。

3. 课程作为教学事件

“课程作为教学事件”与“教学作为课程开发过程”是一个问题的两个方面。“课程作为教学事件”是课程与教学的整合态——“课程教学”的另一视角。[②] 当“体验课程”取代“制度课程”而置于教育的核心的时候,课程不再仅

---

① Ibid. 民主主义与教育. 王承绪,译. 北京:人民教育出版社,1990:508.

② 张华. 课程与教学整合论. 教育研究,2000(2):57.

仅是静态的书面文件,而是教师与学生在教育情境中不断生成的活生生的经验。在课堂教学情境中,教师与学生不断创造着、解释着课堂事件,在这过程中内容不断变革、意义不断生成。课程正是这一系列课堂教学事件及由此实现的内容的变革与意义的生成。在这个意义上说,课程是动态的过程,是不断变化的课堂教学事件。作为“制度课程”之基本构成的诸种课程文件在这里不过是供教师与学生选择的资料,只有当这些资料有助于教师与学生共同进行的课程创生过程的时候,只有当这些资料经过变革与解释而化为教师与学生不断发展着的经验的时候,才有课程的意义。

二、课程论与教学论整合的方法和途径

(一)课程教学理念和课程教学目标的整合与创新

课程教学理念应是创新意识和创新精神的培育、创新能力的培育、创新人格的培育等方面的内容,应包括智力因素和非智力因素,重视非智力因素的培育应是创新教育的一个重要特征。

一般认为课程教学目标是教育目的、教育宗旨等教育价值观在课程与教学中的具体化。这种价值观分为普遍性目标、行为性目标、生成性目标、表现性目标4种。

普遍性目标是基于经验、哲学观或伦理观、意识形态或社会政治需要而引出的一般教育宗旨或原则。这些宗旨或原则直接运用于课程和教学,就成为课程与教学中一般性的指导方针。

行为目标是以具体的、现实的方式陈述课程与教学目标,它指明课程与教学过程结束后学习者的行为变化。其特点是目标的精确性、具体性。

生成性目标是在教育情景中随着教育过程的展开而自然生成的课程教学目标,它是问题解决的结果,是人的经验成长的必然结果。其特点是教师与每个学生应展开对话,强调教学过程的开放性。

表现性目标是指每一个学习者在具体教学环境产生的个性化表现,它所追求的不是学习者学习结果的一致性,而是多元性。教学中,要使学习者迸发出创造的火花,要有恒久的创新热情。

应大力提倡生成性目标和表现性目标。教学中应把学科最基础、最前沿的材料提供给学习者，借助现代教育技术，通过教师和学习者的对话交流，挖掘各自所需的进一步材料，唤起学习者探究的心理，激发学习者的创造性，以达到学习者学习能力的“极限”。

（二）课程内容与教学方法的整合与创新

课程内容是课程的有机构成，教学方法是教学过程的基本环节，课程内容和教学方法是内在统一的。

纵观世界各国，课程改革的一个重要发展趋势是尊重学习者的主体意识、呼唤学习者的个性发展，这种课程观必然要求以学习者的已有知识作为课程内容的主导取向，要求以学习者的已有知识为核心整合学科知识来谋求科学、艺术和道德的统一，谋求科学与技术的统一。

把教材内容作为课程内容，没有把学习者的已有知识列入其中，或者学习者的已有知识根本无法接受教材内容，也要把教材内容作为课程内容，这是偏颇的，这种课程内容形成的结果必然是千人一面，照本宣科。课程内容必须要进行创新，要树立教材即是参考书的观念。教学方法是受特定课程与教学目标、课程内容制约，为师生所共同遵循的教与学的方式、手段，它是引导、调节教学过程的规范体系。

教育方法的分类方法很多，其中日本教育家佐藤正夫在《教育学原理》中根据教师、学生以及教材与环境 3 个方面的交互作用把各种教育方法归结为 3 种基本类型，即提示型教学方法、共同解决问题型教学方法、自主型教学方法。①

提示型教学方法是教师在课堂上通过各种提示活动而教授课程内容，学生接受并内化这些内容的方法。

共同解决问题型教学方法是通过师生的民主对话与讨论来共同思考、探究和解决问题，由此获得知识技能、发展能力和人格的教学方法。

自主型教学方法是学生独立地解决由本人或教师提出的课题，教师在学生需要的时候提供适当帮助，学生由此获得知识技能、发展能力和人格的教

---

① 杨仲杰. 课程论与教学论的整合与创新. 西北成人教育学报，2004（3）：36-37.

学方法。这种方法真正体现了“教是为了最终不需要教”。

对这3种方法的取舍与搭配，就是教学方法的选择过程。

（三）课程与教学组织的整合与创新

课程组织是在一定的教育价值观的指导下，将所选出的各种课程要素妥善地组织成课程结构，使各种课程要素在动态运行的课程结构系统中产生合力，以有效地实现课程目标。

课程要素是课程的基本构成，一般包括学习者、教师、教材和教学环境4个要素。课程应注意区别理论课程与技能课程、分科课程与综合课程、必修课程与选修课程、显性课程与隐性课程。根据在课堂中教师和学生教与学过程的方式和结构，教学组织可分为个别化教学、集体教学和综合教学3类组织。

（四）课程实施与教学过程的整合与创新

课程实施是将某项课程计划付诸实践的过程，对课程计划的实施一般认为就是教师应严格地按照课程专家的课程计划和规定的教科书、课程方案或教案等教学文件的规定忠实地执行课程计划，教师是被动的执行者，课程实施强调课程制定者和专家的作用。

或者，课程实施应是一种课程制定者与教师（即课程实施者）之间相互适应的过程，教师是课程主动的、积极的参与者，课程实施不再被认为是一种单向的、线性的过程，而被认为是一种复杂的、非线性的过程。

课程实施综合考虑了社会环境对课程的影响。传统学者认为，教学过程是在教师引导下的学生的认识过程，应发挥教师的主导作用并调动学生的学习主动性，以教材为媒介的课程是教学的主要对象，以完成课程内容进度为教学目标，在进度上达到了课程与教学的机械统一，但这是不完整的课程教学。

如果把课程实施认为是在充分研究并了解了每个学生的感情、思维方式和价值观念，同时在学生理解了教师的情感的情况下，是教师和学生共同创造课程的过程，教师应是课程的开发者，那么，课程和教学就达到了和谐的统一。

这是一个具体教学情境中教师与学生创造与开发自己的课程的过程,是教师和学生个性成长和完善的过程,是强调教师与学生在课程教学中的主体性和创造性、强调个性自由与解放的过程。它同时对教师专业能力提出了更高的要求,它需要的教师将不是"教书匠"而应是设计师和专家。

(五)课程教学评价的整合与创新

课程教学评价就是以一定方法、途径对课程与教学的计划、过程和结果等的判断,这其中应考虑评价的对象范围、评价的价值标准、评价方法的选择等问题。

一般把评价分为相对评价和绝对评价,但基本是从教的角度评价的,现代教学评价的发展趋势将是更多地重视学生的自我评价能力的培养,提高学生的心智技能。

总之,课程和教学若从各自的方向去发展,就会缺失学生的主体性,也在事实上限制了教师的主体性,同时还造成教师教与学生学的矛盾和冲突。没有主体性而有冲突的教育是没有创造性的。通过把课程与教学整合为"课程教学"概念,然后通过课程教学创新,才能解决问题。课程教学使教师和学生同时作为教学过程的主体并使双方的主体性都获得充分发挥,最终使教师在创造中得到充分发展并获得成就感,学生在充分的个性张扬中获得良好的学习能力和创造能力。课程和教学作为教育的主要内容和环节,需要加以整合,并在理念、目标、内容方法、实施过程、组织及评价等各方面进行全面创新,目的是为了使教育能够培养出继承传统、创造未来,具有良好的学习能力、发展能力和创造能力,能够适应信息时代变化和支撑面临国际激烈竞争的国家建设的人才。

从课程与教学论学科发展的意义上讲,课程与教学论的整合还在于把课程与教学论的各分支学科及相关学科所开展的研究工作加以综合,同时又划定分工以及相互调整和兼顾,达至合理与和谐。课程与教学论的所有分支学科以及相关学科都试图认识课程与教学的不同侧面、各种结构和功能机制,但是这些学科往往都是从某一侧面、某一维度来探求课程与教学某一层面的规律。课程与教学论的特殊的论述角度在于试图把课程与教学作为整体来加以分析、解释。课程与教学论探讨课程与教学的一切问题、侧面、面貌和规定性。课程与教学虽有区分,但在实际的教育过程中又是一个难以分割的整体,它是以统一的和前后一贯的方式进行的。课程与教学论必须以反映具体课程与教学实际的综合理论的形式实现这种统一。因而,课程与教学论具有把其分支学科及相关学科的研究成果加以整理和综合的功能。为此,课程与教学论研究者不仅应该密切关注课程与教学论分支学科及相关学科的发展,及时掌握这些学科所取得的研究成果,而且应该时刻注意重建自己的研究思路。也就是说,任何课程与教学论研究者都必须破除那种封建式的从一而终的迂腐观念,能在不同的方法之间为自己保留必要的选择余地,决不要轻易对自己说什么是绝对正确的,什么是完全错误的;决不要成为某种方法和程式的俘虏,以致于作茧自缚。在思想观念中,每个课程与教学论研究者都应当允许不同的视角、方法、程式并存,重要的是善于比较和作具体的取舍,把它们放在适当的位置,让它们在课程与教学论研究中配合着而发挥作用。课程与教学论永远是理论与实际相统一的科学。课程与教学论研究必须把理论和方法论知识同课程与教学实践的实际需要紧密结合起来。

第八章

高等教育课程体系

教育的“心脏”是课程，课程的核心是课程体系。各个专业的课程体系是根据学科的科学体系和人才的认识规律建立起来的，是专业培养目标的具体化。课程体系既反映着社会需求，又体现着学生的知识结构和专业素养。不同的课程体系有着不同的价值和功能，它是社会需求、科学知识和个性发展的集中体现。所以，21 世纪人才素质，在很大程度上取决于课程体系的改革与设计水平。

第一节　课程体系及其本质

高等学校课程体系是高等学校培养人才的载体,包容了课程各层面的性质,把课程的知识、目标、计划、学习、评价诸多要素整合为一体。它把教育传授文化遗产的功能、服务社会和发展社会的功能、发展智力和培养个性的功能整合起来,为培养高素质的专门人才服务。

一、课程体系

(一) 体系的含义

体系,是指"若干有关事物互相联系、互相制约而构成的一个整体"。这里,体系的含义至少包括3个方面的意思:

(1) 由若干事物构成,单个事物不能构成一个体系。

(2) 这些事物是相互联系和相互制约的,联系和制约存在着特定的方式。

(3) 所有这些事物构成了一个整体,整体性是体系的基本特性。

体系的英文是"system",有"体制"和"系统"的含义。实质上,一个体系就是作为一个系统而存在,它具有系统的整体性特征。

(二) 课程体系的含义

课程体系有广义、狭义之分。

狭义的课程体系特指课程结构,是各类课程之间的组织和配合。①

---

① 赫冀成,张喜梅. 课程体系与人才培养比较. 沈阳:东北大学出版社,1994:19.

广义的课程体系是在一定的教育价值理念指导下，将课程的各个构成要素加以排列组合，使各个课程要素在动态过程中统一指向课程体系目标（或专业目标）的实现系统。①

一般认为，课程体系包括3个层次：

（1）宏观的专业设置，涉及高等教育的学科及专业；

（2）中观的课程体系，涉及某专业内部课程体系的问题；

（3）微观的教材体系，是某专业内某具体课程的教学内容方面。

这里主要研究中观层面。它是高等学校为了达到其专业培养目标而设计并指导学生的所有学习内容及其构成要素的总和。它是包括课程在内并以培养方案所设内容为主体部分的学校教育教学系统。西方国家没有相应的"课程体系"一词，但"program"与之较接近，"program"指一个系列的、有一定逻辑关系的课程组合，相当于一个培养计划或所说的课程体系。"在美国，专门化的教育是通过主修不同方向的课程来进行的。其组织方式以及隐藏在这种组织方式背后的指导思想与我国有很大区别。但不管怎样，从形式上看，'主修'和'专业'都是由不同的课程组织来体现的。"②从这里可以看出，"不同的课程组织"即课程体系，应该是培养人才的主要方式和途径。如果把高等学校看做是一个系统，那么，高等学校课程体系就是在学校教育系统之下的一个二级系统。

（三）高等学校课程体系的构成要素

课程体系是一个具有特定功能、特定结构、开放性的知识、能力和经验的组合系统。它不仅要将内部的要素诸如各类课程（专业基础课、专业理论课、专业技术课、专业技能课、专业应用课等）连接成一个统一整体，还必须充分体现培养目标和培养规格，适应社会经济发展的需要，反映科学技术发展的现状与趋势，符合学制及学时限制。与系统相对应的概念是要素，要素是构成系统的组分或组元。一个系统通常具有目标、内容和过程，因此，高等学校

---

① 胡弼成. 高等学校课程体系现代化研究. 厦门大学学位论文，2004：23.

② 卢晓东，陈孝戴. 高等学校专业内涵研究. 高等教育论坛，2002（1）：11-18.

课程体系可由目标要素、内容要素和过程要素3个部分构成。[①]

1. 高等学校课程体系的目标要素

它指贯穿课程体系的总目标、课程体系结构目标、课程目标等。课程体系的目标要素是一个系统,以课程体系总目标(或称为课程体系目标)或人才培养目标为总纲。

课程体系的目标要素是由课程结构目标和各门课程的分目标(又称课程目标)等所构成的内在和谐的有机整体。课程结构目标是指课程体系中课程组织状态的目标。不同的结构状态可以达到不同的结构目标。课程结构目标是一种过渡性目标,是由课程体系总目标导向课程目标的过渡。课程目标是指导整个课程编制的准则,也是指导教学的重要准则。

2. 高等学校课程体系的内容要素

它又称为课程要素,还可称为结构要素,主要是指课程体系的组成成分、课程的联系方式和组织形式,这是从静态来看的课程体系。

这些结构要素主要包括通识教育(普通教育)课程要素和专业教育(专长教育)课程要素及其相互关系和组织方式。

这两大要素包括:基础课程、专业课程、跨学科课程,理论课程与实践课程,必修课程与选修课程,大、中、小、微型课程,显性课程与隐性课程,等等。它们之间的比例及关系从不同侧面反映了课程体系的轮廓,也是研究课程体系的主要线索。

结构要素应该是具有长远影响的内容,而不是具体的事实、习惯或非常具体化的内容。现代化的课程体系必须是科学知识内容齐全、课程配比合理、时序恰当的综合结构。它不仅仅是有形式的东西,而且是有实质的东西;既有特定内容,也是历史形成的。

3. 高等学校课程体系的过程要素

它是指从动态来看的课程体系构成要素。它具体指课程体系实施。

课程体系实施包括课程要素呈现、课程体系实施场以及作为实施反馈的课程体系评价。高等学校课程要素呈现是指课程体系所需要的技术、方法、手段、途径等。课程体系实施场是指与课程体系的组成元素发生相互作用而

---

① 胡弼成. 高等学校课程体系现代化研究. 厦门大学学位论文,2004:25.

不属于系统的事物。实施场涉及课程体系与其外部环境之间的关系等。实施场对课程体系功能的发挥有着非常重要的影响。"评价"作为课程体系的反馈在运行中起多方面的作用。评价通过提供个体性的最佳指导,对课程体系活动样式及其结构产生重要影响。

二、课程体系的本质

学习课程的过程就是一个人成长的过程,就是增长经历的过程,就是不断地增加经验的过程。课程完全是学生参与文化活动的过程。课程本质的"经验"性突出了学生的课程参与,使学习者不再只是课程的追随者,而且也成为课程的主人和占有者。教育是引导个体去领悟生活的艺术。因此,学生的求知欲和判断力以及控制复杂情况的能力等都必须靠有机的课程体系来培养。

课程体系不是一种只有形式而无内容的外壳。它是一个既有思想内容又有形式结构的育人的"文化场域"。因此,高等学校课程体系的本质是大学生发展的指向。①

(一) 高等学校以专业(学科)领域作为一个整体来培养人才

高等学校教育最终都要落实到一系列用以培养人才的课程上,"专业"和"主修"都是课程的特定组织方式。② 一所高等学校,学校系统再好,如果没有作为实体或课程组织形式的整体优化的(或以"专业"为单位的)课程体系加以配合,学校的培养目标就无法实现。

高等学校课程体系主要解决两个相关的问题:

一是实现培养目标应选择哪些课程及其内容的深度与广度;

二是各课程之间在内容和呈现方式上如何互相配合和衔接。

对于课程体系整体结构,应当多角度、全方位地加以考察和探究:

从课程内容来看,要解决好德育、智育、体育等各种课程门类、课时比例

---

① 胡弼成. 高等学校课程体系现代化研究. 厦门大学学位论文,2004:28.

② 王伟廉. 高等教育学. 福州:福建教育出版社,2001:136.

及其相互关系的问题；

从课程范畴来看，要解决好课堂教学与课外活动、社会实践活动的比例和相互关系问题，正式课程与非正式课程的关系问题；

从课程形态来看，要解决好分科课程与综合课程以及活动课程的相互关系问题；

从课程类型来看，要解决好必修课程与选修课程的比例和相互关系问题，在选修课程中又要处理好任选课程与必选课程的关系问题等。

这些问题的解决，都需要处理好课程体系内部的一些结构要素的关系，为学习者成为不同层次、不同类型、不同规格的人才打好基础，使他们成为全面发展的人才。

（二）高等学校课程体系是培养未来人才的发展性系统

教育的力量是从整体发出的，课程体系并不是互不关联的独立部分拼凑而成，它是具有特定功能的指向未来人才发展的系统。教育不是为过去培养人才，高等教育更不是培养被动适应社会发展的高级人才，因此，高等学校课程体系作为影响大学生终生的知识结构和职业适应力，成为影响社会创造力的重要途径，是为人才设计的超越过去、改造社会的发展蓝图。这一设计蓝图不是预先给定的“专业框架”，而是大学生根据社会发展需要、学校的实际情况以及自己的兴趣爱好等在目前条件许可的范围内对自己未来前途的理想谋划，是“以实际选修课程的主干性结构体现其专业和就业方向”的运筹。

针对学习者身心发展要求，高等学校课程体系从强调学习内容到强调学习者的体验和经验，从强调计划到强调人才培养的本质，其根本规定之一就是，人是创造的主体。把“人的培养”观念整合到课程体系中，促进人的创造性发挥，才能形成对人的全面发展的终极目标的追求。可见，高等学校课程体系是走向未来的，是发展的，是对大学生未来前途和生活的定向。

（三）从系统的角度来研究课程体系，有利于将多个课外教育因素纳入教育过程

课外教育因素是指在正规的课堂教学之外，学校有目的、有计划和有组织地安排的各种活动。它们属于学校课程范畴之内，应当是课程体系的有机

组成部分,因为课堂教学课程与课外活动课程是高等学校教育不可或缺的两翼。课外教育因素在一个人的培养和成长过程中起着非常重要的作用。“课内打基础,课外出人才”,“课堂教学是学生成才的土壤,课外活动是学生成才的雨露阳光”,这些观点都反映了把课外教育因素纳入课程体系研究的重要性。

在高等学校,有些教育工作者并没有把课外教育因素看做是学校课程体系必不可少的组成部分,没有把它与学校课程的完整性联系起来。

(四)有利于完整地研究课程体系与外界的信息交流

系统论认为,动态平衡是系统合理结构存在的条件。课程体系作为一个开放系统,是高等学校教育系统的子系统,必须随时与外界进行信息、能量、物质等的不断交换,它才能不断地正常运行和发展。

现代社会发展变化的速度明显加快。如果课程体系面对如此变化的环境无法作出良好反应,课程体系就会变得刻板、僵化,无法培养适应现代化社会需要的高层次人才。因此,高等学校必须建立开放、富有弹性的课程体系。这种体系具有跟随科技和社会发展变化及时进行自我调整、自我更新、自我发展的吐故纳新的自我调节机制,既打破消极保守的内部平衡,又使合理的结构在系统中保持相对稳定,形成一个动态有序的平衡机制。

(五)避免课程概念中许多不必要的重复与混淆

课程的“进程说”认为,课程是一定学科有目的、有计划的教学进程,不仅包括教学内容、教学时数和顺序安排,还包括规定学生必须具有的知识、能力、品德等的阶段性发展要求。这里,就可以把教育内容、教学时数和顺序安排纳入课程体系的课程要素中,而把“阶段性发展要求”纳入课程体系的目标要素中。

高等学校课程体系实质是提供给一个人让他如何去占领人类创造和积累的知识世界和选择文明方式的发展蓝图。高等学校通过以课程体系为主体的培养方案的实施,向每一个求学者提供一套学会生存与发展的知识、技能和素质体系。[①] 高等学校课程体系犹如大学针对社会的不同需要,向不同学科、专业及层次的学生提供的具有不同营养成分的“菜谱”,每一位学生都可以据此选择喜欢的菜单并品尝其“美味佳肴”,以“吸取”自己需要的适合现实和未来社会经济发展的知识。在人人都可以接受教育的社会,享受到自己所需要的教育,这是每个人都追求的理想。因此,高等学校课程体系是人才培养的总体蓝图,是大学生个体发展的指向。

三、课程体系的特征

在大学发展过程中,大学课程体系的特征也是不断地处于变化之中。但在变化之中,可以找出一些带有规律性和衍生功能的特征。[②]

(一) 课程体系的基础性与综合性

学科交叉与综合已成为科学发展的一个重要趋势。学科的交叉与综合往往是产生新概念、新定律、新理论、新科学问题、新技术手段的新科学的生长点,并且学科交叉与综合也是实现科学知识系统整合的主要方式。科学的突飞猛进,使许多旧有的学科边界变成了知识创新的沃土,大量交叉学科由此应运而生。由于客观世界的多样性和相关性,多门自然科学交叉,乃至自然科学与社会科学相互交叉的应用科学应运而生,例如量子化学、分子生物学、仿生学、能源科学、环境科学、材料科学、信息系统科学等。研究人类认识规律的认知科学和以研究复杂系统为主要对象的注重体现学科知识的基础性和综合性系统科学等,都是自然、社会和思维科学的交叉与综合。[③] 这些交叉学科的研究对象不再是某一个狭小的领域,而是涉及自然与社会的各方面的复杂系统。然而,许多复杂系统均遵循相同或相似的规律,人们可借助某些基础理论与方法进行分析与研究。如哈佛的核心课程体现了学科的基础性和综合性,斯坦福大学也开设了注重体现学科知识的基础性和综合性的人

---

① 胡弼成.高等学校课程体系现代化研究.厦门大学学位论文,2004:32.

② 蒋友梅.研究型大学本科课程体系构建研究.中南大学学位论文,2005:10.

③ 路甬祥.百年科技话创新.武汉:湖北教育出版社,2001:9.

文科学导论课程。

(二) 课程体系的系统性和功能性

课程的系统性即课程和科目的集合体,在集合体中,各科目相互联系、相互贯通。学生通过课程的学习,对某个科目有一个整体的把握,透彻理解一些普遍的原理,同时能够将这些原理运用到具体的事例中去,形成立体的知识结构,而不是只记得一些细枝末节。纽曼认为知识是相互关联的,每一种科学知识都有其特殊视角,而又是整体的一部分;各门学科知识或知识的各个部分都只是对宇宙局部的认识。因为人们常常只具有这种局部的认识,所以宇宙时常被人们片面地、不完全地加以理解。造成这种片面地、不完全理解的原因就是对知识缺乏系统的理解,只停留在一知半解的程度。正如怀特海所说,在众多的科目中选择一小部分进行教授,其结果是,学生被动地接受不连贯的思想,没有任何生命的火花闪烁。①

(三) 课程体系的探究性和实践性

怀特海指出,大学之所以存在,不在于其传授给学生知识,也不在于其提供给教师研究机会,而在于其在富于想像地探讨学问中把年轻人和老一辈人联合起来,在由积极的想像所产生的激动气氛中呈现知识。在这种气氛中,一件事就不再是一件事,而是被赋予了不可言状的潜力。② 在激动的气氛中探究知识,师生之间平等对话、友爱协商、自由建构,学生在教师的潜移默化中发明创造,那该是多么美妙的事情。

博耶本科教育委员会在研究型大学的本科教育中重申杜威曾强调的一点:学习是基于导师指导下的发现而不是信息的传递。要由那些既传递知识又发现、创造、应用知识的人来教学生,要将本科生从接受者转为探究者,每门课程都应给学生提供通过探索获得成功的机会。1969 年麻省理工学院创立的本科生研究机会计划(UROP),可以说是本科生科研的开端。③ 在美国

---

① [英]怀特海.教育的目的.北京:生活·读书·新知三联书店,2002:1.
② [美]约翰·S·布鲁贝克.高等教育哲学.杭州:浙江教育出版社,1987:7.
③ 杨鑫利.美国研究型大学本科生科研发展概述.高等教育研究,2004(4):105-109.

几乎所有的研究型大学都设立了各种研究计划，为本科生提供在教师指导下进行科研和创造性活动的机会。各大学纷纷仿效 MIT 的经验，设立专门的办公室对本科生科研活动进行管理与协调。如华盛顿大学在 1992 年，斯坦福大学在 1994 年，加州大学伯克利分校在 1997 年均设立了类似的机构。在课程设置中，许多大学开设本科生科研的导入讲座和更多的方法论课程，提高试验课的地位，如新生研讨课，基于课程的小组研究，基于问题的学习，基于探索的学习等。斯坦福的人文导读课由一组来自人文领域不同学科的导师主持，他们不是传授确定的知识，而是让学生接触不同甚至相互抵触的观点。通过灵活多样的项目课程来培养学生的实践能力。

（四）课程体系的发展性和动态性

科技的发展，要求课程的内容不仅具有一定的稳定性，而且要求课程的内容保持常新。高质量的课程体系有其独特功能，同时也有自身局限性。因此，一个良好的课程体系不应是封闭的、僵化的和一成不变的，而应是动态的，这正是课程永葆活力的一剂良方。大学作为新思想的发现者、倡导者、推动者，它的课程体系应能吐故纳新，使其在守陈与创新之间找到理想的平衡点，并为学术自由提供理想的空间。

大学的课程体系之所以具有动态性，这与大学教学与科研的结合有很大的关系。通过这种教学方式，教师和学生不断建构新的知识。课程体系的动态变化其实体现的是有序和无序的矛盾，就像伯顿·克拉克所认为的那样：也许，所有矛盾中最使人着迷的是这样一对矛盾，即无序的排列可以导致有序，而有序的排列又可以产生无序。[①] 在大学的教学过程中新知识的生成应该是一个无序的过程，教师是否真正做到了教学与科研的结合而彻底摆脱灌输式的教学，就是看学生是否经历了这个无序的过程，在这个无序的混沌状态中让学生见识不同的观点和多样的物质世界。学生可以在这种状态中迷惑、沉思，可以自由地表达自己的观点和想法，在无序中形成一种无形的推动力，想去探索、去研究，学生的思维最后才会在教师的指导下从无序走向有序。

---

① ［美］伯顿·R·克拉克. 高等教育系统——学术组织的跨国研究. 杭州：杭州大学出版社，1994：4.

第二节 高等教育课程结构

课程结构是课程体系的核心。课程结构是否合理，能否贯彻课程目标的意图，将影响课程目标的达成。依据现代系统论思想，课程结构是课程功能的基础，课程功能是课程结构的表现；课程体系的性质由课程的结构所决定。课程结构合理的程度直接影响着课程功能的大小。课程结构决定了课程功能的方向和水平。课程结构控制着课程功能的广度和深度，控制着课程的时间效应和情绪效应。如果课程结构很合理，那么课程的整体功能必然大于课程内部各部分功能的总和，反之亦然。

一、课程结构含义

课程结构是指“课程各部分的组织和配合，即探讨课程各组成部分如何有机地联系在一起的问题”。[①] 课程结构概念包括广义与狭义两种。

广义的课程结构是指“学校课程中各组成部分的组织、排列、配合的形式”。它要解决的是根据培养目标应开设哪些门类的课程及课程的编排，重点要考虑各种内容、各种类型、各种形态的课程的整体优化，它具体体现为教学计划。

狭义的课程结构是指一门课程中各组成部分的组织、排列、配合的形式，它要解决的是每门课程的教学目标、教学内容、教学组织及教学评价等方面的问题，它具体体现为教材（主要是指教学大纲和教科书）。

还有学者指出，课程结构是由课程的表层结构和深层结构组成的有机整体。其中，课程的表层结构是指一定学段课程的总体规划的结构，是由一系

---

① 施良方.课程理论——课程的基础、原理与问题.北京：教育科学出版社，1996：64，123.

列学科与若干活动项目组成的整体;课程的深层结构是指一定学段的教材结构,包括每种教材内部各要素、各成分的组合以及各类教材之间的整体组合。①

"课程体系,又称'课程结构',它是课程设置及其进程的总和。"

我国目前高等教育课程体系的结构模式包含两个方面的内容:②

一是"层次构成",即公共基础课、专业(技术)基础课、专业课、跨学科课程;

二是"形式构成",即必修课程、限定选修课程、任意选修课程。

在课程结构的研究中,研究者都站在自己的角度讨论课程结构或课程组织,课程结构有时与课程体系混用。

基于上述分析,课程结构可界定为:在一定课程价值观的指导下,学校课程体系中的各个构成要素、要素间的组织、排列形式及各要素间的配比关系。课程结构属于一种人为结构,是人们思想中占主导地位的价值观念在课程实践中的具体体现,是课程体系的主体部分。③

二、课程结构分类

课程结构可以从内容、形式、层次等方面进行分类。

(一)从知识性质划分的课程结构类型

1. 人文科学类课程

其功能是使学生对人的价值、精神以及与社会和自然的关系有一个相对准确、全面的基本认识。

2. 社会科学类课程

其功能是使学生对社会现象、问题及其复杂性有一个相对准确、全面的基本认识。

---

① 廖哲勋. 课程学. 武汉:华中师范大学出版社,1991:68.

② 杨树勋. 现代高等教育学. 北京:化学工业出版社,1999:97-98.

③ 胡弼成. 高等学校课程体系现代化研究. 厦门大学学位论文,2004:22.

3. 自然科学类课程

其功能是使学生对自然现象、问题及其复杂性、多样性有一个相对准确、全面的基本认识。

4. 工具技能类课程

其功能是使学生掌握、认识人、社会、自然的各种方法和具体工具，为培养终身学习能力奠定基础。

5. 专业课程

其功能是使学生对某一具体学科的基本理论、知识和技能有比较精深的了解和掌握。①

（二）从教学管理角度划分的课程结构类型

1. 必修类课程

其功能是使学生掌握一定的专业基础知识和技能，培养和发展学生的共性。

2. 选修类课程

其功能是满足学生的爱好、特长和兴趣，培养和发展学生的个性。

（三）从专业层次划分的课程结构类型

普通基础理论课、专业基础课和专业课这3类课程形成了3类课程结构类型：②

1. 基础宽厚型

这是把基础面广、根基深厚的一般教育引进大学，形成宽厚的一般教育基础以及与准专业教育并存的课程结构。

该课程结构以日本为代表，其功能是扩大学生知识视野，提高其教养水平。

2. 一基两叉型

这是在一定的基础课程后分流，向两个方面提高课程发展的课程结构。

---

① 杨志坚.中国本科教育培养目标研究.北京：高等教育出版社，2005：192.

② 徐小洲.高等教育论.北京：人民教育出版社，2003：273.

提高的课程有两种:一是选择 2 个学期的应用课程,考试合格者获得相当于高等专科学校的学士学位;二是选择 4 个学期的理论课程,考试合格者获得综合性大学的学士学位。

该课程结构以德国的"总合大学"(各类大学的联合形式)的完全课程结构为代表。

3. 专业纵深型

这是在一定的基础理论课的基础上,着重向专业方向发展,对口培养专业人才而设置的课程结构。普通基础理论课是整个课程的基础,其结构和基本内容比较稳定。

该课程结构以前苏联和中国高校的课程结构为代表。①

(四) 从时空形态划分的课程结构类型

具体分为宏观结构和微观结构,横向结构和纵向结构。

宏观结构所涉及的是不同学科门类课程之间的组织形态和同一门类不同课程之间的组织形态。

微观结构所涉及的是某一学科内部知识的组合问题,是概念、范畴、理论之间的关联性及知识点之间的组织形态。

横向结构是指课程之间在空间上的相互关联性。

纵向结构是指课程之间在时间维度上的相互关联性。

如果课程的横向结构是合理的,纵向结构也是合理的,那么,这个课程结构就是合理的,反之,就是不合理的。

(五) 课程形式结构分类

1. 哑铃形课程结构

高等学校课程结构调整从形式结构看,会出现哑铃形课程结构的趋势。哑铃形课程结构是指两头大,中间小。其整体功能是从素质教育的价值取向和复合性应用型人才培养目标出发,拓宽基础、淡化专业、发展个性,从而达

---

① 李少元. 教育结构学. 沈阳:辽宁教育出版社,1988:175.

到增强适应性、增强终身学习能力的根本目的。①

哑铃形课程结构一端的课程有必修性通识类课程。这些课程大都是原理性课程、综合性课程和整合性课程，也包括前沿性课程、交叉性课程等。其功能是为专业教育和在更高层次接受专业教育打下广博的知识基础。这类课程的比例在45%左右。

哑铃形课程结构腰部（中部）的课程主要是专业性必修课程。其功能是为学生掌握本专业最起码的专业理论、专业知识和专业技能，养成一种独特的专业素质，为学生将来的进一步学习和研究奠定专业基础，也为学生获得一技之长、进入社会能找到相应的工作提供必要的保障。这类课程的比例在15%左右，开设的课程门数一般在5～8门之间，所占学分有20学分左右。

哑铃形课程结构另一端的课程主要是选修性课程。如专题性课程、前沿性课程、综合性课程、交叉性课程、工具性课程、第二学位课程、辅修专业课程等。其功能是满足学生不同兴趣和个性发展需要，提供更多的知识和技能训练，让学生建立自己的知识技能结构。这类课程的比例在40%左右。

2. 课程形式的特殊结构

一些培养目标和任务有特色的，也有选择以下课程形式结构的：②

（1）梯形课程结构，其基础理论和基础知识宽厚，不强调尖端科学。

（2）菱形课程结构，其普通基础理论所占比例少，专业理论和专业知识较宽，追求尖端的高新科学技术。

（3）钝三角形课程结构，其普通基础理论和基础知识宽厚，也适当掌握尖端的高新科学技术，但不那么尖深。

（4）锐三角形课程结构，其着力追求艰深的科学理论和科学技术。

---

① 杨志坚.中国本科教育培养目标研究.北京：高等教育出版社，2005：194.

② 徐小洲.高等教育论.北京：人民教育出版社，2003：274.

第三节　高等教育课程体系改革的策略分析

21 世纪的中国高等教育质量和专门人才质量，在很大程度上取决于高等教育课程质量，尤其是取决于课程体系的改革与发展水平。因此，高校课程改革，首先应从课程体系改革入手。

一、课程体系改革要明确其目标和先进的价值理念

21 世纪是一个综合化的社会——科学与技术的综合，科学、技术与生产的综合；教育与科技的综合，教育、科技与生产的综合；知识的综合，能力的综合，素质的综合，直到社会各方面的综合。要培养具有综合素质和参与国际竞争能力的人才，课程体系改革就要面向世界水平，确定正确的目标和价值理念。

（一）大学新课程体系构建的基本目标

课程体系构建应该基于以下几个方面：①

（1）能促使学生在专业上提出自己的假设，并捍卫自己的观点；

（2）能促使学生独立思考和解决问题；

（3）能帮助学生理解旨趣不同的观点，并善于作出自己的选择；

（4）能促使学生依据已知的事例和经验发展自身的专业能力。

为达到上述目标，具体的课程体系建构必须解决好以下两个问题：

（1）在课程选择、设计、编制以及实施过程中，应始终注意如何促进思维的发展，即判断力、分析力、推理及批判质疑能力的发展。将思维的发展作为课程体系的一个独立单元对待，并加以特别安排。

---

① 折延东. 试论我国大学新课程体系构建. 江苏高教，2005(4)：55-56.

(2)在课程的结构布局上,应注意将理论的、应用的和技术的课程予以分层架构,序列化展开。大学是高深学问的研究场所,课程当然要具有学术理论性质,但课程也不可能不考虑实用。鉴于现代大学教育的多重使命,在构建课程体系时,应依据不同的结构层次来设定学术型课程、技术型课程以及实用型课程。

(二)课程体系的价值取向

1. 教育的和谐价值取向

和谐是21世纪的主旋律。这里的和谐既指社会的和谐,又指自然的和谐;既包括人与人之间的和谐,也包括人与社会和自然之间的和谐。因而和谐也就成为21世纪教育的主导价值观。[①] 这种教育价值观要求培养和谐发展的人,即这类人才既能体现社会发展的需求,又能体现人自身的发展与完善。

我国传统上比较注重教育的社会价值取向,由于这种倾斜,我国教育中的个人价值目标受到了忽视。因此,在21世纪实现和谐的价值取向时,首先应该是在实现人的价值目标的前提下,逐步协调人与社会的关系,最终实现人与社会、人与自然的和谐。

2. 教育的全球价值取向

传统工业社会只局限于某一个地区或某一个国家,教育目的和价值取向主要由以国家利益为核心的社会政治观所决定。由此所规定的培养目标、人才规格、培养模式、课程体系等都带有鲜明的国家印迹,即人才所适应和服务的对象就是自己的国家。

随着信息社会的到来,世界经济一体化、贸易全球化、教育国际化等发展趋势的加速,人类面临的不是一个国家和地区,而是整个地球,"地球村"将主导人类的价值取向。为此,世界各国都把培养世界性人才作为其主要目标。同时,由于现代科技、现代生产带来的负面后果,加上诸多社会原因,造成威胁人类的文明与进步。在此背景下,人们求助于教育,希望通过教育来解决

---

① 王根顺,李静. 21世纪初高等教育课程体系设计的主导思想和结构模式特点. 有色金属高教研究,1998(3):8.

“全球问题”,于是就产生了教育的全球价值取向思潮。教育全球价值取向的核心,就是培养面向世界、能解决全球问题的高质量人才,即国际化的人才。随之,有关国际化的学科、专业和课程便迅速发展起来。

3. 教育的混合价值取向

这一价值取向认为,课程体系的构建应谋求学生、社会与学科三者平衡且有机关联。传统的受工具理性支配的课程设计把学生、社会和学科两两之间割裂开来,最终使受教育者处于社会的游离状态。混合取向倡导用整体的视野处理学生与社会、学生与学科及学科与社会之间的本质上的联系,要求构建一种连续整合三者内核的课程体系,即建立融合性课程体系(对现有课程重组)。

(三) 借鉴和学习发达国家高校课程体系改革的成功经验

1. 发达国家高等学校课程改革的特点

美国高等学校课程改革的趋势主要表现在:

(1) 普通教育与专业教育并重;

(2) 科学教育与人文教育并举;

(3) 既注重基础知识教育,又注重对学生能力的培养;

(4) 高等教育课程趋向国际化。

英国高等学校课程改革的趋势主要表现在:课程设置基础化、综合化、选修化。

法国高校课程体系改革的显著特点是:基础化、选修化、实践化、职业化、综合化。

日本高校课程改革的动向表现为:个性化、综合化、信息化、国际化、灵活化。[①]

由此可见,国外高校课程体系改革主要呈现出以下的显著特点:

一是加强文理学科相互渗透与结合;

二是加强基础理论课程,重视学生综合素质的提高;

三是加速更新课程,构建多样化跨学科课程体系。

---

① 贺国庆,华筑信. 国外高等学校课程改革的动向和趋势. 石家庄:河北大学出版社,1999:163.

2. 国外发达国家高等学校课程改革的经验

(1) 高等教育应建立课程机制。建立课程机制的基础性工作是淡化专业,强化课程。

淡化专业是淡化教学主管机构对专业的控制,淡化专业对教育者、教育对象和教学活动及过程的束缚;淡化专业界限,拓宽专业口径,设置真正的大专业。

强化课程是指强化教育者对课程的主体地位,保证他们在完成既定教学工作之外,根据自己的特长开设新课程和根据大纲选择教学内容、方法和形式,强化教育对象对于课程的选择自由,强化课程的目标管理。

(2) 高等学校课程应以人的全面、充分和自由的发展为本位。为适应科学技术的迅猛发展和知识经济时代对人才的要求,应研究新时期人的全面发展的新的内涵,拓宽课程的专业适用口径,以提高学生对职业和社会生活的应变能力,构建多样化课程体系以促进学生个性的自由发展。

(3) 高校课程应强调弘扬人文精神和科学精神,即构建科学人文主义的高等教育课程体系,实现自然科学教育与社会科学教育、科学教育与人文教育的整合。

(4) 高校的课程体系应具有开放性,即课程的社会功能要进行不断的拓展,对生动而活泼的外部世界开放,并从现实世界中获得发展的动力和材料,课程应在各专业之间相互开放、相互融合,课程之间相互融合和整合,实现以课程、知识为中心向以人的全面发展为中心的转变。

(5) 课程体系应具有生产性。创新人才的重要思维特点是"生产性思维",即采用多种方式发现和抽取信息,并在各种观点、方法和技术的冲突和融合中导向创造性的发现和发明,应在课程设计和实施中摆脱传统的灌输现成概念、规律和结论的注入式教学模式,设计出重视"生产性思维"发展的课程内容和教学策略。①

① 谢安邦. 比较高等教育. 桂林:广西师范大学出版社,2002:183.

二、科学利用课程体系改革的影响因素

课程体系是人们在长期教育实践过程中依据社会要求、学科建设和人才培养逐渐形成的,在这一过程中有许多重要的影响因素,只有正确对待和利用这些因素,才能保证课程体系的质量和水平。

(一)社会经济发展

相对于课程体系而言,社会经济是多变的,而且随着时代不断变化。特别是信息和高科技在社会经济各个领域的渗透,使社会结构、产业结构、经济结构、市场结构发生巨变。例如,美国每隔几年就有数万个产业部门消失,同时产生数万个新兴产业部门。这种职业的不断变化,是社会化大生产和大科学时代的必然趋势,这种趋势在未来社会会不断加速。这种多变性,对人才的规格要求更加多类型化、多层次化,反映到课程体系上就是要求高校课程体系更加灵活化和多功能化,以利于社会对不同类型人才的需求。课程体系可以优化组合,可以依据社会需求和人才培养规格进行调整,但绝不能全部推倒重来。

(二)科学技术发展

随着科技的不断进步,高校课程从几门课发展到几千门,由单纯的课程门数,组成为学科体系、课程体系,从过去的分科课程向综合课程发展。当今的许多新兴课程、交叉课程、跨学科课程等都是科技发展的产物。可以说,没有现代科技发展,就没有现代自然课程,更难以形成庞杂的课程体系。新科技的不断出现,要求更新课程体系,增设新兴学科方面的课程,尽量缩小高校课程与科技发展之间的距离。但是,科技发展是无限的,引入课程体系的知识是有限的,而且新产生的科技理论和知识也不能马上就引入课程体系。任何一种科技知识在引入课程体系之前,都必须要经过一定时间的验证。一般而言,新理论从产生到形成学科到再引入课程体系,大约需要 8 年左右时间,其中基础课时间长一些,专业课时间短一些。因而,课程体系从整体来看永远落后于科技发展。

（三）知识的无限性

知识是无限的，但课程内容是有限的。大学4年时间是有限的，4年所学的课程内容也是有限的。科学知识步入课程体系的幅度既受一门课程内容限定的影响，又受整体课程教学时数的限制。解决知识与课程之间矛盾的出发点和归宿都应该是大学生。大学生是教学的主体，学校的一切工作都应该以大学生为中心而展开。大学生的成长是有规律的，大学课程的内容和质量，既要符合大学生的认识规律，又要能体现他们的原有知识基础。如果已经准备好的课程超出了他们智力可接受的最大限度和容量，那么会适得其反。大学生思维的逻辑性已占主导地位，所以系统性、理论性、抽象性的知识更符合他们的思维特征。大学生具有很强的自我学习和发现学习的能力，科学知识的基本概念、基本原理、基本结构最能体现这种学习能力。因而，以大学生的成长规律为依据安排课程，是解决知识的无限性与课程限定性矛盾的最佳途径。

三、构建合理课程结构的要求

（一）课程目标综合化

未来课程目标，既要体现社会变化需求，又要满足个体自我发展需要；既要保证课程的学术理论性，又要使课程保持广阔的应用性；既要反映学科专业性，又要体现灵活多样化。总之，课程目标已从单一型趋向于综合化，课程目标的综合化与学科综合化、知识结构综合化和人才素质综合化趋势是一致的。综合化对人才规格的要求，主要是通过课程目标来实现的。课程目标是社会需求、科技需求、专业需求和个体需求的中介和转换站。各种需求经过课程目标的综合，都将落到实处。综合化的课程目标，将是实现未来人才知识、能力、素质综合化的前提。①

---

① 王根顺，李静. 21世纪初高等教育课程体系设计的主导思想和结构模式特点. 有色金属高教研究，1998(3)：9.

（二）课程设置科学化

课程设置有其内在规律性，即设置什么课程，哪些课程是主干课程，哪些课程是基础课程，各类课程之间的课时分配与比例关系，等等，都不是随意的，有其内在联系。首先，所设置的课程必须具有科学性。科学性要求课程的知识体系、理论体系必须建立在科学研究基础之上，必须经过科学检验和实践验证，才能作为成熟的科学知识为课程所选择。有争议的思想和观点，不成熟的理论知识是不能引入课程的。这就是教材为什么允许有30%左右内容可以是重复的理论和实验的依据。其次，课程设置的科学化还表现在各门课程、各类课程之间的最佳组合上。开课顺序既不能自相矛盾，又不能相互颠倒。如果违反这些原则，就会打破课程联系的合理性，严重影响人才培养。

（三）课程结构灵活化

高校课程体系，由于结构不同，其功能也不一样，课程结构取决于培养目标和课程目标。高等学校课程结构调整从形式结构来看，会出现哑铃形课程结构的趋势。其优点在于：一是一端比重较大的通识类课程大都是原理性课程、综合性课程和整合性课程，也包括前沿性课程、交叉性课程等。其功能是为专业教育和在更高层次接受专业教育打下广博的知识基础。二是一端比重较大的选修课，有利于学生选择最有兴趣、最为需要的课程，从而提高了学习积极性和教学效果，既可满足学生自由选课的要求，又有利于依据社会需求、科技发展变化对课程的调整。三是有利于课程结构的不断调整、充实更新和最优化配置，形成整体功效，根据培养目标、社会需求、人才规格进行重新组合，所以具有很强的灵活性。

（四）课程功能多样化

课程结构的灵活化，必然产生课程功能的多样化。多样化是符合社会经济与科学技术发展和大学生自我完善、全面发展需要的。它是社会价值趋向多样化在课程上的反映。多样化趋势要求学校设置的课程要有特色、教材要有特点、教师要能尽可能多地开设新课程、学校要为多样化设置足够的课程，以供学生选择。在美国,不同类型的学校可以设置相同类型的课程,而相同专业不同学校的课程设置差别又很大。因此,课程功能的多样化在美国也得到了充分体现。但多样化是与学分制紧密结合在一起的。

四、高等教育课程体系改革的要求

(一) 加强基础性与综合性

知识的无限性,知识总量的激增,科学技术更新换代、日新月异,一个大学生要在4年时间内掌握本专业领域的现代科技知识是不可能的,只有掌握基础科学知识才能提高适应能力。

当代科学发展是在学科高度分化的基础上向综合化发展,自然科学与社会科学、人文科学之间相互渗透,科学方法的相互移植,现代社会发展问题的综合化,未来社会职业的经常转变性,都需要人们既要掌握扎实的专业基础知识,又要有较宽的综合性科技知识,以满足社会对复合型人才的需要。

(二) 强化实践性与职业性

实践课程是高校课程体系的重要组成部分。实践课程是培养学生动手能力、适应能力、科学实验方法和创新能力的最直接、最有效的手段,有着其他教学环节无法替代的作用。《中华人民共和国高等教育法》第一章第五条规定:“高等教育的任务是培养具有创新精神和实践能力的高级专门人才,发展科学技术文化,促进社会主义现代化建设。”这在法律上规定了高校人才培养目标是具有创新精神和实践能力的高级专门人才。实践课程体系本身相对完整,包括教学实验、认识实习、专业实习、课程设计、社会实践、毕业实习、毕业设计、科研训练等环节,各环节要相互联系,融为一体,与理论课程体系相对独立,相辅相成。在强化课程体系实践性的同时,还要强化课程体系的职业性。

在当代,社会职业结构发生了巨大变化,产生了大量应用高新技术或具有复合型特征的新的职业岗位。为适应劳动力市场的变化,高校的课程体系也在一定程度上逐步趋向职业化。课程体系的职业性具体要求为:要在课程内容上体现应用性、实践性和职业性特点,课程体系的内容要与当地产业经济特点相适应。

(三) 加大开放性与国际性

课程体系的开放性是由科学技术进步与高等教育存在互动关系而决定的合理要求。课程是随着时代的发展而发展的,不同的历史时期、不同的社会形态所处的不同的现实有其相应的课程设置,课程体系永远处于开放状态中。

课程的国际性要求通过人员互派的访学或讲学、项目研究和进行国际学术交流等,使教师队伍趋于国际化。同时,要使教育理念和课程体系朝着国际化方向发展;通过国际互联网直接选择国际课程学习,实现共享国际名校名师的教学资源;课程制度在国际上的通用,如不同国家的大学相互承认课程而确立的学分互换制度,与国际接轨的高等教育质量评估制度,等等。

(四) 课程内容的实质性和有效性

课程实质性内容的选择,要看影响课程目标达成的核心因素。例如:能否达成的个人素养,包括个性(乐观、自尊、风度等)、认知(思维能力,科学态度等);能否形成的社会素养,包括政治素养(民主思想、公民意识等)、经济素养(贸易、投资、金融等)、文化素养等;能否取得的专业素养,包括专业技能、专业知识、专业精神等。

根据现代课程论,组织课程内容需注重两个基本点:第一,选择的系统知识以能否对学生的行为结果产生实质性影响为准,而不是以往的以反应知识形式和学科结构为准。第二,纳入课程组织内部的知识以"有效"为准,而不是以往的以"有用"为准。所谓有效知识,是指那些表面看来无实际用处,可就学生的长远发展看,却极有帮助的知识,如新的观点、独特的判断、质疑的方法等。所谓有用知识,是指具有实用价值的知识。知识论研究结果表明,有效的知识,常常以无用的形式出现,而有用的知识,通常不一定是有效知识。在教育中,更具有教育性质的是有效知识,而不是有用知识。

第九章

高等教育课程的分类

高校课程是高等学校有目的、有计划地向学生传播知识、经验的总体。课程分类，即通过搜集或分析一个专业系列课程的课时、专业重要性、内容、地位、专业难度、复杂性、授课对象、方式等要素，按一定的方式和方法加以区分，以达到区别对待、科学管理的要求。

第一节　课程分类的理论

由于大学教育的时间和人们接受知识的能力都是有限的,最终能够成为大学课程的只能是人类精神财富中的一部分。因此,人们就必须根据一定的需要来进行选择,并分类实施。教育价值趋向不同,对课程的分类也不同,因而形成了不同的课程分类理论。

一、学科中心课程分类理论

学科中心课程分类理论,是历史悠久的课程理论。它主张各门学科并列编排,学科体系的逻辑性较强,便于传授文化遗产和科学技术成果。学科中心课程分类以学生获取一定数量的知识和技能为课程体系目标。在课程体系内容的传递上宜采用学生背诵和教师灌输的方式。如我国古代的"六艺"和古希腊罗马的"七艺"的分类。

德国教育家赫尔巴特把发展人的"多方面兴趣"看做是一种基本教学任务,围绕培养6种兴趣而设置相应的课程类型:

第一,经验的兴趣,设自然、物理、化学、地理等学科;

第二,思辩的兴趣,设数学、逻辑学、文法等学科;

第三,审美的兴趣,设图画、音乐、文学等学科;

第四,同情的兴趣,设本国语、外国语等;

第五,社会的兴趣,设公民、历史、政治、法律等学科;

第六,宗教的兴趣,设神学等。

这种分类是为了教学的需要而把某一门科学的内容加以适当地精选、合理地组织安排,使之适合学生身心发展的水平和某一级学校教育的培养目标及教学的规律。它关心的是传递系统的知识。从认识论来看,它与近代知识结构特别是知识增长方式有着密切的关系，是受学科分化和专业训练观念的影响。这种“知识为本”的课程分类的合理性已基本丧失。

二、学生中心课程分类理论

学生中心课程就是围绕着学生个人的需要和兴趣组织课程体系，而不是按学科内容进行施教。它认为，传统的学科中心课程体系内容狭隘、枯燥，排斥学生的兴趣和动机，而且分类过细，偏重系统知识，脱离现实生活。

杜威是学生中心课程论的主要代表。杜威认为，教育不是为未来的生活做准备，“教育就是生活”，“教育就是生产”，“教育就是经验的不断改造”，“学校就是社会”，“教育是一个社会过程”。他提出活动课程体系，并提出以下 4 类动机：

第一，社会动机，即同其他儿童进行群体活动的欲望；

第二，建设动机，即建造东西和加工原料的欲望；

第三，探索动机，即好奇的倾向和实验的欲望；

第四，表演动机，即爱好创作和欣赏各种艺术的愿望等，对课程进行分类。

由于这种课程重视学习者的兴趣、动机和主体作用，课程编制具有较大的灵活性，曾盛行一时。然而，以这种理论构建的课程体系，往往容易脱离具体的社会条件和发展水平，谈不上也实现不了个人全面、充分的发展，最终逐渐走向低落。

三、社会中心课程分类理论

社会中心课程论强调以社会问题为取向。这种课程理论主张，设计课程的依据是通过对社会问题的分析而确定的教育目标。它赞同打破传统的学科课程的界限，以社会现实问题作为课程设计的核心。

社会中心课程结构论是由美国现代教育哲学家布拉海尔德（T. Brameld）等人提出的。社会中心课程结构论认为，人类社会的基本活动，是决定课程体系的内容范围和教材的逻辑顺序的主线。这些社会基本活动包括：保卫人类生存,保护物质资源,生产、分配和消费,运输和交通,社会组织和管理,科学创造和发展,家庭建立和子女教育,审美和娱乐活动,创新工具和技术等。按人类基本活动来组织课程体系,既可避免学科本身距离实际生活过于遥远,又可对学生的兴趣和动机给予必要的引导。

由于社会中心课程体系必须按照正在发生变化的社会的实质来设计,对学生身心的全面发展和知识的固有体系往往注意不够。这种所谓的"社会中心论",实质上只是狭隘的、近视的、只顾眼前不顾未来的急功近利的实用主义。

四、学问中心课程分类理论

"学问中心课程"可理解为"用一定方法组织起来的适于教授的有益于学习的知识"。布鲁纳认为科学知识的学问化、结构化和专门化是学问中心课程结构的主要特征。布鲁纳根据结构主义心理学的理论,在《教育过程》、《教学理论探讨》、《教育的适合性》等论著中,阐述了以"知识结构论"、"学科结构论"、"教材结构论"为核心思想的课程结构理论。他认为,只要抓住了学科结构,就可以使学生很好地理解学科。

对"学问结构"的理解、对"基本内容"的理解等都含糊不清,这不利于课程体系的编制。因此,对学问中心课程结构论的指责声越来越多,甚至被说成是复活学科中心课程结构论,是新的"科学主义"课程论。

五、"以人为中心"的课程分类理论

世界各国的教育家们普遍认识到,要培养高素质的人才,就必须把知识、智力与个性结合起来,使其达到和谐统一。"以人为中心"的课程分类理论目标指向个体的全面发展和自我实现,它不仅强调发展智力,而且重视伦理、审美和道德人格的发展;其教学内容除包括逻辑性地传授系统知识的学术课程,还将社会课题和个人课题纳入其中;其组织结构强调学科的综合性和整体结构;其教学方法强调师生之间的人际关系和谐与相互依赖,主张把学习者的意志、兴趣、经验和情感等放在重要位置,摒弃教师的强制教学。

福谢在《70年代的课程》中，把人的全部能力领域分为理智、情绪、社会、身体、审美和灵性等6个方面。围绕这6个方面的能力，福谢把课程分为"课程1、课程2、课程3"三类并行课程。①

"课程1"为正规的学术课程和有计划的课外活动。福谢认为，人的培养离不开科学知识，学生要掌握学科的基本概念，人们通过学术性课程和有计划的课外活动，可获得认识世界的科学思维方法。

"课程2"为社会实验课程。这些课程以战争与和平、种族歧视、人际关系、经济贫困、人口增长和环境污染等现实问题为题材。与学术课程相反，这些课程是为了激起学生关心现实问题的兴趣，不强调记忆现实的知识，而强调探究、比较、阐释和综合的思维过程。

"课程3"为"自我觉醒和自我发展的课程"，不同于"课程1"和"课程2"，"课程3"主要涉及个人方面的问题，帮助学生人格成长及其自律性的确立。从人本主义课程体系的目标看，"课程3"处于并列课程的核心地位，并要保证有充足的时间。

第二节 高校常规的课程分类分析

课程类型的划分应如实地覆盖现代课程的范围，既不能任意缩小，也不可随意扩大。在此前提下，课程结构与课程功能对课程本质具有决定性作用，课程目标、课程内容和学习活动方式的差别对课程类型的划分具有极重要的作用。课程表层构成的差别如课程结构的宏观层次等，这些因素也是划分课程类型的重要根据。

① 胡弼成. 高等学校课程体系现代化研究. 厦门大学学位论文，2004：102.

一、高校常规的课程分类

高校通常的课程分类有以下几种:

(1) 按教育目标可分为德育课程、智育课程、体育课程、美育课程等;

(2) 按照学科种类可分为自然学科课程、社会学科课程、思维学科课程、艺术学科课程等;

(3) 按照学科功能可分为基础课程、专业基础课程、专业课程等;

(4) 按照学习要求可分为必修课程、选修课程等。

课程各部分相互联系、彼此交叉,不能截然划分。

上述分类的下面还有以下亚分类:

1. 基础课程、专业课程与跨学科课程

(1) 基础课程是指高校中某一专业教学计划中所规定的基础理论、基本知识与基本技能的课程,其作用是为培养学生掌握专业知识、学习科学技术、掌握发展规律的能力打下宽厚的理论基础。它包括公共基础课程和专业基础课程,基础课程一般为必修课程。

(2) 专业课程与基础课程相对,指围绕定向培养目标所修习的专业知识与专门技能的课程。全部专业课程构成专业理论与技术的体系,是专业教育计划的中心组成部分,是根据国家对某种专门人才的业务要求而设置的,旨在使学生掌握必要的专业知识和技能,了解本专业范围内最新的发展成就和趋势。

(3) 跨学科课程是建立在其他课程学习基础之上,以促进学生在高度专业化基础上的高度综合化,不至于使学生学习专业课程以后株守一隅,而能拓宽专业、横跨学科,融会贯通。

2. 理论课程与实践课程

(1) 理论课程侧重于对基本理论、原理、规律等理论知识的传授,多通过课堂教学来实现。理论课程具有抽象性特质,易于培养学生的抽象思维能力。

(2) 实践课程,就是通过实验、实习等一系列实践环节的教学巩固学生所学的理论知识,利用理论知识来解决生产实际问题的相关课程。从实践课程的范围看，主要包括实验、实习、社会实践、课程设计、毕业设计（论文）科学研究等。实践课程侧重于对理论知识的验证、强化和拓展，具有较强的直观性和操作性，旨在培养、训练学生的动手能力和创新能力，也是当前教学改革需要着力加强的方面。

3. 必修课程与选修课程

科学技术的日新月异，不断向高校教学内容提出更新的要求，然而课程内容总要有一个相对稳定性，因此将课程分为必修与选修就可以解决这一矛盾。

（1）必修课程是指教学计划中学生必须学习的课程，必修课程保证了高校所要培养人才的基本规格和质量。

（2）选修课程主要指学生可以有选择地学习的课程，其目的是为了因材施教，发挥学生的专长和兴趣，有利于学生扩大知识面，拓展学生的专业面向。选修课程可分为限制选修课程和任意选修课程，当前教学改革的主要趋势是适当增加选修课程比例。

4. 显性课程与隐性课程

（1）显性课程就是在课程和教材中明确陈述的，并要在考试、测验中考核的教学内容和教育教学目标。教学计划中的各类学科课程、活动课程的性质、作用及其在人才培养中的地位，各自所占的比例，等等，均属显性课程的研究范畴。

（2）隐性课程又称为潜在课程，是指学校教育环境（包括物质的、文化的和社会关系结构的）有意或无意地传递给学生的非公开性教育经验（包括学术的和非学术的）。隐性课程的突出特点在于其隐蔽性，它不在教学计划中反映，不是通过正式的课程和教学来实施，而是通过诸如校貌、校舍建筑、设备、校园文化、教室布置、校风、校纪、校训及师生关系、同学关系等对学生的身心发展产生潜移默化的影响，从而促进或干扰教育目标的实现。

二、高校常规的课程分类分析

高校常规课程类型如基础课、专业基础课、专业课 3 个层次，这种划分的基本思路是：基础课是一种“面”的准备，专业课是一种“点”的深入，专业基础课则是一种由“面”到“点”的中介。这就在总体上构成了专业知识和专业能力由外围向其内核层层深入的课程结构。这种划分的合理性在于它充分顾及了各门课程之间的有机联系,从而体现出这样一种教学思想,即专业能力的形成是各门课程学习的“合力”的结果。但由于这种划分依据是某一课程在整个课程群中的作用,课程与课程之间主要表现为一种条件关系,课程的具体特点在这一层次上并未显示出来,课程的教学目的更是被这种笼统的“点面关系”所掩盖,因而这样的划分对于教学的具体操作来说,明显地缺乏实际的、明确的规范作用。从内容来分类可使课程在教学目的、教学原则、教学方法和教学评估标准上更加具体化、多样化。

(一) 课程内容与课程分类

任何一种类型的课程,都有自己的特性。粗线条的划分很难与教学目的及教学的具体操作发生直接关系。例如,说“某门课是一门基础课”时,仅能由此推知这门课与其他课程的关系,它的基本特点及基本教学目的却无从确定;但当确认“某门课是一门理论课”时,就为它规定了一个教学重心,其基本的教学目的似乎呼之欲出,并且,它的教学原则、教学方法和教学评估标准也有了大致的范围。这说明,划分结果是否到位,不仅关系着对教学活动的深入认识,也关系着教学上的操作是否便利。

课程类型细分的结果,实际上已在某种程度上为这些课程确定了相应的位置。“定位”越具体,教学目标、教学原则、教学方法、教学评估标准也就越有针对性。课程内容与其教学目的在有的课程中并不是统一的。课程“定位”的依据,究竟是课程的内容呢,还是课程的教学目的?这里,探讨的“课程”,指的是狭义的课程,即教学的科目或学科;所探讨的“目的”是指某一课程的教学任务(主要是内容传授)完成后所应达到的预定结果,它有别于宏观意义上的专业培养目标,但又与专业培养目标有关。这样,课程与专业培养目标,课程与其教学目的之间就构成了下述关系:

(1) 实现一定的专业培养目标,总要事先选定相应的课程,这种“选定”虽然包括了根据专业培养目标对课程内容进行的酌情增减,但却无论如何不能改变课程(表现为学科)的基本框架、基本要素和内容特点,相反,课程内容的掌握程度却直接影响着专业培养目标实现的程度。

(2) 课程的教学目的是围绕课程内容制定的,没有课程的内容,课程的教学目的就无从去确定。如果撇开具体的课程内容去制定其教学目的,那么这个“目的”必然是不具体的,是缺乏针对性的。因此,根据专业培养目标或课程教学目的来为课程“定位”均缺乏充足的理由。

课程的内容是否可以作为课程“定位”的直接依据呢?回答应该是肯定的。其理由如下:

(1) 课程内容是教学过程得以展开的现实基础,即教学过程中所必须传授和掌握的知识、技能、技巧,以此作为“定位”的依据,可以更加明确地提出教学任务。

(2) 课程内容是教学主导者(教师)和教学主体(学生)实现“授受”沟通的媒介,是师生共同指向的客体。它在很大程度上决定着一门课究竟对谁教、怎样教和如何学,以此作为“定位”的依据,便于寻找到更具针对性的教学方法。

(二) 课程内容特点与课程分类标准

根据课程内容为课程“定位”,还必须提出具体的标准,这些标准应该从这一类课程的共性中去确定,这种共性也只能从课程的内容特点中去寻找。

(1) 理论课内容特点的共性是:它是由概念、范畴、命题、推理构成的相对完整、固定的体系,内容抽象,思辩性强;理性材料占绝大部分比例;内容的习得主要靠理性思维。

(2) 知识课内容特点的共性是:经验材料和事实材料占主要部分;内容具体,内容之间的联系并不十分依赖于逻辑推导;内容的组合有一定的随意性,但类别清晰;内容的习得主要靠记忆。

(3) 技能课内容特点的共性是:内容以操作方法、操作技巧为主,程序性较强,内容的习得虽然离不开一定的知识或理论作背景,但主要依赖于反复的训练和练习,并且有些技能的训练很大程度上依赖于设备或工具。

上述课程内容特点的共性还可以概括为:知识课在于告诉人“是什么”,理论在于告诉人“为什么”,技能课在于告诉人“怎样做”。把握了这些共性,便不难确定一门课程究竟属于理论课还是知识课或技能课。这样,相应的教学目的(或掌握理论,或习得知识,或训练技能)也就确定下来了。在此基础上,便可以确定相应的基本教学方法和基本评估标准。[①]

第三节　高校课程分类的多维视角

随着对课程实施重要地位和作用的认识日益加深,以课程论和学习理论的基本原理为依据进行课程设计,形成了各种各样的课程类型。

一、在课程形态维度上的分类

在课程形态的维度上,课程"依次形成了原始课程、艺术课程、学科课程和经验课程4种形态"。[②]

(1) 原始课程。

它是人类社会初期,当人们认识世界所积累的知识还处在混沌状态时的一种课程表现形式。课程的实施主要是通过长辈向晚辈传授生产、生活的经验来进行。

(2) 艺术课程。

它是人类逐渐进入文明时代以后追求精神生活的一种教育价值的体现。它对知识的组织已经倾向于系统化和组织化。

(3) 学科课程。

它是历史进步到一定阶段的产物,人类探究世界的视野逐渐切入到自然界、社会以及自我意识的深层结构,试图运用分析的、演绎的方法,把自然界、社会和主观世界分解成不同的部分,然后通过探析知识的不同组成部分达到认识世界的目的。

---

① 林燕,孟建伟.大学课程类型的细分及课程定位.陕西大学师范学院学报,1997(2):57-58.

② 黄甫全.新中国课程研究的回顾与展望.教育研究,1999:12,24.

（4）经验课程。

它又称活动课程。它建立在实用主义哲学下的一种课程形态，强调活动与经验在学生的知识形成中的关键作用，对学科课程是一种历史性的超越。

二、在知识组织形式维度上的分类

在知识的组织形式上，有综合课程与分科课程两类说法，这也是一种比较典型的二分法思维分类。

（1）综合课程。

综合课程是指运用两种或两种以上学科的知识观和方法论来考察与探究世界知识的课程。综合课程意味着包含源于两种或两种以上学科的课程要素，并将这些课程要素以某种方式跟一个主题、问题或源于真实世界的情境联系起来。

（2）分科课程。

分科课程是一种单学科的知识组织模式，它强调不同学科门类之间的相对独立性，强调一门学科逻辑体系的完整性。

分科课程与学科课程两者属于不同的分类层面，应该划入不同的范畴。综合课程与分科课程的知识组织形式之间，既存在差别，又有内在的必然联系。

综合课程是在当今世界知识急剧更新、学科门类与交叉学科不断增多、学科知识不断分化后的一个必然结果，同时是人们解决世界出现的诸多新问题、认识新现象的自然产物。综合课程与分科课程是相互依赖、相互作用、功能互补的两种课程。

三、在课程开发理念维度上的分类

课程开发的理念大致经历了以社会为本位的、以学生（或个人）为本位的和以学校为本位的课程开发理念的 3 种方式。因此，从这个维度来看，课程又可分为社会本位课程、个人本位课程和学校本位课程 3 种形式。

（1）社会本位课程。

它是以解决社会生活问题为课程价值取向的开发理念，学校在选择与制定课程目标与标准时强调社会利益的至高性，个人的发展应服从于社会秩序与社会发展。

（2）个人本位课程。

它是以学生或个人的发展为基本课程价值取向的开发理念，学校在开发课程时突出个体的经验性与个体发展的合法性，强调只有在个人的发展基础上，社会利益才可以得以维系。

（3）学校本位课程。

它实质上是社会本位课程与个人本位课程开发理念相互妥协的产物，指的是学校在代表社会和个人的利益的基础上开发的课程。

四、在课程思潮维度上的分类

不同的课程思潮体现了不同历史与文化背景下的课程价值观，它深刻影响着课程改革与发展的基本取向。

当代课程思潮大致存在以下几种基本类型：政治课程、种族课程、性别课程、现象学课程、后现代课程、传记性课程、美学课程、神学课程、生态学课程以及全球化课程等。[①] 课程思潮在某种程度上约束着课程改革的基本理念与发展方向。

当今的课程研究已经淡化了概念化对课程开发的影响，使课程开发不再局限于程式上的论争，而是将课程置于更广阔的社会政治、经济、文化、种族以及环境等背景上来理解。从课程思潮的维度对课程进行分类，主要反映了不同课程的哲学理论基础以及课程开发的指导思想，其作用主要体现在课程改革与发展的宏观指导意义上，与各种中观层面或微观层面的课程概念存在本质上的区别。

---

① 熊和平. 课程的分类. 辽宁教育研究，2002(12)：53.

五、从学习理论的角度出发的分类

(一) 以刺激—反应学习理论为依据的课程类型

刺激—反应学习理论包括所有的强化和条件作用理论,其基本单位是"条件反射"。该理论认为学习过程就是形成习惯的过程,也就是刺激与反应之间牢固连接起来的过程。

刺激—反应学习理论给予无意识学习以高度重视,注意运用各种手段为这种学习的形成创造条件,并对其进行控制和掌握,使其向着预定的目标发展。行为主义课程和教育技术课程就是以这种学习理论的原理为依据的课程类型。

1. 行为主义课程

行为主义课程的中心原则是对学生进行条件反射的训练,根据行为科学的原理设计教学的顺序。

为了对学生的行为给以纠正,改变不良的行为习惯,就要对所希望发生的行为不断进行强化,而对所反对的行为进行批评,给以否定意义的强化。在传授知识时,学生通过练习及运用,强化所学的知识,通过反复的练习和实践来进行学习。

2. 教育技术课程

教育技术课程认为系统和产品是可以复制的,在重复的情况下,可以获得同样的结果,而系统本身也是可输出的,适用于许多情境。

教育技术课程认为教师是学习环境的设计者和规划者。在特定的环境下,对于学生,教师担负着重要的塑造职能。而且,在很大程度上,学习是由各种机器或工具来掌握与控制的,学习者行为的塑造还要依靠其本人对现代化的科学技术设备的掌握与运用。

(二) 以自我知觉学习理论为依据的课程类型

1. 人本主义课程

自我知觉学习理论的中心是自我观念。

自我观念和个人意图是自我知觉学习理论的基本单位。它强调学习者个人的观点及学习的独特方式,重视过程,而不重视结果。以这种学习理论为依据的课程是人本主义课程。

人本主义课程观运用自我知觉的学习理论,注重学习者情感与体魄的健康,以及理智能力的发展,认为课程的功能在于为每一个学习者提供有助于个人自由和发展的,有内在的个人自我激励的经验。“自我实现的人”这一理想是人本主义课程的核心。在这一目的的指导下,人本主义课程允许自由表达、自行其事、做实验,也允许犯错误,并从中获得反馈,以发现自己是什么样的人。

2. 社会改造主义课程

社会改造主义课程把学校作为改造社会的武器,教育要寻求去除社会弊病的方法。

社会改造主义者反对用课程去帮助学生适应现存社会。他们把课程看做是培养批判性的不满精神,用影响社会变革所需要的技能武装学生的工具。课程编制者则把国家发展的目的同学生发展的目的联系起来,找到解决大家普遍关心的社会问题的办法。

社会改造主义课程要求各门学科领域都反映社会进行政治改革、经济改革的目标。

(三) 以再认学习理论为基础的课程类型

再认学习理论超越了逻辑、模式和体系的范畴,而指向直接学习。再认学习理论认为物质是不可否认地存在着的,认识或洞察力只能来自相对而言的非自我世界。

这种理论认为学习并不局限于获得知识,还要通过音乐、美术、沉思和自然界来获得启发。[①]

1. 解放课程

解放课程主旨是使学生的各方面潜能获得最大限度的发展,以认识学习作为主要学习方式,强调通过教师与学生的对话使学生的能力获得解放的重

---

① 张迎. 以学习理论为基础的西方课程分类. 外国教育研究,1995(3):11-14.

要性。

教师与学生在他们直觉的洞察力指导下，对所提出的意图和德性提出质疑，通过对自己以及对世界解释的批判性的质疑过程来发展课程，确信一个更好的社会将会通过主持社会公道和解放而获得。

2. 超越个人主义的课程

超越个人主义的课程强调希望、创造性意识、建设性的疑问以及信仰的支配作用，并重视向往、尊敬和崇拜的态度等几种倾向性。

学习者承认这种倾向性，接受一种对其他文化和其他社会集体以及自然的可接受的态度。课程所需要的是一种自由的环境。它应建立在开放和整体的基础之上。

教学与学习是超越不同的一种对话。这种超越不同是通过体会别人的思想与情感来认识自己而得以实现的。

（四）以社会学习理论为基础的课程类型

社会学习理论是阐明人如何在社会环境中进行学习，从而形成和发展其人格特征的一种学习理论。

社会环境特指由人提供的功能性刺激，社会学习就是对这种刺激作出反应的过程。

这种学习理论认为学习的过程在本质上是社会性的。

1. 社会适应课程

社会适应课程倾向于按照学习者以社会生存为准则确定学习者的学习方向。这种课程认为教育的目的就是帮助儿童为成年的生活作准备。因而，它重视职业技术教育，强调工作能力的获得和为初等教育后的职业技术教育作准备，而不重视普通教育。

这种课程论认为教育的中心在于发展人的力量，培养存在的价值和加强对政治、经济以及社会问题的理解和应付能力。课程设计必须承认学校之所以存在就在于满足社会的需要，并与这种社会需要相适应。这种课程强调数学、自然科学、语言及社会科学的学习。

2. 学术性学科课程

学术性学科课程认为教育就是向年轻人传递人类文化遗产，使其适应现代社会传统,并通过向年轻人传递普遍的文化遗产来为社会服务。

学术性学科主义者认为课程必须通过合适的方法,向年轻人解释并传递人类文化遗产。

因为并不是所有的文化遗产、历史经验和过去的每一种发明都能传递给每一个社会成员,所以进行一定的选择是必要的。学术性学科课程对于学生所应掌握的最有价值的知识是通过学科来组织的,如设置自然科学、人类学和社会科学等学科。

第十章

高等教育课程资源开发

课程资源是课程目标实现及课程实施的基础和保障。对课程资源的认识,不但直接制约着其开发、利用的程度和质量,而且直接影响着教育系统的正常运作。课程资源的丰富性和适应程度决定着课程目标的实现范围和水平。课程实施的范围和水平取决于课程资源的丰富程度和开发运用水平。课程资源的开发和利用对转变课程的功能和学习方式具有重要的意义。

第一节 高等教育课程资源

对课程资源的态度和看法直接影响人们认识和开发课程资源的积极性，也影响课程资源开发的程度和效果。课程资源观对教师开发课程资源起着导向、维持和监督作用，成了影响课程资源有效开发与利用的关键因素。对于课程资源，课程界的研究有了比较类似的认识，说明了对课程资源认识的深度和广度，也体现着课程资源有丰富性和多样性。

一、高等教育课程资源的定义

(一) 资源的含义

《现代汉语词典》中的“资源”是指“生产资料和生活资料的自然来源”。《世界图书词典》中，“资源”是指“供满足需要的”东西或“储藏以备需要时提取”的东西。在汉语习惯意义上讲，“资源”包含有两个方面的意义：

第一方面是指事物的来源，如平时所说的矿产资源等，是指生产所应具有的必备物质。

第二方面是指一种事物对另一些事物是不可缺少的，是满足其他事物必需的条件。

现在，“资源”一词的内涵已拓宽到其他领域，如“物力资源”、“人力资源”、“智力资源”、“信息资源”、“技术资源”、“课程资源”、“生态资源”、“信息资源”等。

(二) 高等教育课程资源的含义

高等教育课程资源是指供给高校课程活动而满足高校课程活动需要的

一切。它包括构成高等学校在课程目标、课程内容上的来源和保障课程活动的设备和材料，即所谓的"素材性课程资源和条件性课程资源"。课程资源不是指向课程活动的本身，而是指向构成课程活动所需要的一切素材和条件。高校课程资源是课程资源的一个部分。

对课程资源的界定主要是从课程目标、教育目的、课程实施、教学活动等角度，以实现课程目标或计划的需要为出发点，去寻求满足它的资源。

（1）课程资源是"形成课程因素来源与必要而直接的实施条件"，[①]是课程设计、实施、评价等整个课程编制过程中可资利用的一切人力、物力以及自然资源的总和，[②]包括教材以及学校、家庭、社会中所有有助于提高学生素质的各种资源。

（2）课程资源既是知识、信息和经验的载体，也是课程实施的媒介；"是富有教育价值的，能够转化为学校课程或服务于学校课程的各种条件的总和"。[③]

（3）课程资源"是指可能进入课程活动，直接成为课程活动内容或支持课程活动进行的物质和非物质的一切"；"指在课程实施过程中对学生进行学校教育的一切素材"；[④]"指广泛蕴藏于学生生活、学校、社会、自然中的所有有利于课程实施，有利于达到课程标准和实现教育目的的教育资源"。[⑤]

（4）课程资源的概念有广义和狭义之分。广义的课程资源指有利于实现课程和教学目标的各种要素，狭义的课程资源仅指形成课程与教学的直接因素来源。[⑥]

① 吴刚平.课程资源的开发与利用.全球教育展望，2001(8)：24-30.

② 徐继存，段兆兵，陈琼.论课程资源的开发利用.学科教育，2002(2)：1-5.

③ 范蔚.实施综合实践活动对课程资源的开发利用.教育科学研究，2002(3)：32-34.

④ 范兆雄.课程资源系统分析.西北师范大学学报：社会科学版，2002(31)：101-105.

⑤ 褚惠玲.重视课程资源的开发和利用.中小学管理，2001(3)：10-11.

⑥ 吴刚平.课程资源的理论构想.教育研究，2001(9)：59.

二、高等教育课程资源的分类

(一) 根据来源划分

1. 校内课程资源

它主要包括大学校内的各种设施和场所,如图书馆、实验室、体育馆等条件性资源;还包括教师、学生、校纪校风、校容校貌等,以及与教育教学密切相关的各种活动,如座谈讨论、文艺演出、社团活动、体育比赛等。校内课程资源是实现课程目标,促进学生全面发展的最基本、最便利的资源。

2. 校外课程资源

它主要包括家庭、社区以及整个社会中各种可用于教育教学活动的设施和条件。其中社区的图书馆、科技馆、博物馆、纪念馆、气象台、农村和部队以及科研所等都是宝贵的课程资源,学生家长与学生家庭的图书、报刊、电脑、学习工具等也是不可忽视的课程资源,丰富的自然资源也是开发与利用的重要课程资源。

3. 网络化课程资源

它主要包括多媒体化、网络化、交互化的以网络技术为载体开发的校内外课程资源。以计算机网络为代表的信息化课程资源具有信息容量大以及智能化、虚拟化、网络化等的特点,对于延伸感官、扩大教育教学规模和提高教育教学效果有着重要的作用,是其他课程资源无法替代的。

(二) 根据性质划分

1. 自然课程资源

我国幅员辽阔,山川秀美,物产丰富,可以开发与利用的自然课程资源极为丰富,如用于生物课程的动植物、微生物,用于地质、地理课程的地形、地貌和地势,用于气象课程的天气、气候、季节,用于艺术课程的自然景观,用于生态课程的生物链、生物田等。认识自然,融入自然,与自然和谐共处,是学生素质养成的重要内容,也是课程编制过程中应体现的重要理念。

2. 社会课程资源

我国社会课程资源十分丰富：保存与展示人类文明成果的图书馆、博物馆、展览馆等是重要的课程资源，道路的线条美、雕塑的造型美、音乐的节奏美等均可以成为陶冶学生情操的课程资源，人类活动的交往如政治经济活动、军事活动、外交活动、科技活动等也可以成为课程资源，影响人类社会生产生活的价值观念、宗教伦理、风俗习惯等也是不可或缺的课程资源。

但是，自然资源和社会资源有着明显的不同：前者突出的特点是"天然性"和"自发性"，后者则带有"人工性"和"自觉性"的特点。

（三）根据物理特性和呈现方式划分

1. 文字课程资源

文字课程资源是指以教科书为主的印刷品等，记录着人类的思想，蕴涵着人类的智慧，保存着人类的文化，延续着人类的文明。文字课程资源是最重要的课程资源。

2. 实物课程资源

实物课程资源可以以 3 种形式呈现：

第一种是自然物质，如动植物等。

第二种是人类在生产生活过程中创造出来的，如建筑、机械等。

第三种是为教育教学活动等专门制作的，如笔墨纸砚、模型、挂图、仪器等。

实物课程资源具有直观、形象、具体的特点，是常用的课程资源。

3. 活动课程资源

活动课程资源内容广泛，包括教师的言语活动和体态语言，班级集体和学生社团的活动，各种集会和文艺演出，社会调查和实践活动以及师生之间和学生之间的交往等。活动课程资源有利于打破单一的课堂接受教学模式，使学生在掌握知识的过程中，同时增进社会适应性，强化社会交往，养成健全的人格。

（四）根据存在方式划分

1. 显形课程资源

它是指看得见摸得着，可以直接运用于教育教学活动的课程资源，如教材，计算机网络，自然资源和社会资源中的实物、活动等。作为实实在在的物质存在，显形课程资源可以直接成为教育教学的便捷手段或内容，相对来说易于开发与利用。

2. 隐形课程资源

它是指以潜在的方式对教育教学活动施加影响的课程资源，如学校和社会风气、家庭气氛、师生关系等。隐形课程资源的作用方式具有间接性和隐蔽性的特点，它们不能构成教育教学的直接内容，但是对教育教学活动的质量起着持久的潜移默化的影响。

另外，不同的研究者对课程资源有着不同的划分。如有的研究者将课程资源直接划分为有形资源和无形资源，素材性资源和条件性资源等。

三、高等教育课程资源的功能

课程资源的功能既是有层次的，又是多侧面的、丰富的。

（一）课程资源的储备功能

它是指课程资源的物质的和观念的内容，是人类文化传承的中介。物质世界是人类永恒的认识对象。对于年轻一代而言，人类的认识成果既是认识的对象，又是超越的对象。

在内容方面，可以分解为知识储备、经验储备、物质储备、精神储备、文化储备等功能。

在发展方面，可以分解为社会发展、个体发展和课程事业本身的发展等功能。①

（二）课程资源的支持功能

它是指课程资源对课程活动的进行具有维护、保障等功效。课程资源可以为课程活动的进行提供所需要的物质设施、组织制度和思想观念，即包括物质保障、人力保障、组织保障、制度保障和思想观念的支持。这个功能是立

① 范兆雄. 课程资源概论. 北京：中国社会科学出版社，2002：9-10.

体的、多维的，不能只注重其中的一个方面。

这两类功能不是孤立的，而是相互的。一方面，同一种课程资源可以同时具有两种功能；另一方面，它们可以相互交叉，相互包含。但是，因为“现代课程都是社会现代化的直接产物”，[①]所以，现代课程“无论是传统的还是进步主义的，都被吸引在现代主义的科学观周围”。[②] 这种对于科学知识资源功能的崇拜，反映了课程资源功能与社会现代化环境的联系。社会在不断变化，这种既定的规则被打破，新的秩序出现，就会表现出新的功能。

第二节　高等教育课程资源开发的原则、过程和模式

课程资源的开发与利用是一种在由自然、社会、人组成的复杂的资源系统内进行的社会实践活动，它必然与自然、社会、人产生交互作用。它牵涉方方面面的关系，需要多种知识和能力。只有在充分发挥各自知识、能力、人际关系等资源优势的基础上，互帮互助，分享合作，遵循一定的原则，利用合理的开发模式，共同开发和利用课程资源，才能提高课程资源开发与利用的效率和质量。

一、高等教育课程资源开发的原则

（一）以学校为中心的原则

课程活动是在学校中展开的，离丌了学校，就没有现代课程活动。现代不断地扩展着学校的功能，使学校已经不仅仅是给未来一代人灌输知识的场所，而是人们不断“回归”的知识与技能的加油站。尤其是对于正在来临的知

① 钟启泉，李雁冰. 课程设计基础. 济南：山东教育出版社，2000：208.

② ［美］W·E·多尔. 后现代课程观. 王红宇，译. 北京：教育科学出版社，2000：70.

识社会,大学正在成为知识创新的中心。

第一,学校集中了大部分教师,他们是最为活跃的课程资源,是具有创造潜力的群体。

第二,社会所聚集的各种课程资源绝大部分都将分配给各个学校。

第三,学校自身具有的课程资源成为课程实践的现实内容。

国家或地区的课程资源建设要坚持以学校为中心的原则,给学校以充分的自主权,调动学校的积极性和主动性。各学校要充分利用社会所赋予的种种权利,努力开发课程资源,研究如何优质、高效地将课程资源转化为课程内容。所以,课程资源建设不仅仅是资源的无限累积,还是与资源的合理开发与利用一脉相承的,必须进行通盘考虑。

(二) 公平与效率兼顾原则

现代社会构筑的基础是公平。教育是涉及人的未来发展的重要事业,教育公平被视为现代社会中公平含义的应有之义。课程资源建设是优质高效地完成课程活动,实现课程目标的保障。学校所拥有的资源的优劣,意味着学校里学生的发展机会的优劣,而机会不平等是不公平的表现。

课程资源建设的公平原则要求如下:社会平等地对待所有的学校,公平地分配资源;建立公平分配资源的机制,对不公平要加以约束;学校内部要公平地分配课程资源,使每个学生享受平等的教育机会。公平应有利于社会的长远发展,有利于全社会成员的共同利益,有利于社会的进步。

学校课程资源的建设必须注重效率,学校课程必须提倡优质高效,尤其是在国内和国际存在激烈竞争的环境下,学校课程作为培养人才的摇篮,一刻也不能不讲效率。因此,课程资源建设的效率原则要求提高资源的利用率,充分开发各种资源的使用价值;要建立资源使用的规则,促进资源的合理分配和合理流动;要本着节约的原则,反对任何浪费资源的现象。

资源的短缺是永恒的,只有效率提高,新的资源才会不断增加,才会有新水平上的公平。可见,效率优先是必要的。我国课程资源在东部与西部、城乡地区、贫富地区之间存在着巨大的差异,因此,首要的是保证整个社会所有的人都得到进一步的发展,使所有的学校或地区都不断地获得更为丰裕的课程资源,并且,还总是期待着,资源拥有相对优势的地区学校能够带动相对劣势的地区学校发展,这就是在效率优先的前提下兼顾公平。①

(三) 教师培养优先原则

教师是一个国家、一个地区或一个学校最具创造性的课程资源,是所有课程资源中的核心资源。缺乏教师的支持,任何课程改革都是不能成功的。教师资源不是一般的社会人力资源:一方面,它受人力资源的经济规律制约,在教师资源调配上,要遵循人力资源调配的机制;另一方面,它有特殊性,它以人的培养为工作任务,以人为工作对象,是一种高度依赖于教师的职业道德和职业修养的工作,不能完全用现代的程式化、规范化来衡量教师工作的质量。教师培养本身就是对各种课程资源进行统整的过程。

贯彻教师培养优先的原则要求:

(1) 课程资源建设把教师培养放到首位。教师培养不是灌输某种观念,而应是启发新思维、学习新知识、掌握新技术的全面培训。

(2) 教师培养要与其他课程资源建设相配套。一旦一个新的课程改革方案出现,教师培训必须紧紧跟上,如果教师培训跟不上,新课程改革就不要盲目进行。因为那样极有可能导致教师以旧的方法去应付新的课程内容,使改革流于形式。如研究型课程的开发“对教师的素质提出了很高的要求”。②

(3) 教师培训是一项长期的工作,而不是一时的、强迫性的让教师改变某种思想,或革除某种教学方法。只有长期培训,以调动教师的积极性、创造性为根本宗旨,才能期望教师在教学实践中不断地创新,大胆地开拓。

(四) 以市场配置为主,以计划调节为辅的原则

现代教育体系越来越庞大,如何实现在这一领域的各种资源的配置呢?它是一个社会问题,也是一个教育问题。

作为社会问题,它必须与社会的运作相一致;作为一种社会资源,它遵循其他社会资源的配置方式。社会配置资源的方式主要有市场与计划两种。市场能给人更多的自主权,具有一定的开放性和灵活性,被认为是一种比较

---

① 范兆雄. 课程资源概论. 北京:中国社会科学出版社,2002:277-279.

② 应俊峰. 研究型课程. 天津:天津教育出版社,2001:294.

自由的方式,但是它的开放性、自由性也带来一些问题,如容易引起恶性竞争,导致资源的浪费。计划能给人以更多的控制权,具有较强的目的性和方向性。但是,控制性强,容易造成资源分配上的不公平,具有控制权的一方总是处于优势地位,而缺少控制权的一方总是处于劣势。

作为教育问题,课程资源的配置是各种思想、知识、经验和财力、物力相互协调,形成一个组织严密的有机体的过程。它不是一些因素简单地拼合在一起,而是要以人为中心,实现各种资源的优势,产生整体的教育效能。因此,它要求调动人的积极性、主动性,给人以自由发挥的空间。

课程资源的特殊性决定了完全实行市场化不能使资源得到合理的调配,尤其是我国各地发展极不平衡,作为课程资源的最重要的基础的财力资源,在全国市场中,经济落后地区配置课程资源的能力非常薄弱。为了保障教育需要得到满足,中央和地方政府都必须保留相当一部分行政性的计划调拨权力。

计划调配有它天生的缺陷。它是靠运用权力来完成的。权力一旦赋予给某一部门,由人来操纵,能否公平合理就成为最大的问题。要加强对权力的监督,使权力控制的程序民主化、法制化,使权力运作公开化,增加透明度,才能使课程资源的计划配置科学合理,公正公平,并发挥最大的效益。①

(五) 建立健全法规制度,实现资源的依法管理的原则

课程资源建设的立法既是课程资源市场发展的配套需要,也是各级课程资源建设的要求。我国课程资源市场化的进程正在展开,越来越多的课程资源进入市场领域,依靠市场调配,必须有法可依,建立起完善的法规体系。如教科书评审制度、网上课程资源管理制度等。另外,各级课程资源的建设与管理也应有相应的制度与法规。如教师资源的配置、学校学生班额配置、学校基础设施的基本配置、学校教科书选用制度等。

① 范兆雄.课程资源概论.北京:中国社会科学出版社,2002:281.

二、高校课程资源开发的过程

综合课程开发的各种观点,可以将课程开发的过程概括为以下几点:

(一) 确定开发原则

确定指导课程开发的原则,一般来说,指处理好社会需求、学生发展、知识体系之间的辨证关系。开发任何课程都要处理好这三者之间的关系:既要满足一定的社会需求(包括社会、社区、家长、民间团体等),这是开发课程的外部动因;又要满足学生发展的需要,这是开发课程的内部根基,也是顺利实施课程的重要保证;还要考虑知识的一定的体系化要求,因为任何杂乱无章的知识、内容是无法最大限度地实现其应有育人价值的,当然,这种体系化必须与学生的心理发展相适应。处理好三者之间的关系,并不意味着对三者平均用力,而是根据特定的课程,对其中之一或之二有所侧重。

(二) 了解有关需求

1. 了解学生发展需求是课程开发所作需求了解中最重要的工作

要想获得学生真实的需求,调查者必须摒弃"价值预设",即想当然地预先设想学生们"应该"需要什么,在设计调查问卷或访谈时,应多设计一些开放的问题,尽可能地让学生的各种情况自然而然地"流淌"出来。然后将这些信息适当归类,仔细梳理分析,逐步提炼出"课程框架"。

2. 学校现状的了解也是课程开发十分重要的基础

学校现有的物资设备、教育资源、活动空间等是课程开发的物质基础,而学校的发展定位(如学校的特色建设、学校的发展规划等)则直接影响到课程开发的方向以及深度与广度。

校长的办学思想和教师队伍的素质是学校现状中最重要的因素,它们对校本课程开发起到至关重要的作用。教师素质究竟如何,他们课程开发的能力究竟怎样,到底能开设哪些课程,等等,也必须作深入、细致的调研,不能仅仅凭教师的学历、专业来"臆测"。

3. 确切地了解社会需要

如社会对该校的期望、家长的资源及其态度、社区资源及其要求等也是校本课程开发的前提条件。校本课程的结构和内容必须是开放性的,决不能囿于校内"学术性体系",这就需要来自社会的支持。而社会究竟能给校本课程开发提供怎样的支持,这必须有确切的而不是泛泛的了解。

(三) 研制课程目标

课程目标是对学生学习结果的基本要求,是学生通过学习所要达到的学习结果的某种程度。研制课程目标的工作大体如下:

(1) 根据社会、学校等方面的要求,学生的现状,以及课程专家的建议,确定课程目标的框架及要素。

课程目标包括总体目标、一般目标和特殊目标。其表述随着"总体目标—一般目标—特殊目标"的走向逐步具体化,"总体目标"概括程度最高,"特殊目标"具体化程度最高。

(2) 针对某一门特定的课程或活动,将目标要素转化成一定的"表述形式",即目标的指标化、清晰化,一般可以用"行为动词"来表述目标,如认知性目标、"情意性目标"(如情感、态度、价值观方面的目标)等。

例如,根据美国心理学家布卢姆的"教育目标分类理论",认知的不同水平(识记、理解、运用、分析、综合、评价等)都可以用不同的"行为动词"来表述。情意性目标也可以用"行为动词"来表述,如经历、感受、参与、分享、体验、接触、认同、接受、欣赏、关心、尊重、养成、热爱、坚持等。

(3) 设计课程目标的"层级序列",即不同年段的目标要有不同的"层级"要求。

这个"层级"不必每个年级都涉及,可以相对"粗放"一点,既可以按低、中、高 3 个年段来设计,也可以分成 2 个层级,不管怎样,一定要有"区分"。

(四) 选择和组织课程内容

根据目标以及当时的社会、社区、学校的特定情况,选择基本的课程内容。

"基本的"指这些内容既是最集中地表现了目标及社会的要求,体现出一定的“预成性”或“刚性”;又不能完全像“目标模式”那样使内容只服务于“目标”,而要使内容具有一定的“生成性”或“弹性”,即根据特定学校、课堂、学生的实际情况,在师生互动中使内容得以“创生”,使学生进行个性化、创造性地学习。

课程内容的组织主要考虑内容的排列、秩序和统整,其共性要求是知识的逻辑性与学生的心理发展相统一。

从组织的类型来看,可以有分科的组织和综合的组织两种,后者又有合科、融合、广域、核心等之分。

从具体的组织技术来看,则有直线式系统性与同心圆系统性(螺旋型排列)两种。[①] 前者指课程内容中每个课题或对象是一个接一个地按照一定的逻辑顺序加以排列的;后者指同一课题或同一对象被反复多次地加以研究的排列方式,这种反复不是单纯地反复,而是一次比一次更详尽、更广泛、更深入,不断增加新的知识素材,使圆环不断扩大或者形成螺旋型上升运动。当然,在实际的内容组织和教学中,不存在纯粹的直线式和同心圆式,两者总是相互渗透式地交织在一起。

(五)实施课程评价

实施课程评价包括两个方面工作:

一是对课程实施本身进行的评价。如过程评价上,对教师的表现、学生的表现以及学校、课堂环境等方面的评价;结果评价上,对学生发展的评价、对课程可行性的评价等。

二是对该项课程开发活动的评价,带有“工作总结”性质,如原则、目标确定的妥当与否、课程实施过程的管理、课程评价的适切性等都是评价的对象。[②]

三、高校课程资源开发的模式

美国课程论专家拉尔夫·泰勒 1949 年出版《课程与教学的基本原理》一

---

① [日]佐藤正夫.教学论原理.钟启泉,译.北京:人民教育出版社,1996:183-184.

② 钟启泉.课程论.北京:教育科学出版社,2007:268-273.

书,提出著名的“泰勒原理”以后,课程编制的“四阶段”(目标模式)成了课程编制中的主导范式。20 世纪 70 年代以来,课程论专家施滕豪斯的“过程模式”以及斯基尔贝克的“环境模式”、美国课程论专家施瓦布的“实践性课程开发模式”等都对“目标模式”进行了一定的超越,同时丰富和发展了课程开发理论。

(一) 目标模式

“泰勒原理”即“目标模式”的课程编制原理,又称为“理性计划模式”、“手段—目的”模式。

“目标模式”专注于课程开发的方法而非课程本身的内容。泰勒本人认为每所学校应自行决定目标,目标的决定可根据学习者、校外生活、学科专家等来加以筛选。[①] 20 世纪 60 年代后,随着“教育目标分类学”的研究进展,可观测的行为目标大行其道,“目标模式”由此发展到顶峰。一度成了 20 世纪 50 年代、60 年代课程编制的“主导范式”,至今依然具有很大的影响力。以后,有些学者据此加以修订。但是,“目标模式”也存在一些问题:

(1) 该模式采用“决定主义”的观点解释人类行为,把人变成机器,使人类事物可以工艺化、系统化地加以分析,它抹杀了人性的丰富性、复杂性、主体性等特征。

(2) 该模式所依据的行为目标多有缺陷:目标分类基本上是测验题的量表,而非认知过程;有些不可测定的价值如何目标化,这容易导致价值缺失;目标的意义也较难统一,易产生歧义。

(3) 它以知识为中心,重视知识的逻辑与结构,主张学科专家是课程开发的主导者,强调“预成性”,即在教学之前就开发出一套现成的物品(学科、教材),而教师在教学中只是这种物品的使用者、执行者和消费者,教师必须忠于教材。这种开发模式有利于规范教师(特别是新教师)的教学行为,但不利于师生主体性的发挥,也容易造成只重学科、教材的设置与编制,而忽视课

---

① [美]拉尔夫·泰勒.课程与教学的基本原理.施良方,译.北京:人民教育出版社,1994:1-10.

程实际运作的“特定情境”的要求，课程缺乏必要的“弹性”。①

（二）过程模式

课程论专家施滕豪斯在1975年出版的《课程研究与开发导论》中提出了课程开发的“过程模式”。他认为，“目标模式”对于训练行为技能是很适用的，但对知识的学习不适宜。这是因为，知识的本质在于可以通过对知识的运用进行创造性思维。因而，课程应该考虑知识的不确定性，鼓励个体化的、富于创造性的学习，而不是把知识及其学习作为满足预定目标的尝试。要从具有内在价值的知识形式中，挑选出那些能够体现该知识形式的内容。这些选择出来的内容，能够代表那些最重要的过程、最关键的概念和该知识形式中固有的标准。“过程模式”鼓励教师对课程实践的反思批判和发挥创造，不过，教师应遵循下列5项“过程原则”：

（1）教师应该与学生一起在课堂上讨论、研究有争议的问题；

（2）处理有争议的问题时，教师持中立原则，使课堂成为学生的论坛；

（3）探究有争议的问题的主要方式是讨论，而不是灌输式地讲授；

（4）讨论应尊重参与者的不同观点，无须达成一致意见；

（5）教师作为讨论的主持人，对学习的质量和标准负责。

“过程模式”非常强调过程本身的育人价值，强调师生互动，既重视教师的自主权，又重视学生的自主活动。“过程模式”对教师素质的要求很高，由此，施滕豪斯提出了著名的、在今天影响很大的“教师即研究者”的课程思想，认为教师应当成为课程的研制者、开发者，而不仅仅是接受者、消费者，这就为当今世界课程改革中重视教师主体作用的编制模式提供了理论基础。

当然，过程模式也有其不足：首先，有的学者认为它“长于方法拙于目的”，这样，教学过程就有可能含混不清，教师业绩和学生学业的评价成为棘手的问题；其次，过程模式重视教学的脉络，强调实际发生的事件，因而缺乏规范性；最后，过程模式仅是依据当代教育哲学的某些理论而产生，因而有其片面性。

---

① 钟启泉.课程论.北京：教育科学出版社，2007：266–268.

（三）实践性模式

美国学者施瓦布认为，课程是由教师、学生、教材、环境4个要素构成的，这4个要素之间持续的相互作用便构成实践性课程的基本内涵。

教师和学生是课程的主体和创造者，其中学生是实践性课程的中心。教材是课程的有机构成部分，是由政策文件、课本和其他教学资料构成的。但是，教材只有在成为相互作用过程中的积极因素时，只有在满足特定学习情境的问题、需要和兴趣时，才具有课程意义。因此，教材具有很大的灵活性和变通性，可以根据不同学习情境的需要进行选择和取舍。课程环境是由除教师、学生、教材之外的物质的、心理的、社会的、文化的因素构成的，它直接进入课程相互作用的系统中。

实践性课程的开发方法是审议。审议是指对不同对象进行权衡以作出选择。实践性课程开发是以具体实践情境的特殊需要为核心进行的，它必然植根于具体实践情境，因此，校本课程开发是该课程模式的具体体现。

第三节　高等教育课程资源开发与利用的途径和方法

课程资源分类的多样性，说明了课程资源的不同种类与存在方式、范围，更一步证明了课程资源开发与利用的丰富性与灵活性，表明课程资源的开发与利用可以形成多元化的模式。

一、课程物质资源的开发与利用

（一）课程人力资源的开发与利用

“课程人力资源”是指课程活动范围内的从业人员的劳动能力的总和，它是指受过一定的教育，具有一定的科学文化知识的从业人员。当“课程物质资源”中其他资源开发到一定程度，尤其对于那些物质条件已经饱和或物质条件已经限定的学校来说，起决定作用的往往是“课程人力资源”（教师和学生的主动精神、知识结构和人格品质，以及教师与学生的相互关系）。只有当教师和学生的生活经验、实践智慧、人格魅力、问题与困惑、情感与态度、价值观等“课程人力资源”真实地进入课堂教学的时候，才可能实现“有效教学”的目标。具体来说，“课程人力资源”的开发和利用至少可以从3个方面考虑：

1. 学生是重要的课程资源

“课程人力资源”的开发与利用的途径之一是“学生主动学习”。当人们说“学生是重要的课程资源”时，除了认定学生已有的知识结构和人格品质是课程资源之外，还意味着教师需要引导、促进、激励和唤醒学生的“主动性”。学生的“主动性”是一块等待开发的富矿；学生的“主动性”是学生学习乃至整个教学活动的“发动机”。

2. 教师是重要的课程资源

“课程人力资源”的开发与利用的途径之二是“教师学习”。当人们说“教师是重要的课程资源”时，除了认定教师已有的知识结构和人格魅力是课程资源之外，还意味着教师需要通过“主动学习”来丰富和扩展自己的知识结构和人格魅力。“教师学习”或“教师主动学习”的状态，将决定教师参与课程资源开发的能力和程度。如果“教师不学习”或“教师零学习”，会直接导致高校人力资源开发受到的限制。如果突破“教师不学习”或“教师零学习”的困难而使“教师学习”成为可能，教师自身就能够开发出丰富而广阔的“课程资源”，而不是将课程资源仅仅理解为“课程物质资源”。

通过“教师学习”，开发教师资源。教师需要多阅读，包括教师读“书”（如“教育散文”和“教育故事”），读“教育图像”（教育讲座、讲座录像、教育电影），读“教育网络”等。另外，“教师学习”的一种重要方式是“观察”或“观摩”学习，即通过观察同伴的课堂教学来提升自己的教学水平。

3. 在“师生互动”中生成课程资源

“课程人力资源”的开发与利用的途径之三是“师生互动”。[①] 大量的课

---

① 余文森，吴刚平，刘良华. 关注资源、学科与课堂的统整. 上海：华东师范大学出版社，2005：17-18.

程资源往往就在“互动教学”、“对话教学”的过程中不断涌现和生成。这种课程资源在教师备课时往往无法预料和估计,它具有瞬时性、不可预料性和不可重复性。也正因为这类教学资源产生于具体的师生互动的过程中,正因为它具有瞬时性、不可预料性和不可重复性,它才显得宝贵而有意义。

(二) 课程财力资源的开发与利用

课程财力资源的使用效果与企业的生产效果是有质的区别的,教育管理学中把它称为教育目标的实现,也就是说财力资源的使用效果要体现到教育效果上。只有不断扩展财力资源,才能确保课程活动持续开展,所以课程活动财力资源的开发就显得非常突出。[①] 可以采取以下一些措施:

1. 运用市场机制,广开财路

课程财力资源应该与课程学习受益联系起来,运用经济手段,引进市场机制及其课程产品开发也可以运用市场调节。在出版、印刷、媒体都已市场化的情况下,课程研制及其产品开发由教育主管部门垄断,这与社会发展不协调。运用市场机制不仅是教育体制改革的需要,而且是为课程研制与产品开发广开财路的有效途径。

2. 建立、完善法治,稳定财源

课程活动所需要的财力绝大部分是用于公共教育课程,不仅数目巨大,而且要求持续、恒定地投入,不以国家和地方政府财力为背景是不可能的。为了确保国家和地方政府财力的投入,必须制定相应的法律、法规。我国的教育法律法规还在逐步地建立与完善中,有关课程活动财力资源的保证应该在教育法规中进行专门的规定,以便教育部门在执行中有明确的依据。

二、课程非物质资源的开发与利用

(一) 教材资源的开发与利用

“教材”包括“课本”(或“教科书”)以及相关的“教辅材料”,比如与“教

① 范兆雄.课程资源概论.北京:中国社会科学出版社,2002:113-114.

材”配套的教师参考用书、教学挂图、教学仪器设备、学生练习册、练习本等。有效教学的基本前提是为学生提供有关结构的教材。这些教材一般由出版社提供。但无论出版社所提供的教材和教辅资料如何“完美”和“精致”，教师仍然需要对这些教材进行加工和改造。“备教材”是教师“备课”的一个部分。所谓“备教材”主要是指对教材进行“再度开发”。

教师的责任是通过对教材的“再度开发”来保证学生所接触的教材是“安全”而有教育意义的。在某些时候教师可能需要针对这些教材和教辅资料进行不懈地“去粗取精”和咀嚼式地劳作，但这又并不意味着教师在任何时候都需要将教材和教辅资料嚼烂嚼碎之后再喂给学生。高校教师在对“教材”进行加工和改造时，应该保留教材内容的精华部分，除此以外应更多地加入有关学科前沿的知识，让学生时刻接触到最新的理论和技能。同时，还需要为学生留出一定的空间，让学生自己亲自在原始性的资源背景中寻找有价值的主题，培养学生的创新能力，这对于建设创新型国家战略具有重要意义。

(二) 网络资源的开发与利用

重视对网络资源的开发与利用，是现代教学改革的一个基本趋势。网络教育使任何人在任何时间、任何地点都可以获取自己想要的知识。基于互联网传播技术的网络教育将改写教育模式，重新定义“教学”和“学习”。网络教育提供的学生学习环境是一个开放式、自由的空间。相对于传统教学中教科书而言，互联网网络资源为学生提供的是丰富而全面的学习资料，它鼓励学生按自己的爱好、环境、心境，选择适宜自己学习方式的内容和过程，从而创建与形成个性化的学习方式。“网络资源”的开发与利用实际上是对人类的传播方式变革的一种回应。从古到今，人类的传播形式大体有 4 种：首先产生的是口头传播；然后是书籍传播；第三种是大众传播，尤其是以电视为代表的现代传媒；传播发展的第四阶段是网络媒体的出现，以文字文本为基础，辅以多媒体的信息网络，不仅使信息数量成百上千倍地增长，而且大大提高了信息的传播质量，文字、图像与声音巧妙结合，使阅读重新成为重要的获取信息的方式，也使阅读者的阅读兴趣、选择权利得到尊重。

(三) 现代教育技术资源的开发与利用

现代教育技术的使用是教育现代化的显著标志之一,对现代教育技术资源的开发与利用尤为重要。美国学者布鲁巴克在对西方"教学方法"的历史发展作了详尽的梳理与分析之后感叹:"到了20世纪中期,上世纪初在教学方法上的占据重要地位的推进力,基本上已经耗竭了;教育家们平静下来,沿着业已确定的主要路线进行了一些微小的改进。如果说采用复述法的时代已经过去,那么,教师们毫无保留地热衷于某一种教学法(如赫尔巴特的方法或杜威的方法)的时代也一去不复返了。教师们根据不同的目的、不同的课程、不同的学生折中地选择教学方法。在教学方法的前沿阵地,假使还有哪一点可以成为新的突破口的话,那就是教育技术。"①布鲁巴克对教育技术寄予如此之高的评价与厚望,似乎并不夸张。现代教育的确越来越显示出现代教育技术的力量和魅力。

(四) 社区资源的开发与利用

高校社区课程资源包括高校周边各种可用于教育教学活动的设施和条件以及丰富的自然资源。其中社区的图书馆、科技馆、博物馆、纪念馆、气象站、地震台、水文站、工厂、农村、部队以及各种科研院所等都是宝贵的课程资源。人类交往活动和社区居民的生活价值观念、信仰与伦理、风俗习惯等也是不可或缺的课程资源。自然中日月星辰、气候季节、山川河谷、花草树木、鱼虫鸟兽等都与相关专业的学习紧密相关,大都对学生的学习研究提供了天然的观测对象和场所,是学生天然的课程资源来源。无论是"天然性"的自然资源还是"人工性"的社会资源,只要教师参与其中的开发,自然资源与社会资源皆可转化为可以利用的课程资源,成为有效教学的一个部分。校外课程资源可以弥补校内课程资源的不足,充分开发与利用校外课程资源,转变教育教学方式,这能为即将出现的新课程提供有力的支持和保证。

---

① 余文森,吴刚平,刘良华.关注资源、学科与课堂的统整.上海:华东师范大学出版社,2005:30-32.

第十一章

高等教育课程编制

课程编制主要是指教学体系的计划和安排，它着重研究学校、专业的教学计划，包括全体教学科目的确定、排列的次序时间、特定的课程设计，如教学大纲、教材编制，教学环节的安排。一定的课程编制反映一定社会的政治要求、经济要求，体现一定的教育思想和教育原则，表现一定时期的教育发展方向，对学校教育、教学工作具有指导意义。

第一节　课程编制模式理论

课程编制既是一个理论研究过程，也是一个实践过程。它是课程研究领域的一个重要课题。从课程编制活动中既可以产生全新的课程方案，从而导致对师生的双边活动具有深远意义的课程改革；也可以只对眼下的课程进行一些修改或重新组织，其中并不增加新的东西，而只是以更清晰的方式将课程中各要素联系起来。课程编制是一种有目的、有计划、有系统的活动。

一、课程编制的含义

课程编制（curriculum making）亦称"课程研制"。有时候"课程编制"也往往同"课程研究"等同起来。在不同的国家，对"课程编制"有不同的解释。最狭义的解释是指制订某个课程的具体过程，而最广义的解释几乎涉及所有形式的课程变化。①

菲利普·泰勒采用了一种比较折中的定义："课程编制是指那些经过精心策划的活动，透过这些活动设计出各种学程或教育活动方式，并将它提供给教育机构中的人们，以此作为进行教育的方案。"②

我国学者对课程编制的定义也作了如下的界定：

（1）课程编制是一种在科学理论指导下的应用技术，是专门研究如何按照一定的程序和步骤，科学地编排课程并使之形成某种结构的一门学问。③

（2）课程编制或课程设计（curriculum making，curriculum design），主要

---

① 汪霞．国外几种课程编制的方法、程序及模式．外国教育研究，1994(1)：10．

② 陈玉琨，等．课程改革与课程评价．北京：教育科学出版社，2001：81．

③ 王伟廉．高等教育学．福州：福建教育出版社，2001：155-156，158．

是指牵涉学校教育中的教学的媒体——教学内容、教育活动的组织和改善的方法与技术。从广义上说,包括了国家、社区和每所学校的课程构成——不同层次的课程编订,实验实施及对其过程与成果的评价、改进。①

课程编制的上述界定说明了其内涵有以下3个方面的要点:

(1) 课程编制是一门学问,需要独特的理论支撑;

(2) 课程编制的目的是设计出各种学程和教育活动方式,以此作为实现培养目标的依据;

(3) 课程编制需要精心计划,要求一系列外在因素的保障。

对课程编制的各种不同定义对构建有效的课程造成了障碍。一些课程设计特别强调学科、学生和社会因素,另一些则不然。此外,要做到精确,或对没有在普遍的意义上加以界定的东西进行规划,是困难的。每个人对课程的定义都不尽相同,由此,对课程编制涵盖的范围也会有不同的观点。②

二、课程编制的理论

(一)"目标模式"理论

"目标模式"是最具有代表性的课程编制模式之一,亦称为"工艺模式"(technological model)。目标模式深受行为主义心理学的影响,强调先确定目的和目标,再以精确表述的目标为依据来进行评价。

首先将目标概念化并应用于课程发展上的是博比特(F. Bobbitt),目标模式经博比特和查特斯(W. W. Charters)的倡导,经泰勒(R. Tyler)及塔巴(H. Taba)的系统发挥,布卢姆(B. Bloom)、格朗兰德(N. Gronlund)、梅里特(J. Merritt)的进一步研究,再由波帕姆(J. Popham)、古德莱德(J. Goodlad)和里克特(M. Richter)等的热心拥护和补充、完善,而历久不衰。及至目前,目标模式的拥护者更强调目标的明确、清晰和特殊化。

① 钟启泉. 现代课程论. 上海:上海教育出版社,2000:196.

② [美]艾伦·C·奥恩斯坦,费朗西斯·P·汉金斯. 课程:基础、原理和问题. 南京:江苏教育出版社,2002:210.

目标模式的特点是:

(1) 课程目的——课程发展的第一要务是决定课程目标。一般目的或目标决定后,要细化为特定目标和行为目标。

(2) 内容选择——课程内容或学习经验的选择,主要是依据心理学、社会学、哲学和知识结构等。塔巴提出的选择标准是效度、重要性、适合性、持久性、平衡性。

(3) 组织——界定已知概念,认识属于此概念或不属于此概念的例子,融合概念为原则,融合原则为策略,以解决新问题。

(4) 方法——目的的预知,适当的练习,结果的反馈。

(5) 评价——评价通常只依据课程本身的目标,不顾及非预期的副作用。评价顺序是先发展课程,选择某些样本加以试验,然后根据结果加以修订,直到课程能达到预定的目标为止。

(二) 过程模式理论

过程模式亦称历程模式。这是最具有代表性的课程编制模式之一。它是指在设计中详细地说明所要学习的内容;所要采取的方法及该活动中固有的标准;学生所创造的"最终产品",不是按照行为事先指定出来,而是在事后借助那些建立在该知识形式中的标准来加以评价。

过程模式的思想渊源可以追溯到卢梭(J. J. Rousseau)及以后继起的进步主义教育运动,及至现代,受皮亚杰(J. Piaget)、布鲁纳(J. Bruner)等的发展心理学、认知心理学的影响极深。

第一次明确提出这个模式的是施滕豪斯(L. Stenhouse)。他认为过程模式比目标模式更适合于那些以知识和理解为中心的课程领域。他的基本思想是:人们可以通过详细说明内容和过程中的各种原理的方法来合乎理性地设立课程,而不必用目标预先指定所期望达到的结果。[①] 阿特金(Atkin)教授也强调,不管教学目标如何,要先观察教学活动引起的一切事情。

过程模式的特点是:

(1) 它不预先指定特殊目标或行为目标,而是详细说明内容和过程中的

---

① 汪霞. 国外几种课程编制的方法、程序及模式. 外国教育研究,1994(1):14.

各种原理。其目的不是想要在学生身上引起行为变化,而是观察这些内容在多大程度上反映了该知识。

(2) 课程发展的程序是:第一,设定一般目标;第二,实施有创造性的教学活动;第三,记述教学活动引起的结果;第四,评价其结果。

(3) 过程模式重视与目标无关的叙述,采取不受目标限制的评价,重视个案方法,采用多方面的观察和评价。

(4) 强调一般的目标。

(5) 认为教材的价值和内容必须在教学实际中发展或评价,即使同一教材也可能产生不同的活动和经验,教材的质决定于教学过程,教师在实际的教学过程中探索能促使儿童活动的教材。

(三) 环境模式理论

环境模式这是一种灵活的、适应性很强的课程编制模式。它随着学校环境的不同而采取不同的对策。它不是目标模式和过程模式以外的第 3 种模式,而是一种更为综合的结构。这种结构根据它所要设计的课程的不同方面,既可能包含“过程模式”,又可能包含“目标模式”。环境模式的倡导者是英国学者斯基尔贝克(M. Skilbeck)。

环境模式有 5 个组成部分:

(1) 分析环境。其任务在于对学校的环境以及其中相互作用的各种因素进行考察和分析。这里需要考虑外部和内部两个方面的因素。

(2) 表达目标。这些目标产生于对环境作出的分析,它们体现着想要在某些方面改变那个环境的各种决策。

(3) 制定方案。具体包括选择学习材料、安排教学活动、调配教职员,以及挑选合适的补充材料和教学手段。

(4) 阐明和实施。就是使新方案在实施之前就把可能出现的实际问题暴露出来,并在实施当中逐个解决。

(5) 检查、评价、反馈和改进。据此确定课程的有效性。

环境模式的特点是:它所进行的课程编制活动,其对象是单个的学校以及该学校的教师。这种以学校为基础的课程编制活动正受到越来越多的关注。这种模式并不把它的各个组成部分看成是直线式,它既可以从任何一个阶段着手,也可以同时进行各项活动。环境模式并不预先进行某种“手段—目的分析”,它的立足点是已经存在的学校课程的现行结构。在弄清现有问题的基础上,去搜集有关的资料。这样做比较符合现实情况,而且也使课程编制活动本身更加明了清晰。环境模式的最大长处是可以避免一刀切的课程编制方式,采取具体问题具体分析的策略。因此,采用这种模式往往更容易收到效果。

第二节　课程编制的过程和原则

泰勒提出,编制任何一种课程都必须回答 4 个问题:

(1) 学校应该达到哪些教育目标?

(2) 提供哪些教育经验才能实现这些目标?

(3) 怎样才能有效地组织这些教育经验?

(4) 怎样才能确定这些目标正在得到实现?

泰勒所提出的理论不仅把评价作为一个环节纳入课程编制,而且结构简单明了,把编制课程的主要方面和主要步骤都包含在内。课程编制要有明确的过程。

一、课程编制的过程

(一) 课程编制程序理论

1. 塔巴程序

这是由美国课程学家希尔达·塔巴(Hilda Taba)提出的一种课程编制程序。课程编制是一种需要循序思考的工作,即需要探讨决策程序与方式,以确定所有关于决策上的考虑。塔巴立足于对社会与文化、学习者与学习过程、知识的特点等的科学分析,提出课程构成的原则与方法,进一步明确了课程编制的步骤或框架。

塔巴认为寻求有思考性与动力性的课程时，将产生一系列的程序。此程序为：

(1) 对需要进行调查分析；

(2) 确定目标；

(3) 选择内容；

(4) 组织内容；

(5) 选择学习经验；

(6) 学习经验的系统化；

(7) 评价事项与方法的系统化。

只有设计课程，学生才能学习。学生的背景不同，诊断其差异是很重要的。在获取有关特定学生团体及其所需的重要经验的资料以后，才能描绘出理智的、具体的课程目标的轮廓。清晰且易理解的目标为课程提供了重要的基石，目标决定了内容的取舍与组织。

塔巴程序系统地把握了教育目标的确立、同目的相适应的内容及其排列、实施结果与效果的测定以及评价等一连串的步骤，使课程编制趋于结构化、精密化。

2. 联合国教科文组织程序

这是联合国教科文组织（UNESCO）倡导的一种课程编制程序。1968 年 5 月，联合国教科文组织在日本东京国立教育研究所举行课程发展研究会，就课程发展程序与其基本结构进行了详尽的研究。最后，与会人士就课程编制程序达成共识，①一致认为课程自身乃是多方面发展演进的结果。所以，课程编制要循序渐进。课程编制的程序为：

(1) 基础——个人需要、社会需要、人类知能。

(2) 原则——确定课程发展原则。

(3) 一般目标——拟订教育宗旨。

(4) 分段教育目标——拟订各阶段教育目标。

(5) 选择教材——分科教材、合科教材、团体活动。

---

① 汪霞. 国外几种课程编制的方法、程序及模式. 外国教育研究，1994(1)：13.

(6) 设计教学——时间的分配、教学方法的设计、教具的选择,教学效果的检查。

(7) 课程评价——输入、内容与过程、输出。

(8) 课程修订——课程研究、课程检讨、局部修订、全面修订。

3. 格林菲尔德程序

这是由美国课程学家格林菲尔德(T. B. Greenfield)在《组织计划与决策》一书中设想的一种课程编制过程,亦被称为“教育计划模式”。其程序如下:

(1) 阐述宗旨与目的。

第一,统整个人与社会的需要。

第二,阐述宗旨。

第三,分析宗旨。

(2) 分析情况。

第一,指导环境研究。

第二,评估现有计划与研究。

第三,促进并评估理想的教育计划。

第四,比较预期成本及其效益。

第五,检讨资源。

(3) 制订目标。

第一,改变现有计划。

第二,制定新计划的目标。

(4) 规划发展过程。

第一,阐明新计划。

第二,分配资源。

第三,布置各项活动,设计和工作。

第四,完成计划。

第五,批评与改正计划。

(5) 核定评估。

第一,评价实际学习成果。

第二,以预期目的和目标比较实际成果。

(二) 课程编制过程

目前在课程理论与实践中占主导地位的课程模式是课程目标模式。根据课程编制理论以及我国的课程编制实际,课程编制过程一般具有以下几个步骤。[①]

1. 课程规划阶段

课程规划就是课程工作者根据教育目标、培养目标制定课程目标、设计课程方案、制定课程标准和编写教材的过程。

制定课程规划要注意以下几点:

(1) 要研究本学科的发展水平和结构、体系,确定本学科的基础知识和基本技能以及有关的思想价值观念、情感态度等。

(2) 要研究学生学习本学科的心理准备和心理特点,探索本学科学生知识结构和学生认知结构相结合的最佳方式。

(3) 根据培养目标,分析本学科与其他学科的相关途径与方法,摆正本学科在课程结构中的地位。

(4) 研究与本学科有关的学生学习活动方式,把教与学辩证地统一起来。

(5) 探求学科理论联系实际的基本途径和最佳方式,确定有效的教学原则和教学方法。

高等学校课程应该以激发学生的研究兴趣、鼓励学生走向社会为主。因此,在教材的编写中,要注重使学生掌握各种科学概念、原理和法则时所必要的现象和素材,这些是学生发展的媒介,要充分开发它们的价值。

2. 课程实施阶段

课程规划阶段制定出课程计划、课程标准、教材只是预期的或理想的课程。只有通过课程的实施才能变成现实的课程,才能促进学生的发展。

具体来说,就是根据选定的课程计划、课程标准,选定确切的教材,把课程中蕴含的知识、态度、情感、方法、价值观等传递给学生。在这个过程中教育的行政人员、教师、学生、家长都是能动的因素。其中教师、学生是最重要

① 和学新. 现代课程编制过程与方法. 天津市教科院学报,2001(2):27.

的因素。在课程实施过程中,至少要考虑以下 7 个方面:

(1) 安排课表,明确各科课程的开设顺序和课时分配;

(2) 明确并分析教学任务;

(3) 研究学生的学习活动和个性特征,了解学生的学习风格;

(4) 选择并确定与学生的学习风格和教学任务相适应的教学模式;

(5) 对具体的教学单元和课的类型与结构进行规划;

(6) 组织并开展教学活动;

(7) 评价教学活动的过程与结果,为下一轮的课程实施提供反馈性信息,以便作出改进。

3. 课程评价阶段

课程评价就是对课程规划和课程实施活动以及整个课程系统所进行的评价活动,以便对原有的课程编制过程进行反馈,从而为新一轮的课程编制的修正和完善提供事实依据。它包括对课程规划过程及其结果的评价、对课程实施过程及其结果的评价和对课程整个系统的评价。

二、课程编制的原则

对于“课程编制”,从课程理论学科群的结构来看,它属于课程工程科学的学科群层次,在某种程度上也属于课程应用科学的学科群层次。

若是从教育理论与教育实践的角度来看,“课程编制”是位于二者之间的中介现象,具有理论性与实践性两种特征。

一方面,课程编制的理论性特征表明,课程编制的最终目标是要产生出一套应用理论和技术理论,包括目标设定的理论与技术、课程内容选择的理论与原则、课程内容组织的理论与方法、课程评价的理论与技术等。

另一方面,课程编制的实践性特征表明,作为教育理论向教育实践转换的中介,课程编制本身就是一个教育实践过程,包括培养目标的重新制订、专业与课程结构的调整、课程内容的更新、考试与评价手段的改进性特征。

如果说课程好比是教育系统工程的心脏,那么课程编制是使心脏充满生机活力的起搏器。由此可见,课程编制是多么重要。在课程编制过程中,应遵循以下几条原则。①

（一）目的性原则

教育的目的是培养高素质创造性人才。因此，课程编制的诸方面应该处处围绕人才培养目的，并实实在在地为实现这一目的服务。

我国高校培养的人才总体上应是德、智、体、美全面发展的四有新人。《面向21世纪教育振兴行动计划》和《关于深化教育改革全面推进素质教育》中更加突出培养具有创新精神和实践能力的人才。因此，高校课程编制应该紧紧围绕这个中心，竭尽所能为实现培养创造性人才这个中心服务。尽管各个高校在人才规格的具体理解上存在差异，比如有的高校以培养研究型人才为主，有的以培养研究应用型、应用研究型、应用技术型人才为主，但不管怎样，各类高校在课程编制过程中都应该充分考虑到德、智、体、美的目标、内容以及相应课程的知识结构要与市场经济条件下的人才素质要求有机结合起来，应在各类课程中充分体现出人才培养的目的性。

（二）功能性原则

课程编制的功能性原则指的是，高等学校在确定课程编制时，应充分实现大学功能与课程功能的统一，从而达到培养高素质创造型人才的目的。

课程功能应为大学功能服务。培养人才、科学研究和服务于社会是大学的三大功能，培养社会所需要的人才作为大学服务于社会这一功能的主要方式，其核心在于课程功能真正合理地得到体现，因为大学教育的主渠道是通过课程教育进行的。只有课程功能比较完满地得到体现，才能实现大学的功能尤其是其培养人才服务于社会的功能。因此，高等学校课程编制应该考虑与体现每门课程将在培养人才方面发挥什么样的功能，起着怎样的作用，课程与课程之间以及整个课程体系都应体现出为培养所需人才服务的功能。

（三）开发智力原则

根据新的知识观，课程编制作为人才培养的根本途径更应重点突出成功

① 邓治文. 高等学校课程编制原则探新. 长沙电力学院学报：社会科学版，2002(3)：123.

智力的培养。成功智力是美国著名心理学家 R·J·斯滕伯格在 1996 年发表的专著《成功智力》中提出的。斯滕伯格成功智力的内涵既不同于 1985 年他自己提出的三重智力理论对智力的理解，更不同于加德纳的多元智力理论对智力的理解。斯滕伯格的成功智力即指"用以达成人生中主要目标的智力，它能导致个体以目标为导向并采取相应的行为，是对现实生活真正起到举足轻重影响的智力"，它包括分析性智力、创造性智力、实践性智力 3 个方面，并且只有当三者相互协调时才最有效。

从成功智力理论来看，传统的课程，或者现在正在使用的绝大部分教材，对培养分析性智力还是十分重视的，并且占有很大比重，而对培养创造性智力和实践性智力是极为不够的。因此，在确定课程编制时，应该重点开发培养学生创造性和实践性智力的课程，从而促进学生成功智力的发展。实质上，要真正促进大学生成功智力的发展，关键在于通过教育和培养使学生在分析性智力、创造性智力、实践性智力三者之间达成平衡。如果仅分析性智力高，则难以产生新思想，只会评论别人的思想；如果仅创造性智力高，那么虽然会产生革新的想法，却不知哪些有用，也不知将新想法如何付与实践；如果仅实践性智力高，则往往会分辨不清新思想的价值优劣。就目前状况而言，开发与培养创造性智力和实践性智力的课程尤为重要，因为相对来说，我国大学生的分析性智力应该说是相当不错的。

（四）情意原则

课程编制的情意原则指的是，高等学校在确定课程编制时，应该注重情绪智力和耐挫力（或逆境商 AQ）的培养，使大部分课程都有助于学生健康情感和坚强意志的形成。

人不仅是思维的存在，同时也是感情的存在。从人本主义教育来看，情绪情感的发展成长同卓越的智力同等重要，因为脱离了感情的智慧是空虚的、无意义的。为了全人格的发展，认知学习必须同情绪、情感相结合，心智发展必须同情绪发展相结合。失败并不可怕，面对失败或挫折的应对方式在很大程度上决定着以后的成功。这种应对方式，按照国际著名商业咨询专家保罗·史托兹的说法，实际上就是逆境商。"有些人智商高，也具备情商的各个方面的条件,然而却未能发挥其潜能”,[①]其原因在于逆境商太低。高等学校在确定课程编制时,应该彻底改变过去轻视对学生情感和意志培养的状况,应注意增加大部分课程情感意志教育的权重并开设专门的情意训练教程。

(五)综合化与个性化原则

课程编制的综合化与个性化原则,指的是高等学校在确定课程编制时,要根据时代发展的潮流,将科学精神与人文精神有机地融合到教育全过程,同时使学生的类主体特性得到充分实现。

课程综合化将呈现出4大特征:

其一,教学内容的综合性,即打破分科课程的界限,实行学科综合、知识能力智力的综合、认知与情意的综合。

其二,教学过程的互动性,即在教学中实现生生互动和师生互动。

其三,教学方法手段的综合性,即根据教学任务的要求,灵活采用多种方法进行教学。

其四,课程模式的多样化,[②]包括传统分科课程、多学科或交叉学科课程、综合的课程、超综合的课程等。

第三节 课程编制的层次和方法

高等学校的课程编制活动应该考虑其层次问题。从课程组织和领导的角度来看,高等学校课程编制活动大体上可以分为3个层次:

第一个层次是对单门课程(学程或教程)进行计划的活动。

第二个层次是对某学科或专业的课程总体进行计划的活动,曾被称为专

---

① [美]保罗·史托兹.AQ逆境商数.姜冀松,译.天津:天津人民出版社,1998:12.

② 有宝华.课程连续统一体——一种新的学校课程系统.外国教育资料,2000(1):20-24.

业教学计划或培养方案。

第三个层次则是以学院为单位进行的课程编制活动。

在课程理论上,第一个层次可以称为微观课程的编制,后两个层次则可以相应地称为宏观课程的编制。①

一、单门课程编制的方法与程序

从国外各位专家学者对单门课程编制的研究及国内文献中各学科对课程改革的研究看,大学单门课程编制包含的基本内容可以分为以下 4 个方面。

(一) 对需要的调查及表述

大学开设一门课程,不是教学管理部门随意指定的,更不能因人设课,而需要进行多方面的调查,包括对课程性质、学习者和课程资源等方面的调查,并把这种调查结果在授课计划中进行描述。这些描述可以包括以下几个方面:

(1) 简单描述该门课程;

(2) 该课程在专业课程计划、学院的人才培养方案中的地位;

(3) 学生、教师、系、学院要为该课程的开设各作什么贡献;

(4) 该课程开设的必要性及其原因;

(5) 描述教师教和学生学这门课程的作用;

(6) 描述编制和讲授该课程的潜在的复杂因素。

课程编制是为了教育特定的学生,授予学生相应的知识或培养学生的技能。对学生的了解越多,课程编制的结果就越能适合他们的水平并帮助他们达到课程目标。对学生的描述至少应该说明以下几个问题:

(1) 该课程对学生来说是主修还是非主修?

(2) 学生是新生、高年级学生、毕业班学生还是在职学生?

(3) 这些学生需要从该门课程获得什么?

---

① 王伟廉. 高等学校本科课程编制的层次问题. 高等教育研究,2002(5):64.

(4) 学生已经具备了与该课程相应的哪些技能、态度、知识、能力和兴趣?

(5) 当课程结束时,希望学生掌握哪些技能、态度、知识、能力和鉴赏力?

在此基础上,教师还要进行进一步的工作,要阅读资料、考察需要的场地、与课程涉及的人员进行交流。在这个过程中,教师要将课程描述、学生情况、课程内容、课程资源等铭记于心,并检验课程资源是否与它们相一致,否则需要作哪些修改?课程的范围和内容是否需要拓宽?课程资源是否适合学生的学习目标和能力水平?这些方面如果达不到一致,则需进行相应的修改。经过多方面的修改后,以教师为主体的课程编制者可以算是完成了课程编制的第一个步骤。

(二) 确定课程目标

课程目标是教育目的和教育目标的具体化。它是课程方案、教学实践、课程评价等活动所要达到的、可以显示的、可以观测的标准。课程目标是课程活动的起点和终点,它制约着全部教学活动,贯穿于教学过程的始终。

泰勒认为,课程目标应有3个来源:一个是来自学科专家的建议,一个是来自学生的需要,一个是来自社会生活。[①] 这3个来源的思想同样适合于大学单门课程目标的制订。[②] 当然,从这3个来源得到的建议目标,比实际上可能编入课程方案的目标要多得多。需要从大量庞杂的目标中,采用教育哲学和学习心理学两道筛子进行筛选,选择出少量重要而又互相一致的目标。在课程目标筛选的操作过程中,教师可以扮演学生的角色而进行反问:"如果我是你的学生,我必须做些什么才能让你确信,修完这门课程时已经达到要求的目标?"[③]

课程目标筛选后,在进行表述时有几个方面的因素是不可缺少的。一般应该包括以下3个基本要素:

(1) 一个表示动作的动词,如"理解"、"解释"、"辨识"等;

---

① 泰勒. 课程与教学的基本原理. 施良方,译. 北京:人民教育出版社,1994:1-34.

② 王伟廉. 高等教育学. 福州:福建教育出版社,2001:160.

③ M. Robert. *Diamond, Designing and Assessing Courses and Curricula, A Practical Guide.* San Francisco: Jossey-Bass Inc, Publishers, 1998:134-135

（2）对行为所发生的情境的描述，如“在 2 小时之内”、“不得使用教材和笔记”、“可以使用计算器”等；

（3）衡量学习者的行为表现成功与否的标准，如“物理系一年级学生高等数学考试答题正确率应在 85% 以上”等。

有些课程目标是有限制性的，一些广义上的目标是无法被评估的，如在艺术和音乐学科中，其二级目标可能是发展学生终身欣赏艺术或音乐的习惯，但这个目标在一门课程结束时甚至在四年后大学毕业时是无法评估的，在这种情况下，教师应该选择那些可能促使学生达到这种目标的知识、情感和行为技能作为目标，而不是把目标定得太具体，以减少限制学生创造性和削弱教师教学热情的可能性。

（三）选择和组织课程内容

课程目标在一定程度上为课程内容的选择和组织提供了一个基本的方向。课程内容的选择和组织，除了要考虑与目标的相关性之外，还要考虑内容的科学性和有效性、它们对学生和社会的实际意义、它们能否为学生所接受以及是否与学校教育的基本任务相一致等问题。

课程内容的选择是一个十分复杂的课题，早在 19 世纪，就有了“实质训练”说和“形式训练”说之争。前者注重科学性和事实性知识本身，后者主张选择具有较高智能训练价值的材料。后来出现了一些新的见解，如要素主义课程论认为学校应将人类文化遗产中的精华传递给年轻一代，结构主义课程论则主张把学科的基本结构作为课程内容，人本主义强调以人的需要、兴趣和情感的发展为选择课程内容的原则。课程改革和实践的经验表明，这些观点都有一定的合理因素，但也都片面，在实践中很难取得理想的效果。

根据我国大学的实际情况，参照各家观点，课程内容选择必须遵循 5 条原则：

（1）整体性原则。每一门学科的知识之间都有着内在的逻辑联系。为达到某个目标，需选择一些知识作为课程内容，这种选择应保证学科基本结构和基本原理的完整性，否则会大大弱化课程内容在达成目标中的作用。

（2）量力性原则。学科内容的难度应为学习者知识基础和能力所及，难度过大或过小的内容都不利于激发学习者的学习动机，不利于推动他们的发展。如果课程内容难度太大,则学生需进行预期知识的补救,否则无益于课程目标的实现。

(3) 满足性原则。选择课程内容时应考虑学习者的兴趣,应保证学习者在学习这些内容的过程中产生满足感。

(4) 效用性原则。课程内容既要为达成技能性目标提供锻炼机会,也要为智力和品德方面的目标提供锻炼机会。

(5) 经济性原则。选择内容要注意选择某种能同时达到多种目标的内容,减轻学生的学习负担,同时避免达成同一目标的重复性内容。如何组织课程内容,泰勒提出了 3 个基本准则,即连续性(continuity)、程序性(sequence)和统合性(integration)。[①]

连续性是指在课程编制中要使学生对于所学能力或技能有不断重复练习和继续发展的机会。

程序性是强调每一后继内容要以前面的内容为基础,同时对有关内容加以深入、广泛地展开。

统合性是指各种课程内容之间的横向联系,以便有助于学生获得一种统一的观点,并把自己的行动与所学的课程内容统一起来。

(四) 制定课程评价标准和方式

课程评价贯穿于课程每个单元和整门课程的全过程,同时包括对课程方案的评价。单门课程评价的标准至少包括以下内容:

一是要明确修读课程的学生现有水平,以确定是否需补修或免修。可以在授课前制订具体的测量方法,以便检查学生修读的先决条件。

二是确定是否通过检查学生的学习成绩就能达到课程的目标(包括每个单元的目标和整门课程的目标),检查学生在知识、情感和技能等方面的达成情况。

三是明确学生对该门课程和学科领域的态度是否改变。

四是要明确整个课程编制、课程内容和组织结构是否是有效的、可行的。

明确课程评价标准,接下来则是选择评价的方式。有多种多样的方式,

---

① 王伟廉. 高等学校本科课程编制模式探讨. 高等教育研究,2003(3):79.

如笔试、访谈、搜集学生作品、小组活动、实验实习、主题研究、实践调查等，可根据课程的性质、类型等进行不同的选择。①

对课程方案的评价是课程编制的最后环节，它有利于课程编制者再次对课程编制的过程及课程编制涉及的各要素进行全面的思考。总之，根据以上的编制步骤，教师可以完成大学单门课程编制的一个完整程序。当然，经过一个编制程序后产生的课程方案，还需要在课程实施中不断得到检验，教师要根据检验结果进行调整或重新编制。课程方案只有经过多次循环修改，才能逐步完善，最终达到人才培养的目标。

二、培养方案编制的结构与程序

专业培养方案，是高等学校根据不同层次不同专业的培养目标和培养规格所制定的实施人才培养活动的具体方案，是学校指导、组织与管理教学工作的基本文件。一般来说专业培养方案的结构模式主要可以分为以下几种：

（一）楼层式结构

楼层式结构是把课程分为基础课、技术基础课、专业课三类，并按照基础课、技术基础课、专业课的顺序安排课程的模式，俗称为"三层楼"结构模式。"三层楼"课程结构模式是以学科本位为主线构建的一种课程结构。

除了"三层楼"结构模式外，还有"四层楼"结构模式：公共基础课—专业基础课—专业课—专业方向课。其中，专业基础课包括技术基础课，专业方向课分为限定选修课与任意选修课。这种结构模式主要是以学科本位为主线构建起来的。随着知识能力型教育受到重视，楼层式结构模式发生了一些变化，实践教学与理论教学并行，但仍然以理论教学为主。

（二）平台式结构

平台式结构在形式上与楼层式结构有些相似，但其内涵却有很大的差异。"平台"与"楼层"的不同之处在于：平台覆盖的面积宽，而楼层所占据的

---

① 蔡映辉. 大学单门课程编制理论与技术的探讨. 高教探索，2007(1)：103.

面积窄。“平台式结构”是拓宽专业口径，按二级专业或按大类专业所设计的一种课程结构模式。这种结构模式，主要是针对理论教学部分设计的，所以仍然是以学科本位为主线构建的课程体系。平台式结构，也有“三级平台”、“四级平台”等不同结构模式。

（三）模块式结构

把课程按学科门类、一级学科、二级学科分类，或按业务工作需要的专业技能分类，组成各种学科知识模块与各种专业技能模块，然后按模块之间的相互关系组成专业的课程体系。这种课程体系的结构模式，就是模块式结构。

（四）平台—模块式结构

平台—模块式结构，是吸收平台式结构的优点与模式结构的优点综合而成的一种课程体系的结构模式。公共基础平台包括思想道德素质模块、身体心理素质模块、学科专业素质模块、文化科学素质模块，学科或专业群基础平台包括专业必修课模块、专业选修课模块。

（五）一体化结构模式

“一体化”结构模式是适用于以“融传授知识、培养能力与提高素质为一体”为主线设计的一种素质教育课程体系结构模式。

普通教育平台包括理论教学——人文社会科学基础模块、数学自然科学基础模块、工具性学科基础、军事与体育学科基础，实践教学——社会调查、实验、实习、上机训练、听力训练、体育军事训练。

学科基础平台（本学科基础、跨学科）包括理论教学——一级学科基础模块，专业方向平台包括理论教学——专业方向模块、专业选修模块，实践教学——毕业设计与实习。[①]

---

① 曾冬梅，黄国勋．高校专业培养方案的结构模式．江苏高教，2002(3)：89.

（六）专业培养方案编制的程序

一般来说，专业培养方案编制的程序如下：

（1）深刻理解专业的内涵；

（2）确定专业培养目标及评价准则；

（3）确定课程设置及建立准则——课程矩阵；

（4）应用 AHP 法确定课程重要性；

（5）依重要性修订课程设置及内容；

（6）按总学时确定学时分配；

（7）按确定的课程名称、内容及学时编写教学大纲；

（8）制定教材规划；

（9）师资队伍建设。

三、以学院为单位的课程编制活动

由于学校的规模有大有小，在实际上，规模庞大的高等学校很少以学校为单位进行课程编制。即使有计划活动，也多是发展战略或发展规划，这些计划几乎囊括了学校发展的所有方面。而真正的以学院为单位的课程编制活动，一般发生在大学下面所属的专业学院一级。规模较小的学院，可以通过由全院副教授以上教师组成的学术委员会或课程委员会来直接进行课程编制活动，并对课程作出决策。这时可以由院长或分管教学的副院长主持委员会的工作。规模较大的学院，往往要通过一个代表性的机构来讨论，然后提交全体教职员工大会通过。

以学院为单位的课程编制过程与上述两个层次的课程编制过程有很大不同。据比格兰分析，这一层次的课程编制过程通常有 4 种目的：[①]

（1）使课程方案与学院的发展战略相吻合。

（2）修改旧的或建立新的发展战略。

（3）为了更好地适应外部环境的变化。

---

① 王伟廉. 高等学校本科课程编制的层次问题. 高等教育研究，2002(5)：64.

(4) 跟上当前改革的潮流。

当然,这些目的有时是交织在一起的。通常第1个目的引发的课程编制属于内部因素推动,后面3个则都属于外部因素的推动。当一所学院对现有课程或培养方案作出全面而彻底的修订、在发展战略上作出重要的改变时,课程编制过程往往会引起公众和学界的关注,从而对其他学院产生影响。但这样的变革常常缓慢且困难重重。大多数以学院为单位的课程编制或改革是由于外部因素推动的,诸如社会上对大学提出的批评报告、某企业提供的一份关于该校学生知识、能力欠缺的材料等,都会引发大学重新审视现有课程。有时学院一级的课程编制活动还可能是因为某种赶时髦的心理引发产生的。例如看到别的学院在课程上做了某件事,便也学着去做。有学者称这种现象为"潮流效应"。当然,这种效应也不一定不好。有些好的改革措施往往可以通过这样的途径得到推广和普及。

四、课程编制的方法

国外有影响的课程编制方法,主要有以下几种。

(一) 课本中心法

课本中心法有两个显著的特征:

(1) 学校课程必须经严密的计划与组织,以预定的有系统的教材,遵循一定的程序,把作为人类思想之结晶的学问传授给学生。

(2) 教材一律由专家、学者编纂。课本中心法沿用最久,而流传亦最广。

其可取之处是:

(1) 由专家编纂课本,比较可靠。内容专业性、系统性、逻辑性亦强,使学生能获得高深的学问。

(2) 教师、学生和家长容易接受这种方法,通过此法把学生培养成具有较高文化水准的社会成员。

但无可否认,课程构成掌握于少数专家之手,容易使内容偏重抽象原理,而忽视具体事实。同时,作为教学第一线的教师却没有机会参与课本的编制。所以,教材难以反映教师、学生的需要。另外,教学内容应和社会生活密切联系,即需理论联系实际,学以致用,而课本中心法很难做到这点。

(二) 社会机能法

1. 社会机能法的基本观点

社会机能法亦称社会功能法。该法盛行于 1930 年至 1940 年,由卡斯威尔(H. L. Caswell)和康贝尔(D. S. Campell)等所倡导。20 世纪 30 年代,美国的许多地方教育计划的编制都采用了这种方法。它的特点是:把学校课程视为使青少年有效地参与社会实际生活各方面的工具,认为应依据社会生活的主要机能,来决定课程的框架。社会机能法的基本观点是根据有机心理学和文化人类学而来。

2. 课程编制遵循的基本原则

根据这些理论,在课程编制上应遵循 4 条基本原则:

(1) 课程编制必须使学生能容易地适应现实的社会生活。为此,要使学生了解现实社会的问题。

(2) 一切教育计划、方案,必须引导学生扩大对社会生活的视野,并逐渐参与社会的生活活动。

(3) 一切科目的学习,应以统合为准则,以由社会机能形成的核心科目为主轴。

(4) 儿童学习的教材范围应以学习兴趣为指引,进行适当的安排。

3. 课程编制步骤

据上述 4 条原则,社会机能法实施步骤是:

(1) 调查社会生活的种种机能活动,处理结果,选出几个主要的机能,作为决定课程范围、选取教材的根据。

(2) 研究社会发展过程,以揭示影响社会机能的主要社会力量。

(3) 分析各学年、各阶段学生的兴趣、能力和需求,由此发现学生的兴趣倾向以及适合其能力发展的社会文化。

应该说,社会机能法的课程构思十分精致,但重心仍在社会机能,儿童兴趣与学科材料只占从属地位;因为偏于成人社会现实活动及社会问题,所以不免带有浓厚的成人本位色彩。

(三) 活动分析法

1. 活动分析法的基本观点

活动分析法亦称目标法，为科学派课程论学者所倡导，以博比特(F. Bobbit)为先驱。1920年至1930年，教育科学运动风靡全美，其领导者为博比特、查特斯(W. W. Charters)等。他们主张教育上的问题都应该用科学的客观方法来解决。关于教育的目的，博比特认为："今日之学习，是为以后的成人生活作准备。"所以，学校课程编制理应运用科学的方法，以成人生活活动的分析为依据。他在对社会生活活动作出大规模调查的基础上，将人类广泛的生活活动分为以下10个类别：

(1) 语言及社会沟通活动；

(2) 健康活动；

(3) 公民资格活动；

(4) 一般社交活动；

(5) 娱乐活动；

(6) 心理健康活动；

(7) 宗教活动；

(8) 双亲活动(parental activities)；

(9) 业余活动；

(10) 职业活动。

博比特对此又作了进一步的详细分析，定出821个特殊而明确的目标，作为课程编制的基础。①

2. 课程编制的步骤

博比特把课程编制规定为以下3个步骤：

(1) 确定目标；

(2) 选择经验；

(3) 组织讨论。

强调在课程编制上运用科学的方法，可谓是一种划时代的重大进步。它

① 汪霞. 国外几种课程编制的方法、程序及模式. 外国教育研究，1994(1)：11.

创立了一种理论与技术,以期探明社会的需求,而能从生活的现实出发编制课程,通过活动分析,选定教育目标,使课程材料对于人生活动的意义一目了然。不过,尽管选择有社会意义的课程材料是一个进步,但人们的生活活动终究是一种事实,并不一定能符合真正的理想,即此种活动与实现价值理想活动之间,可能尚有距离乃至冲突。另外,社会亦处在变化发展中,活动分析的结果转瞬之间已成过去,对于学生将来的生活是否真的实用,值得考虑。活动分析及社会调查,均以成人生活为对象,应用这种分析研究结果来编制课程,易导致对学生需求的忽视。

(四) 青少年需求中心法

青少年需求中心法在1940年前后出现。它受进步主义教育(progressive education)的影响,其积极的倡导者有:多恩(D. Done)、艾伯特(H. Alberty)等。他们认为成人本位的课程不易引发学生的动机与兴趣。若学习不能成为自发的活动,则再好的教材也难以对学生产生良好的影响。所以,多恩提出,应以儿童研究为先,再决定其需求,其后为了满足此种需求起见,再对社会需求加以考虑,从而定出课程内容。可见,青少年需求中心法要求详尽地分析某一年龄的所有青少年的共同需求,然后以这些需求为框架,选择教学内容。它是以青少年的“发展课题”为轴心组织教学内容的一种方法。

美国进步主义教育协会,提出以下4个基本生活侧面的青少年的主要需求:

(1) 个人生活。

第一,个人健康的需求。

第二,安心、自信的需求。

第三,满意的生活远景与建立一个可以实践的人生观的需求。

第四,各种个人的兴趣与审美的满足的需求。

(2) 个人之间的人际关系。

第一,在家庭生活中,能继续增进圆满的关系之需求。

第二,与男女朋友之间能维持并继续增进良好的关系之需求。

(3) 社会的公民关系。

第一,对于社会生活,负责任、积极参与的要求。

第二,有被社会重视的需求。

(4) 经济关系。

第一,欲获得长大成人之情绪上的需求。

第二,欲获得职业选择指导及职业准备的需求。

第三,明智地选择并利用各种物质设施的需求。

第四,以有效的方法来解决经济问题的需求。

各门学科课程进行编制时应当满足这些需求。

(五) 生活情境中心法

它也称问题领域法,1945 年前后盛行。倡导者是斯特拉勒迈耶(F. B. Stralemyer)和艾伯特(H. Alberty)。他们认为,生活是儿童、成人共同追求社会理想的行为,撇开儿童,并无成人社会;离开了社会,亦无单独存在的儿童。因此,应研究现实社会中现实的学生,既不能进行片面的社会调查,也不能搞片面的学生调查,而应是在现实社会中对青少年生活的实况进行调查。以这种调查为基础,才能构成有意义、有价值且兼顾社会与青少年两个方面的学科课程。

所谓调查,就是研究处于身心发展不同阶段的学生和成人,分析其持续而恒常的生活情境,并以其中潜在的问题领域为中心来编制课程。斯特拉特迈耶经过调查分析,把生活情境分为 3 个大类 10 个部分:

(1) 要求个人能力成长的情境。

第一,健康。

第二,智力。

第三,道德选择的责任。

第四,审美表现和鉴赏。

(2) 要求社会参与成长的情境。

第一,人与人的关系。

第二,人与团体的关系。

第三,团体与团体的关系。

(3) 要求应付环境因素和压力的能力生长的情境。

第一,自然环境。

第二,产业的技术力量。

第三,政治、经济与社会的机构及力量。

10个部分彼此密切联系,错综复杂,人们能力发展的主要方向可见一斑,由此可以判定大致的课程范围。情境分析法竭力调和学生和社会的关系,兼顾学生与社会双方,并倡导严谨的科学研究。

第十二章

高等教育课程的实施

在早期的课程研究中课程实施并未受到重视。20 世纪 50 年代至 60 年代以来，许多国家花巨资设计的课程计划并没有得到很好的实施，由此引发人们对课程改革过程的深入研究和系统反思，课程实施问题逐渐成为人们关注的焦点。70 年代以后，课程实施研究成为课程与教学研究中的一个重要领域。随着课程理论研究的深入，人们越来越认识到课程实施的重要性，课程实施是整个课程编制过程中一个基本阶段，是课程开发过程中一个重要的环节，是实现预期课程目标的重要手段。

第一节 高等教育课程实施及其意义

课程实施是指课程计划付诸实践的过程,它是达到预期课程目标的基本途径,是课程改革过程的一个实质性阶段。对课程实施内涵的认识,影响对课程变革过程实质的深刻理解,影响提高课程变革的成效。

一、课程实施的含义

中外学者从不同的视角对“课程实施”这一术语作出了界定。

从课程变革的视角对课程实施作出界定是国外课程研究的传统。“课程实施”这一术语英文为 curriculum implementation,其意思是“贯彻”、“完成”、“履行”等。实施的对象显然是一项新的课程革新措施、课程方案等。因此,在国外,对课程实施的定义一般是将课程实施看做是将革新思想转变为实践的过程。

加拿大教育改革专家富兰认为:“课程实施是把某项改革付诸实践的过程。它不同于采用某项改革(决定使用某种新的东西),实施的焦点是实践中发生改革的程度和影响改革程度的那些因素。”[①]富兰的这一界定已经成为“课程实施”的一个经典定义。在他看来,课程实施是课程变革过程的一个重要的阶段或环节。

美国学者利思伍德对课程实施的解释也是沿着这种取向进行的。他认为:“实施涉及缩短现存实践与革新所建议的实践之间的差距。”这种定义指出了课程方案与课程实施的区别。

事实上,课程实施不仅包括把新课程计划付诸实践的过程,还包括课程

① 江山野.简明国际教育百科全书·课程.北京:教育科学出版社,1991:156.

制度化的过程。[①] 不管一个人采用的方法是什么，实施实质上由3个阶段组成：起始阶段、实施阶段和维护或制度化阶段。

在起始阶段，计划者要提出诸如哪些人参与、所期望的支持程度是什么以及人们对革新是否准备就绪等问题。

实施阶段是“做”的过程，它要求参与实施的人们在教室中或在其他适宜的教育场所试验它。

维护或制度化阶段则侧重于对革新的修改，如果制度化阶段未被计划到，被引入的革新计划将会“褪色”或停止存在，变革就会违背它的初衷。

我国课程界对课程实施含义的研究，有两种倾向：

一种界定是，将“课程实施”归入“课程变革”的研究范畴，认为课程实施是将课程变革付诸实践的过程；将课程实施作为课程开发和编制的环节之一，认为“课程实施”就是实施课程计划的过程。例如，“‘课程计划’是指制定课程变革的理想及实现这种理想的具体方案。课程实施是将某项课程计划付诸实践的具体过程”。可以看出，无论国外还是国内，将“课程实施”作为课程变革过程的一个环节、认为课程实施是将革新付诸实践的过程，这已成为有关“课程实施”的主导认识。这种认识是将课程实施放在课程变革的背景下来分析的，或者说，课程实施与课程变革互相伴生，分析“课程实施”总是连带着“课程变革”，无法将二者剥离。[②]

另一种界定是，“课程实施实际上也就是教学”。这是人们在处理课程与教学或者处理课程论与教学论关系问题时出现的观点。坚持“大课程论”的学者，“趋向于课程实施就是教学。把课程看成是‘一段教育进程’，课程将不仅仅是存在于‘观念状态’的可以分割开的‘计划’、‘预期结果’或‘经验’了，课程根本上是生成于‘实践状态’的无法分解的、整体的‘教育’活动”。“课程实质上就是实践形态的教育”，“课程实施实际上也就是教学”。也有学者认为，“教学过程是对课程计划的实施过程”，认为凡是依照教育部颁布的课程标准进行的教学就是正常化的教学，凡是未按照课程标准施教的都是

---

① 李臣之. 课程实施：意义与本质. 课程·教材·教法，2001(9)：15.

② 张华. 课程与教学论. 上海：上海教育出版社，2000：339-342.

不正常的,是应该加以改变的。[①] 这实质上是将课程实施过程与教学过程等同视之。

课程实施就是教学的观点,的确能够解决课程与教学分离的困境,有助于教育过程的展开。但是,课程实施不可能与教学划等号,彼此都有不可以包容的范畴,有着来自不同方向的规定。[②]

二、课程实施的意义

研究课程实施的意义在于深刻理解课程变革过程的实质,提高课程变革的成效。依据课程论专家、"课程实施"问题研究的奠基者富兰和庞弗雷特的归纳,课程实施的研究意义,可以分解为 4 个方面:[③]

(1) 为了了解课程变革的实际;

(2) 为了理解教育变革失败的原因;

(3) 为了对学生的学习结果以及影响学习结果的可能决定因素作出解释;

(4) 为了不至于将课程实施与课程变革过程的其他方面(如课程采用)相混淆。

从课程论的研究和当前课程实施的实践发展而言,课程实施有以下 4 个意义:

(一) 有利于及时发现课程实施中的问题,有效指导课程实践

有研究表明,大多数课程变革方案付诸实施后并不像方案设计者所预想的那样乐观。国外一项研究报告指出,一项变革方案被采用后,研究者将方案所要求的行为模式分解为 12 种具体行为,用测量工具对教师的行为进行观察测量,结果发现方案实施的质量非常低,教师的行为只有 16% 符合方案所要求的行为模式。[④] 可见,如果没有对课程实施深入细致的研究,就不可能

① 黄政杰. 多元社会课程取向. 台北:师大书苑发行,1995:131.

② 李臣之. 课程实施:意义与本质. 课程 · 教材 · 教法,2001(9):15.

③ 张华. 课程与教学论. 上海:上海教育出版社,2000:330.

④ 同②,2001(9):13.

及时发现课程实施过程中的问题，自然难以对课程实践进行适时、恰当、有效的指导。

（二）有利于完善课程理论

一个完整的课程改革过程包括课程计划、课程采用、课程实施、课程评价几个环节，课程变革是这些环节之间动态的、复杂的交互作用过程。人们对课程变革认识的理性化水平的提高过程，就是将课程改革过程分解为不同方面，深入理解每一方面的本质与功能，进而把这些方面有机联系起来的过程。为了把课程实施与相关的其他环节区分开来，就需要把课程实施从课程变革过程中分离出来，着重进行研究。而迄今为止，我国学者在课程目标、课程内容、课程设计、课程评价等领域进行了很有意义的探索，取得了显著成绩，但相比之下，对课程实施的关注较少，出现了课程理论系统研究的缺口。

（三）有利于设计新的课程改革方案

课程计划与课程实施之间的关系是理想与现实、预期结果与现实结果的过程之间的关系，这种关系极其复杂，难以预料和控制，由此形成了制定新一轮课程方案的复杂性。人们往往采用新课程方案，将学生成绩优秀的原因归结为新课程方案本身，而对新方案的实施过程并未作出恰当的估计，实际上，采用了一项新方案并不意味着照方案计划那样进行实施。同样，一种好的教育效果，也绝非仅仅来自好的方案，即便是不太理想的方案，对于高水平的实施者，也可以取得较为理想的成效。课程设计的根本目的在于改变学生的学习状况，促进其最大程度的发展。

（四）有利于课程实施方案的推广

通过课程实施研究，可以知晓影响课程实施的真实变量，明确课程方案在不同情境中运行的可能状况，确定哪些变量可能是制约课程实施的关键，哪些变量没有影响课程实施，哪些变量对课程实施产生消极影响，明确众变量对课程实施的影响程度和作用方向，可以及时正确地干预和控制无关变量，从而估测课程实施情境中的不同状况。课程实施不是任务所使然，它更多地体现了一种使命，一种为学生、为社会发展负责的使命。一切从学生和社会发展出发，一切从实施主体（包括地方、学校、教师）、实施环境或情境出发，科学地处理好影响课程实施的诸因素，谨慎运行实施的过程。研究课程实施，可以为采用实施方案的地区显示一个真实的过程，帮助其理解修订、借鉴和再造。

第二节 高等教育课程实施价值取向

关于课程实施的取向，课程专家富兰等人于 1997 年把课程实施的取向概括为得过且过（muddling through）、相互调适（mutual adaptation）和忠实 3 种取向，辛德等人则将其归纳为忠实、相互调适和缔造（enactment）3 种取向。①

一、课程实施的价值取向

（一）得过且过取向

它是一种最保守的做法。它往往避开矛盾和问题，在过程中临时作出决定，因而其方向是不太明确的，难于达成预期的目标。

持这种取向的教师往往是悲观主义者，对课程计划的重要性和实现预期的课程目标持怀疑态度。

（二）忠实取向

它把课程实施过程看做是忠实地执行课程方案的过程。根据这一取向，预期课程方案的实现程度就是衡量课程实施成功与否的基本标准。课程方案实现程度高，则课程实施成功；反之，课程方案实现程度低，则课程实施失败。

---

① 靳玉乐. 课程实施：现状、问题与展望. 山东教育科研，2001(11)：4.

显然,坚持忠实取向将课程实施的本质理解为忠实执行、按部就班,不可能对课程方案作出变革。

(三) 相互适应取向

它强调课程方案的使用者与学校情境之间的相互适应,主张根据学校或班级实际情境在课程目标、内容、方法组织形式诸方面对课程方案进行调整和改革。它包括两方面的内容,即课程计划为适应具体实践情境和学生特点而进行的调整、课程实际情境为适应课程计划而可能发生的改变。

持这种取向的课程实施者,容易将课程实施的本质理解为"协调中的变革"。人们相信,课程实施不可能只是一个事件,更重要的是一个过程,在过程中实施者不可能不对课程方案进行修订,甚至改变,以适合其自身的目的。

(四) 创生取向(又名缔造取向)

它把课程实施过程看成是师生在具体情境中联合缔造新的教育经验的过程,在缔造过程中,已经设计好的课程方案仅仅是教师和学生进行或实现"再造"的材料或背景,是一种课程资源,借助这种资源,教师和学生不断得到发展。随着教师和学生的发展,课程本身也在不断地进步。

应该说,以上 4 种取向在对课程知识的产生、课程变革的假设、研究方法以及教师角色的理解有着很大差异,各有其适用的条件和优缺点,由于教育和社会情境极其复杂,教育变革的需要多种多样,在不同的情境中各种取向的价值都可以得到不同程度的体现,这也可以被视为从"过程论"角度对课程实施本质的理解。实际上,课程实施可以视为课程发展中的一个重要环节,在课程发展过程中,从课程实施者对待"课程"的态度、课程计划或课程方案在过程中的变革或变化程度、课程实施在不同情境中的实际效果等角度或者从课程实施过程中重"内容"或重"方法"等角度理解课程实施,均可以产生不同的实施取向。这些尝试性探究,不仅对理解课程实施过程有帮助,而且进一步拓展了研究课程实施本质的思路,启发人们从不同的层次、立足于不同的角度、在不同的水平上研究课程实施。

二、课程实施本质认识的发展

中国台湾地区课程专家欧用生教授2000年将课程实施的新观点归纳为落实观、再概念的改革、教学导向的改革、转型的改革和革新的社会实验5类。其见解是很有创意的。①

(一) 课程实施变革的类型

麦克尼尔(J. D. MeNeil)在《课程导论》一书中考察了5种类型的课程变革:

一是替代。如新教科书代换旧教科书。

二是交替。当变革被引进到现行的材料中,并有希望成为选修科目因而容易被采纳时,交替就产生了。对教科书的修改,亦是一种交替。

三是紊乱。这类变革是破坏性的。

四是重建性变革。这类变革导致课程体系本身的修改,如新教学观的形成。

五是价值变革。这类变革是指参与课程实施的人员的基本价值观念发生了转变。

课程实施变革的类型可能因为划分角度的不同而有所差异:

(1) 从变革的范围来看,有全部课程变革、部分课程变革和单项课程变革。

(2) 从变革的方式来说,有采纳、改编、整合、拓展、重建等。

(3) 从变革的主体来讲,有涉及社会(主要指国家教育行政部门)层面的变革、机构(主要指学校)层面的变革和个人(师生)层面的变革。

(二) 课程采纳

课程采纳是指教师采纳新课程计划。

课程改编指对新课程进行一定的改变以适应具体的教育情境。它基本上能够反映课程设计者的意图。

课程整合是指对新课程计划所涉及的各类课程从整体上加以协调,以促

---

① 靳玉乐. 课程实施:现状、问题与展望. 山东教育科研,2001(11):4.

进跨学科学习。

课程拓展是指以拓宽新课程的范围而进行的一种课程变革。

课程重建是指课程实施者基于个人教育理念和课堂里的实际情景，自行发展课程，以实现课程变革。

（三）课程实施变革的模式和策略

1．课程实施变革的模式

在课程实施变革实践中，由于变革的类型和特点不同，变革的内容和方式不同，于是便形成了不同的课程实施变革模式和策略。课程实施变革的模式有3种：

一是研究发展模式（R—D模式）。它主要是由政府组织有关专家，研究课程改革方案，然后通过行政措施加以实施。

二是整合研制模式。该模式关注与教师直接相关的变革事务，强调形成教师的新观念和新技能，突出人与人之间的沟通和合作。这种改革是非行政性的、非权威的，它是一个自然沟通、传递、扩散、深化的过程。

三是问题解决模式。它是由广大教师在教育实践中自行设计和实施的、以解决实际问题为目的的课程变革。

2．课程实施变革的策略

课程实施变革的策略也有3种：

一是权力强制策略。政府利用法定的权力和自身的权威，通过法律和政策的形式，强制推行新课程，它排斥教师参与课程的决策与变革。

二是经验理性策略。改革者的主要任务是要诉诸逻辑的力量，唤醒人们的理性认识，通过摆事实、讲道理，说明变革的目标、意义、可行性和有效性，以激发变革的动力，推进变革的深入发展。

三是规范再教育策略。通过社会文化规范的再教育来改变人的态度、价值观念等，进而促进课程变革。

三、课程实施是课程系统再创造的过程

研究课程实施可以从课程实施外部来研究，也可以从课程实施内部认识

课程实施的实质。

（一）课程实施是一个过程

从外部整体上看，课程发展不是一个事件，而是一个过程，是一项包括课程计划、课程实施和课程评价3个主要环节的综合性的系统工程。在这个系统中，课程实施是一个关键的环节。从课程实施与课程计划的关系来看，两者是理想与现实之间的关系。课程计划制定得越完善，就越便于实施，实施的效果也就越好；但课程计划制定得再好，若不付诸实施，就不会有实际意义。而且，即使将课程计划付诸实施，也不一定能够收到预期的效果，因为影响实施的因素极为复杂。从课程实施与课程评价的关系来看，课程实施过程可为课程评价提供内容，课程评价要考察课程实施的可能性、有效性及其教育价值等，而这些都要通过课程实施阶段才能获得；同时，评价可为课程实施提供反馈信息，以便及时对各种课程要素进行调整。

（二）课程实施是系统再创造过程

从课程实施内部来看，课程实施包括课程采用、课程调适、课程应用3个环节。采用不等于实施的完成，调适代表一种努力，“应用”的方案才是实际运作的课程方案。这种方案与最初的课程方案相比，已经发生了根本的变化，是一种发展了或者发展中的行动计划。

因此，课程实施是复杂的、系统的和整体的，整个实施过程有着不可预期性、不确定性，这与影响课程实施因素的复杂程度是明显相关的。在目标上，课程实施就是在复杂性中求得平衡，系统考虑影响课程实施的现实因素，最大可能地发挥每一个因素的功能，以期产生最大功效。在操作上，课程实施是一种采纳、调适和应用的再创造过程。对复杂性把握和利用的程度不同，会出现不同程度水平的课程实施。在效果上，课程实施是课程理想的落实、变革而接近区域教学文化的过程。因此，整体而论，课程实施是在其现实性上，调和影响课程实施诸因素，平衡课程理想与实施情境的系列关系，创造教学新文化的过程。

第三节　高等教育课程实施的策略

高等学校课程实施的策略包括分析课程实施的影响因素、课程实施的目标、课程实施的教学类型、课程实施的教学过程等。

一、分析课程实施的影响因素

辛德(Synder)等人分析了影响课程实施的4类因素：

第一类是与课程改革本身的性质有关的因素。例如课程改革的必要性及相关性、改革方案的清晰程度、改革方案的复杂性、改革方案的质量与实践性等。

第二类是校区水平上影响实施的因素。例如地区已往在课程改革需求方面的表现、地方的适应过程、地方管理部门的支持、教职员工队伍的培养和参与、时间安排与信息系统、部门与交流系统等。

第三类是学校水平上影响实施的因素。例如校长的作用、教师之间的关系、教师的特点与取向等。

第四类是环境对实施的影响。例如政府部门的重视、外部的协调等。

应当说，辛德等人的分析是深刻而独特的，很有代表性。①

二、课程实施的目标策略

课程目标的最主要的影响因素来自不同学科教师的教育信念，而不同学科领域的教师对那些共同的教育目标却有着不同的认识和态度，因此对某些目标可能比较看中，而对另一些目标可能不那么重视。这些情况必然影响到

---

① 靳玉乐. 课程实施：现状、问题与展望. 山东教育科研，2001(11)：5.

培养方案中每门课程在实现培养目标过程中的作用。

美国学者斯塔克曾就此进行了调查，他把高等学校共同的教育目标分为以下8类：

(1) 掌握该领域的概念或知识。

(2) 使个人或社会得到发展。

(3) 发展智力。

(4) 发展技能。

(5) 促进价值观的形成。

(6) 学习伟大的思想。

(7) 为将来作准备。

(8) 道德的养成。

在调查中，斯塔克发现，虽然“掌握该领域的概念或知识”在各项目标的重要性的回答中居于首位，但对于同一个目标，不同学科的教师给予重要性的回答是不同的。

关于大学培养方案的实施过程中涉及的课程实施的具体目标，斯塔克对本科教学过程进行研究后，归纳出15条目标。①

(一) 促进智力发展

学习知道怎样学习。要使学生从一个不成熟的学习者变成一个有能力的、独立的学习者，教师必须为每一个教学任务提出目标。最好的办法是既写出较宽泛的那些课程目标，也写出更为具体的教学目标，同时努力去理解每一种教学方法是怎样帮助学生达到这些目标的。

(二) 发展学习技能和学习战略

教会学生学习技能的最有效的办法，就是将这些技能埋植于课程材料之中。在学习过程中有两种机制在起作用：

一是认知战略，这是学生加工信息的方式；

二是元认知战略，它帮助学生了解应使用哪种战略以及为什么。

① 王伟廉. 高等学校本科课程实施中若干问题的探讨. 高等教育研究，2004(1)：82.

美国有学者在研究中发现,如果他们教给学生隐藏在教学战略背后的心理学原理,他们就能够成功地教会学生“学会怎样学习”。

(三) 促进反思和元认知

只有当学习者对其学习过程和结果进行了反思,学习活动才算完成。

所谓元认知,按照心理学家的解释,就是对自己的学习类型和战略进行反思。这种反思要比仅仅获得更多的学习技能重要。

(四) 培养有效思维能力

教育的一个重要目标就是有效思维。有效思维是所有学科和学术领域教学的最终目标。这一目标可能是在学习内容和学习技能的过程中实现的。

与这一目标的表述可以相互替代的术语有:批判思维、逻辑思维、分析思维。

国外有学者对有效思维进行了研究,得出有效思维的5个方面是:

(1) 对争论的问题进行分析和评价。

(2) 作出推论和提出结论。

(3) 明确问题和分析问题的能力。

(4) 进行归纳的能力。

(5) 对各种可供选择的解释进行概括。

这5个方面的重要性随学科的不同而有所不同。

有效思维或批判思维的一个具体类型是“问题解决”。一般来说,有两种类型的问题需要解决:一种是严密结构的问题,另一种是松散结构的问题。前者具有确定的答案,而后者没有确定答案。解决前者时,不同的学科领域的做法是不同的;解决后者的问题则无一定之规则。所谓创造性地解决问题,主要是指解决这类松散结构的问题。·位研究批判思维的著名专家指出:所谓批判思维就是“对相信什么和做什么进行的合理反省”。

(五) 鼓励学生进行研究和探索

学生有必要知道,一个学术领域是如何产生和发展知识的,以及该领域已经产生了哪些知识。

(六) 促进有目的的学习

有目的的学习者在他们大学毕业后会继续他们的学习并改进他们的学习技能。要提高这方面技能,可以向学生提供具有挑战性的内容,并使学生理解该领域的结构。也可以按照布卢姆的目标分类中目标水平依次排列的办法提高这方面的技能。高级的学习技能往往是通过课堂以外的活动获得的,比如要求学生到课堂外去搜集信息。一般来讲,在很多学科领域,让学生自己到图书馆查阅资料进行研究和撰写论文,可以促进学生获得比较高级的学习技能。

(七) 提高动机,鼓励参与,获得统合

学习取决于想要学习;学生是从材料中获得意义。因而必须在这一过程中成为主动的学习者。

(八) 完善讲授法

原理1:在讲授中,教师控制着信息传递的速率和顺序,这可以增进一致性,却难保统合性。

原理2:好的讲授既清晰又有条理且富有情感,能在较短的时间内抓住学生的兴趣。

原理3:任何讲授都可以通过学生对所讲内容的参与得到改善。

(九) 把讨论作为积极的过程

原理1:教学应该最大限度地发掘意义,并使遗忘达到最小程度。

原理2:进行讨论,最要紧的是要对讨论的题目作出精心安排。

(十) 个案研究和有关的变式

接触一次现实的价值不亚于一打抽象的理论。

(十一) 同伴互教

教等于学了两遍。

（十二）学习共同体

学习共同体有利于促进社会的和智力的参与。

（十三）将课堂加以拓展

借助“听”的学习，有时是学习；而通过经历的学习则几乎总是学习。

（十四）编制以学习者为中心的教学计划，并建立课堂环境和课程环境

如果说学习意味着去冒风险，那么教学则意味着去建立信心。当课堂和课程包含挑战但又是一个充满信任和尊敬的地方时，学生的学习就会达到最好的效果。此外，过大或过小的压力都不利于学习。

美国的两位学者于 1987 年提出了一个称为“本科教学优秀实践的七原则”①的关于课堂环境的建议。它们是：

（1）师生课内课外要经常地相互作用，这可以提高学生的动机和参与愿望。

（2）学生之间的相互合作，而不是相互竞争或孤立地学习。

（3）通过对所学内容进行讨论、撰写论文和进行应用来主动地学习。

（4）对学生的表现给予及时的反馈，从而帮助学生对自己现有的知识和能力作出评价。

（5）强调完成任务的时间——帮助学生学会有效利用时间。

（6）向所有学生——不管是基础差的学生还是具有明确动机的聪明学生——转达“对他们抱有很高期望”的信息。

（7）尊重学生天赋上以及已有学习方式上的个别差异。

（十五）建立和转达期望

如果学生想要表现卓越并对自己作出判别，他们就必须知道自己的表现究竟是怎样被判别的。优良的课堂有助于学生内在的学习动机的养成。

---

① 王伟廉. 高等学校本科课程实施中若干问题的探讨. 高等教育研究，2004(1)：83.

三、课程实施的教学类型

教学方式上的差异,会导致不同的教学结果。研究的目的不同、方法不同,依据对课程的实施过程中的教学方式的特点,课程实施的教学有各种不同的分类。

(一) 按教学和科研、教师和学生亲疏程度分类

有学者以教学和科研以及教师和学生之间的亲疏程度为经纬,将教师分为教学—亲密型、教学—疏远型、科研—亲密型、科研—疏远型4种。

(二) 两维分类

美国学者阿克塞尔罗德(J. Axelrod)1973年提出了一个两维的教学方式类,认为可以将教师分为"说教型"和"唤起型"两种类型。前者告诉学生"要知道什么",后者则力图使学生自己去发现这些东西。

美国学者德雷斯尔(Paul L. Dressel)在阿克塞尔罗德的基础上于1980年进一步提出,唤起型的教师可能会在教学活动中偏重于以下4个方面中的一个方面:学科、教师自身、发展学生的心智、发展学生的人格。他据此提出相应的4种教学类型:学科中心的教学类型、教师中心的教学类型、学生中心的认知教学类型、学生中心的情感教学类型。

(三) 按教师教学对学生的影响分类

美国学者韦默(Maryellen Weimer)在1987年发表研究报告,将教师分成"形成论"(shaping theory)和"转变论"(transferring theory)两种类型。①

形成论教师的特点在于,他们相信自己在教学过程中是在对学生产生影响并塑造着学生,使学生形成某些知识、技能、态度等。

转变论教师的特点在于,把学生看做是自己在教学过程中的伙伴,与学

---

① M. G. Weimer. *Teaching Large Classes Well*, *New Directions for Teaching and Learning*. San Francisco: Jossey-bass, 1987:32.

生共同分享权力和一起承担责任。

大学的新教师往往属于形成论类型,而有经验的老教师则属于转变论类型。研究显示,随着教学年限的增长和经验的积累,教师会越来越向着学生中心的方向靠拢,或者说越来越向着转变论类型的教师转变。

四、课程实施的教学过程策略

美国学者韦斯顿(C. Weiston)和克兰登(P. A. Cranton)曾于1986年把单门课程的教学战略归纳成4种,即教师中心的、相互作用的、个别化的和经验的。①

(一) 教师中心教学战略

它是把教师视为教学过程的主要责任人。在这一战略中,所使用的教学方法主要是演讲,有时也运用示范教学法。

(二) 相互作用教学战略

它主张在教师和学生之间、学生和学生之间进行交流和对话,讨论是最经常使用的教学方法。这种战略认为,讨论方法在传授像分析、综合、评价等高水平的技能时,要优于演讲法。在实践中,像小组设计或学生之间的那些教学活动,都属于这种战略。

(三) 个别化教学战略

它主要用来适应不同学习速率的学生,在教学中向他们反馈信息,以强化学生的努力。这种战略强调将教学内容按程序分成步骤,常使用的教学方法包括程序教学法、计算机辅助教学和模块化教学。

(四) 经验教学战略

它是一种常常在课堂以外的背景下进行的战略。这种战略可以由教师

---

① Weston & Cranton. Selecting instructional strategies. *Journal of Higher Education*, May/June,1986(3):57.

引领,也可以在学生之间相互作用,也可以是个别化的。学术方面的训练可以在教师控制下进行,实验室活动则依据学生参与设计的程度,既可以由教师控制,也可以由学生自己控制。在较高水平的学习中,经常使用的教学方法主要有角色扮演、博弈、模拟等。在这种战略的学习过程中,学生往往表现出比教师更大的积极性和责任感。

第十三章

高等教育课程评价

当今世界上教育科学研究分为教育基本理论研究、教育发展研究和教育评价研究3个领域,可见教育评价有重要地位。在课程系统工程里,当课程设计工作初步告一段落时,课程评价活动亦随着课程的实施而逐步展开,通过课程评价,揭示课程的价值与效果,为课程规划及各类教材的改进和开发提供有效的信息。所以,课程评价又是课程研究中必不可少的环节,是衡量课程目标实现程度的重要依据。

第一节　课程评价

对于课程评价的定义,不同的理论流派有着不同的解释。定义往往充当相应理论体系的起点和核心,理论体系反过来又是对定义的具体化。因此,分析各种课程评价的定义,不但会对概念本身具有更加清晰的认识,也能够从中考察课程评价理论及实践的大致发展轨迹。

课程评价的定义虽然是多种多样的,但它们之间并不相互排斥,每种定义都从不同的视角反映了课程评价的本质属性。它们相互补充,使课程评价的研究走向了更为宽广的领域。

一、课程评价的含义

(一) 评价的含义

概括学者们对评价所下的定义,大致可归为以下 5 类:

(1) 将评价视同为测验,以学生在测验上所得的分数为准。比如,艾伯尔(Ebel)1961 年认为评价是优点的判断,有时完全基于测验分数。

(2) 评价是确定目标达成程度的过程。泰勒的学生塔巴(H. Taba)1969 年指出,教育是寻求学生行为改变的历程,这些改变便是教育的标志,而评价则在确定这些改变是什么,并与目标所代表的价值相比较,找出目标到底达成了多少。

(3) 评价即专业人员的判断。通过聘请专家审核有关材料,并在实地访问后加以判断。

(4) 评价是搜集资料、信息给决策人员从事有效决策的历程。美国学者斯塔弗尔比姆(D. L. Stufflebeam)1971 年指出,评价就是描述获得、提供、运用信息的过程,以便形成不同的决策。

(5) 20 世纪 70 年代中期以后,格拉斯等人综合了以往学者的观点,扬长避短,提出新的评价观,视评价为方案设计的助长因素和方案价值的仲裁者,评价的对象是方案内所有值得注意的中心因素或边缘因素,不只是行为目标和学生表现而已。评价的基本活动,不单是描述方案实施的程序和结果,应包括价值判断和作出决定两者。坦 · 布林克(Ten Brink)1980 年将评价分为准备、资料搜集、评价 3 个阶段,而评价便是取得资料、运用资料,以形成判断、作出决定的过程。经过对评价概念的分析,可见,评价是一定事物或对象的价值在人们意识中的反映,离开对价值的反映,就没有什么评价活动。

评价的实质内涵如下:①

(1) 评价是价值或优点的判断,不是纯技术性的工作,也不单是现象的客观叙述。

(2) 评价不只是针对个人特质,即所谓"对人不对事",也可以针对课程方案或行政措施。

(3) 评价既包含对现象的量的描述,也包含对现象的质的描述,即量的评价与质的评价兼容并蓄。

(4) 评价除了为评定成就、结果,也是为了作出决定。

(二) 课程评价

课程评价是以具体的课程为对象,以判断课程的价值及其功能为目的的实践活动。课程评价这一概念具有复杂而广泛的意义。

首先,长期以来,教育界对课程的界定多种多样,有的认为课程是指学生所获得的全部经验,有的视其为学习目标,有的把课程理解为教学科目的系统组织。从后面两种定义看,课程先于教学存在,必须是事先计划好的。教学是课程的执行或达成课程目标的手段。根据前 种定义,则课程包含了计划的和未计划的成分。所以课程评价固然应包含对事先计划好的成分的评价,但亦不可忘却对未有计划的部分的评价。

其次,课程还有层次之分,即课程是存在于许多层次的。古德拉德(J. I.

---

① 汪霞. 课程评价的几个问题. 外国教育资料,1995(3):61.

Goodlad)认为有以下5种不同的课程存在于不同的层次中:

(1) 理想的课程;

(2) 正式的课程;

(3) 知觉的课程;

(4) 实施的课程;

(5) 经验的课程。

课程既是分层的,那么课程评价亦需面面俱到,不能只针对某一层次而忽略其他层次。所以,课程评价既包括对课程标准、课程方案、教科书等的评价,也应重视对教师教学的评价、师生相互作用的形态的评价、学生特质的评价。

再者,课程评价不仅是为了通过评价了解课程方案的利弊,也不仅是为了检查学生是否达到教育目标。它具有以下多种目的:

(1) 诊断。课程评价可以用来诊断课程方案、教材、教学,找到问题所在,发现课程不能充分满足社会需要和学生需要的主要表现和原因。

(2) 修正。课程评价通过提供反馈信息,及时修正课程,使其更加完善。

(3) 比较。通过评价,比较各种课程方案、教学材料乃至学校教育的各个方面。有比较才能有鉴别,由此便可择选而施行。

(4) 预测。预测即预测教育的需求。课程评价既是回溯性的,也是前瞻性的。

(5) 确认。课程评价最传统的目的就是用来确定教育目标达成程度。

(三) 高等学校课程评价的内涵

高等学校课程和教学循环系统分为"生成系统"(又叫"小循环系统")和"实施系统"(又叫"大循环系统")两个子系统。

生成系统以课程编制为主体,涉及课程目标的确立和表述、内容的选择和组织以及对课程编制结果进行调整等环节。

实施系统以课程实施过程为核心,包括课程的实施原则、策略、方法以及实施结果等环节。

高校课程评价也可以相应地作出不同层次的活动划分:

(1) 在"生成系统"中,高校课程评价是检验课程编制结果(预期的课程)是否落实了合理的教育观念和课程思想,在转化阶段中是否存在不正确的编制行为,并根据评价情况进行调整。

评价标准及指标体系主要由教育观念、高校人才培养模式的各项规定、理想的编制程序、科学的编制原理和指导原则等组成。

(2) 在"实施系统"中,高校课程评价检查学生行为、态度、情感等的变化是否体现了培养目标和要求,转化阶段是否存在不正确的教学行为或学习行为,并反馈信息以对目标和要求进行修订或对教学过程进行改进。

评价标准及指标体系主要由宏观和微观的人才观、课程目标、科学的教学指导原则、理想的教学方式等组成。

(3) 在整个课程与教学系统中,高校课程评价是检测课程系统的变化或变革是否考虑到了社会政治、经济、文化等发展的需要(特别是对各类人才的需要),是否与高等学校运行系统、高等教育系统、社会大系统保持着一致性等。

二、课程评价理论的发展

迄今为止,课程评价发展的历史经历了4个阶段。

(一) 第一阶段

19世纪末至20世纪30年代。测验是评价的工具之一,因此测验运动的历史是系统和科学评价的始端。如法国比奈的"智商测验"、美国桑代克的《心理及社会测量理论》等都相继问世。随后人们把统计、测量技术纷纷运用于教育,各种能力的、学业成就的、个性人格的测试工具也随之涌现。这一切都为评价的正规化、系统化创造了条件,但也使人们把评价简单地等同于测量或测试。另外,当时工商界的"科学管理运动"也深深地影响了学校教育。一时间,"学校被视为工厂",学校是否成功,教师工作成效如何,学生是否成才,一切似乎都可以通过"测试"来检验。所以,在此阶段评价被认为就是测量。

（二）第二阶段

随着“八年研究”而兴起，约在1935年至1957年，以由R·泰勒进行的“八年研究”的巨大成果为标志。泰勒指出：评价应该是一个过程，而不仅仅是一两个测验。评价过程中不仅要报告学生的成绩，更要描述教育目标与教育结果的一致程度，从而发现问题，改进课程教材和教学方案。这一观点在评价领域产生了巨大影响，形成了一个以“描述”为标志的评价时代。

（三）第三阶段

它发端于1957年以后美国因苏联卫星上天而发动的教育改革。在这场改革中，评价人员开始关注以下问题：对已经确定的目标是否需要评价？是否需要判断？判断是否需要标准？如需要标准，是否能建立科学、客观的“价值中立”的判断标准？评价者是否能成为“最客观的判断者”？

1967年R·斯泰克发表了重要论文《评价的面貌》，首先肯定了判断是评价的两大基本活动之一（另一活动是描述），论文还提出了一个完整的、包含描述与判断两个方面的评价模式。1967年以后，判断就成了第三阶段评价的标记。

（四）第四阶段

20世纪80年代末，顾巴和林肯在《第四代评价》一书中，为了打破以往评价中“管理主义的倾向”，使评价成为各有关方面形成“共同的心理建构”（joint mental construction），评价的起点就应该是对有关方面评价要求的“回应”。为了能够对各方面的要求作出回应，评价者深入研究了两个问题：一是与评价有利害关系的人共有几类；二是要回应他们的哪些要求。两位创立者的研究结果是，与评价有利害关系的人有3种，即3个类若干次类。①

因该理论提出了一个以“回应”服务对象为起点的评价模式，评价界称为“回应模式”（responsive model，或译作“应答模式”、“感应模式”）。“第四阶段评价”理论很快就在欧美各国的课程评价、教育评价者中间引起了巨大的

① 张民选. 回应、协商与共同建构——“第四代评价理论”评述. 外国教育资料，1995(3)：55.

反响。

三、课程评价功能和特性

（一）课程评价的功能

课程评价具有多种功能。

1. 诊断功能

诊断是指对教育活动的成效优劣进行甄别，为诊断对象采取有效的补救措施提供咨询服务。

2. 导向功能

评价本身所具有的引导被评价者实现目标的功效和能力。

3. 激励功能

通过积极的评价方式和反馈方式，激励与调动被评价者的积极性，使被评价者积极努力地朝着目标迈进。

4. 反馈功能

以科学、恰当的方式反馈给被评价者，使其最大程度地接受，从而体现出评价效益的最大化。

5. 管理功能

在客观上起到对教师、学生、教学进行鉴定的作用，从而为课程管理者提供相关的管理依据。

（二）课程评价的特性

1. 社会性

根据社会发展的需要，评价全过程都富有社会性，属于社会活动的范畴，直接指向课程活动实践。①

2. 包容性

它包括终结性评价、个性评价、事实评价、价值评价、对学生评价、对课程

---

① 和学新. 课程评价若干理论问题探讨. 天津市教科院学报，2005(3)：26.

评价、过程评价、综合评价。评价方法多元化,评价主体多元化。

3. 整合性

对各方面的评价意见进行综合分析和整理,从而获得整合的结论。

4. 感情色彩

评价主体的态度、情感、需要、意志等因素不可避免地要参与进来,渗透着评价主体的需求、满意等情感关系。

5. 资料的系统性

资料的系统性是评价的可靠性和有效性的基础。

6. 发展性

课程评价的目的是为了改善和发展课程,而不是为了仅仅作出简单的价值判断,更不是一劳永逸的。

第二节 课程评价模式

课程评价作为一个独立的领域,20 世纪 60 年代以来逐渐从教育评价中分化出来,并越来越受到人们的关注。课程评价模式是指一套具体实施评价的方式,是为人们提供进行具体课程评价时可以效仿的范例。① 一种特定的评价模式不仅包含了评价者对评价的取向,而且也规定了评价的具体操作方式。运用一种具体的课程评价模式,实际上就是按照某种特定的课程评价取向,运用一套特定的程序对具体的课程进行诊断和判断。②

课程评价模式是课程评价具体实施和运行的过程,同时是一种评价者运用一定的价值标准,作出一定价值判断和价值选择从而影响课程的过程。其中,蕴涵在具体操作程序之中的价值取向像一只无形的手指挥着课程评价过程,并从一定意义上最终决定着课程实施的方向和效果。

---

① W. J. Popham. *Educational Evaluation*. Englewood Cliffs: Prentice-Hall, 1993: 23, 45.

② 林智中,马云鹏. 课程评价模式及对课程改革的启示. 教育研究, 1997(9): 31.

一、泰勒的目标达成模式

泰勒在20世纪30年代主持的“八年研究”中,采用了一套课程评价模式,后来在他所著的《课程与教学的基本原理》一书中,将这一模式与课程的其他内容一起作了详细的阐述。

泰勒将课程发展分为以下4个阶段:

(1) 确定教育目标;

(2) 选择学习经验;

(3) 组织学习经验;

(4) 评价学习效果。

前3个阶段可对学习经验作初步的评价,但这只能大致上预计可能产生的效果。在实际实施过程中,所涉及的变量很多,可能发生各种各样的变化。

“要保证实际提供的学习经验恰好是学习单元所勾画的经验是不可能的。因此,重要的是较全面地检验提供这些学习经验的方案实际上是否起作用,以指导教师去引起那种所期望的结果。这既是评价的目的,也是在制订计划以后,为什么需要有一个评价过程的理由。”

“评价过程实质上是一个确定课程与教学计划实际达到教育目标程度的过程。然而,由于教育目标实质上是指人的行为变化,即所确定的目标是指向于使学生行为方式产生所期望的某种变化,因此,评价是确定实际发生的行为变化程度的过程。”①

泰勒认为,教育目标的建立是课程设计最重要的工作,因为它引导整个课程设计过程。评价则需按照目标,设计搜集资料的方法,确定目标达成与否。如果目标已达成,整个课程方案便算成功,否则即为失败。

泰勒将“八年研究”中运用的评价程序分为以下7个步骤:

(1) 建立广泛的目的或目标;

---

① R. W. Tyler. *Basic Principles of Curriculum and Instruction*. Chicago: University of Chicago, 1949: 105-106.

（2）将目标加以分类；

（3）用行为术语界定目标；

（4）寻找能显示目标达成程度的情境；

（5）选择和发展测量目标的技术；

（6）搜集学生表现的资料；

（7）将搜集到的资料与行为目标比较。

可见，在泰勒的评价模式中，每一个步骤都与目标紧密联系，并且这些目标都是以具体表现在学生身上的可测量的行为目标为主。因此评价的操作性和针对性很强。在对课程所规定的学生行为进行评价时，这种模式是一个比较适用的模式。

泰勒模式侧重于对课程实施后所达到结果的评价，侧重于对学生行为的评价，而不是对课程本身的全面评价，是倾向于把评价作为一个课程发展的终极阶段，并不是把评价贯穿于课程研究的始终。

二、CIPP 评价模式

CIPP 模式是用 4 种评价方式的第一个英文字母命名的，即背景评价（context evaluation）、输入评价（input evaluation）、过程评价（process evaluation）和结果评价（product evaluation）。这种模式最早是由 Daniel Stufflebeam 和 Egon Guba 提出来的。CIPP 模式的提倡者认为，评价是为作出某种决策而描述、获得和提供有用信息的过程。

"评价最重要的目的不是证明，而是改善。"

"评价是作为一种工具，用它来帮助人们把教学计划做得更好。"

CIPP 模式强调的是为决策者提供改进教学计划的依据，使具体的课程方案更加符合实际，而不是简单地评价一个课程方案的好与不好。

CIPP 模式分为以下 4 种评价决策类型：

（1）确定目标的计划决策；

（2）设计教学程序的建构决策；

（3）运用、管理与改善程序的实施决策；

(4) 对结果进行判断和反映的再循环决策(recycling decisions)。[①]

4 种类型的决策对应着 4 种评价方式。

(1) 背景评价是最基本的评价方式。

它的作用在于为决定教育目标提供一个基本原理。背景评价试图在一个教育情境中分离出目前所具备的条件和暂时不具备但按照要求应当具备的条件,明确在这些背景下存在什么问题,由此确定在教育计划中一般的目的和特殊的目标。这种评价方法主要是描述和比较,最终的结论是为设计教学计划确定一套特殊的目标。

(2) 输入评价是为决策者提供有关如何利用资源达到教育目标的信息。

输入评价帮助决策者选择和设计更适合于达到教学目标的程序。

(3) 过程评价是着眼于教学计划的操作和实施。

过程评价的目的是鉴别教学设计中的不足,特别是在接受一项教学设计且刚刚实施的时候。过程评价需要描述各种事件和行为,以便鉴别教学过程中的缺陷。

(4) 结果评价是试图测量和解释教学计划所产生的结果。

这种评价不仅在教学计划结束时进行,而且通常也要在执行教学计划的过程中进行。在结果评价中,有关结果的信息是与教学目标直接相关的。运用这些信息对预期的目标和实际达到的情况进行比较,然后作出对教学计划继续执行、修改或重新选择的决定。

CIPP 模式主要围绕着为决策者提供信息进行评价。这种评价是对教育过程进行全面的评价,因而可以比较准确地了解课程在哪些方面是恰当的,在哪些方面还存在问题。研究者的主要目的不在于对课程作出最终的判断,而是为课程的决策者提供有用的信息,所以,研究者可以用一种比较客观的眼光来看待评价对象,尽可能全面地描述和分析研究对象的特征,为教育决策者提供更有效的信息。

---

① D. L. Stufflebeam. *The CIPP Model for Program Evaluation*. Dordrecht: Kluwer Academic, 1983: 117,118,129.

三、族志学评价

族志学评价(ethnographic evaluation)是社会学研究中常用的方法,它是对一个群体的行为、信念、实践活动、作品和知识的完整情景进行详细描述。近些年,族志学研究方式已广泛地运用于教育研究中。在族志学教育评价中,运用的是一种可以精确地表示一个完整群体的详细情况的方法。在对一组特殊群体的详细理解基础上,对其进行自然的全面评价。

族志学评价方式可分为两类:一类是相互作用的方法,即研究人员与研究对象具有相互作用的关系;另一类是非相互作用的方法,即研究中很少或没有这种相互作用。

(一)相互作用搜集资料的方法

它包括以下3种方法:

1. 参与性观察

研究者尽可能多地与研究对象接触,参与其日常活动,尽一切可能记录所观察到的内容,以建构所观察到的相互作用和活动。

2. 关键人物访谈

访问一些具有特殊知识的人,可以了解到在其他地方无法知道的资料。

3. 个人经历记录

可以提供有关人员的特殊经历、做法或改革的实际资料。

(二)非相互作用资料搜集的方法

它包括以下3种方法:

1. 非参与性观察

研究者尽量做到不被察觉地对研究对象进行观察。

2. 档案与统计资料的分析

它包括研究对象自己的记录和别人对研究对象的记录。

3. 实物搜集

通过考察某些事物的侵蚀、损坏或增长,了解其变化过程,从而对一些问题作出判断。

族志学研究是在完全自然状态下的研究。这种研究方法力图客观、全面地反映事物的本来面目,并且研究者事先较少定出研究的具体内容。随着研究的深入,逐步发现和提出问题,根据对事实的考察和取得的资料,整理出对具体问题的看法,进而形成对这一事物的认识。因此,这种评价方法更适合于课程实施过程评价。研究者通过对课堂中所发生的具体事件的了解来认识课程实施过程中的具体问题。

四、鉴赏评价模式

鉴赏评价模式(connoisseurship model)是在批判以往的"科学"评价方式,并借鉴非量化评价方法的基础上提出来的。鉴赏评价的主要倡导者 Eisner 认为,"科学"评价方法,存在一些明显的缺点。运用科学的方法,强调的是控制与预测,但教育现象十分复杂,实际上是无法完全控制和预测的。科学方法将复杂的教育现象简化为数字,即将"质"还原为"量",要在简化问题的基础上建立法则,这样就会使人们看不到教育现象中许多复杂的方面。科学方法追求数字,凡是不易量化的都被抛弃了。科学方法只重视对结果的评价,未搜集影响结果的条件、过程和互动因素,因此对学习结果的改进帮助不大。Eisner 认为在教育研究中,要采取科学以外的方法,注重那些不易测量的品质,关注那些不易量化的内容来对教育现象进行评价。他认为在教育评价中应借鉴评酒员和艺术鉴赏家凭自己的经验对一种酒或一件艺术作品进行整体评价的方法。教育鉴赏的主张,基于以下 5 个假定:

第一,要能描述教育情境的复杂特质,必须能观察到其中发生的交互作用;

第二,要观察到这些特质,不单是感官的作用,还需要按照某些参考框架,识别其中重要的部分;

第三,教育情境的特质,可以运用许多方式描述,例如定理、数字、散文、诗歌、录像、电影等;

第四,每种呈现方式在表达个人所见的特质上都有其优点与限制;

第五,通过呈现方式来描述教室或学校情境,旨在帮助他人了解当时的情境。[1]

鉴赏式评价在具体操作上比较灵活，更多地表现为评价者个人依据自身对教育的认识和在教育方面的修养，对教育现象进行观察和专业的评价。从整体上了解教育现象，从具体事实中得出对具体的教育现象的总体看法。

鉴赏式评价的提倡者对于这种评价方法，提出了一些原则性的意见，以及在整体上进行研究的方法。由于这种方法自身的特点，在其实施过程中，会表现出比较大的灵活性。在具体操作中，鉴赏式评价方法并没有固定的操作方式。研究者可以按照研究对象的具体表现，灵活地运用。因此，这种评价方法在实际操作过程中比较难掌握，实际的运用也并不多。但由于这种评价方式的基本原则和设想，它倡导从整体上认识教育现象，对教育现象不能只是将其简单化为数字，而应全面地、具体地考察和评价，对研究教育现象是有启发的。

五、外观评价模式

外观评价模式(countenance approach)是由 Stake 首先提出的。在外观评价模式中，强调两个主要的操作过程：描述和判断。Stake 将其用两个矩阵表示。为执行这两个活动，他设计了一个有组织的范式，并按照教学的三个阶段进行评价，即先在(antecedents)、过程和结果。在这几个方面都要考虑预期的和观察到的两种情况。在这个模式中，描述和判断两个部分各分为两个层面(预期与观察，标准与判断)和三个环节(先在因素、过程和结果)。

先在因素是指教学之前任何可能与结果有关的因素，如学生的兴趣、经验、性别、意愿以及社会资源、学校认可的条件等。

过程是指教学过程中一系列参与活动，包括师生之间、学生之间、学生与教材之间所发生的各种情况，如班级讨论、作业、实施测验等。

结果是指教学所产生的效果，包括学生、教师、行政人员、辅导员等方面，

---

① E. W. Eisner. On the difference between artistic and scientific approaches to qualitative research. *Educational Researcher*, 1981: 10 (4), 5-9.

就学生而言，可能有能力、态度、理想、成就等。另外，教学对学习环境、设备、经费的影响也包括在内。描述资料部分的"预期"层面指教育人员拟订的各种计划，包括教育目标及预定的材料、方法、环境。

描述资料部分的"观察"层面指评价者所发现的实际现象，指实际的目标以及所用的材料、方法和环境。①

Stake 认为，"预期"部分，从条件、过程到结果，具有一个逻辑关系，即课程的设计者在分析和研究了各种情况的基础上而制订的课程方案中所显示的内容。而"观察"部分，从条件、过程到结果，具有一个实证关系，是课程评价者所看到的实际的条件、过程和结果。根据"预期"与"观察"两部分资料，分析两者的吻合程度，在此基础上作出判断。凡是教育人员的预期或计划的项目，实际上执行了，则两种资料便吻合。

判断资料部分分为"标准"与"判断"两个层面。前者是指根据现有的条件所确定的最佳标准。这个标准可能因学生、教师及参与团体而产生变化。教育者希望通过教育过程达到这样一个标准。后者是指评价者通过对具体的教育方案的观察和分析所作出的判断。研究者要将对这些描述性资料所作的判断同所确定的标准进行比较。经过比较，评价者可对整个课程方案或方案的各成分的价值作出评价。所得的结果可以成为教育决策的依据。

外观评价模式是一种对课程进行比较全面评价的模式。它不仅要看一个具体的课程产生什么样的结果，而且还要重点分析产生特定结果的各种条件和所运用的方法。因此运用这种评价方式可以对课程的全貌进行评价，进而比较深入地了解课程的优点和不足，也能比较准确地找出课程在哪些环节或哪些内容上存在问题。但这种评价方式所了解和处理的内容繁多，因此，对研究资料作出准确的分析比较困难。

六、斯克里文的目标游离模式

1967 年，斯克里文（M. Seriven）提出了"目标游离模式"（goal free

① R. E. Stake. The countenance of educational evaluation. *Teachers College Record*, 1969: 523, 539.

model)。他认为,在课程计划实施的过程中,为了达到既定的目标所采取的一系列措施,有可能引发某些极为有害的"副效应"或"相反效应"。另外,课程计划或许没有很好地实现既定目标,但有可能带来某些有价值的非预期结果。因此,为摆脱既定目标主宰课程评价,忽视课程实施过程中学习者的实际学习效果和各方面变化的现象,他主张使课程目标与评价分离,既定课程目标不宜作为评价的标准。与前两种模式的最大区别是,它明确提出了课程目标与课程评价标准的"游离",使课程评价在一定程度上摆脱了既定目的制约,而专注于课程实施实效。这不仅在一定程度上为捆在既定目标中的教师和学生松了绑,为教师的教和学生的学提供了更加自由而宽松的环境,也对课程实施中的教学实际给了更加充分、全面的关注与评价。[①] 目标游离模式提出之后,遭到了不少人的反对和批评,并且因为缺乏具体的评价程序和步骤,它更多的是一种评价的思想和原则,但是着力打破课程制定者对课程评价的垄断,为更多的人进行课程评价提供了更大的可能性,这不仅促进了课程决策的民主化,也使课程评价更趋于全面、客观。尤其该模式注意到了课程评价中人的因素,直接指出课程决定者对课程实施和学生发展有影响,让学习者自我创造、自我实现和自由发展成为该模式更深层次的教育理念。因此,该模式在价值取向上表现出一种注重人并关照个体自由发展的新方向。

七、CSE 模式

CSE 是美国洛杉矶加州大学的评价研究中心(Center for the Study of Evaluation)的简称。在 CSE 模式中,评价被视为一种过程,借以确认决策者必须从事的决定,选择、搜集、分析作决定所需的资料,向决策者提出报告。

CSE 模式包含五种决策领域的评价工作:

1. 系统评估

系统评估旨在寻找教育系统需要何种改变,评价人员可针对教育系统的整体进行评价,也可针对其中一部分评价。

---

① 姜丽静. 课程评价模式的价值取向分析. 广州广播电视大学学报,2005(2):43.

2. 方案计划

方案计划旨在计划或选择各种变通的方案，以便纳入教育系统中，满足教育需求。

3. 方案实施

方案实施旨在确定所实施的方案是否符合原来的计划。

4. 方案改进

方案改进旨在搜集方案各成分是否运作成功的材料，以促进方案的修正。

5. 方案认证

方案认证旨在搜集与目标达成程度有关的资料和受评方案对其他方案的影响，以作出终止、修正、保留或推广的决定。

八、差距模式

差距模式(discrepancy model)是由普罗佛斯(Provus)在1969年提出来的，它的特点是注意分析标准与表现之间的差距，并以此为依据进行课程改进。这里说的标准是指课程方案的目标，实现目标所需要的人员、媒体和设备，以及为达成教育目标师生需要从事的活动。差距模式的评价程序包括以下5个步骤：

1. 设计阶段

这一步的主要工作是界定课程方案的标准。

2. 装置阶段

这一步的主要工作是检查“装置”与“设计”之间有无差距。

3. 过程评价

这一步是由评价人员了解中间目标是否完成，判断是否需要调整目标或实施因素。

4. 产出评价

这一步分析最终目标是否完成。

5. 成本效益分析

这一步也可称为方案比较，其目的在于探讨哪个方案最经济、有效。

在上述评价过程的每个步骤中,评价人员可能作出的决定有4种:

(1) 进行下一阶段的工作;

(2) 重复原先阶段的工作,直到标准和表现之间没有差距;

(3) 回到第一阶段;

(4) 终止整个课程设计工作。

第三节　课程评价的过程和组织

由于在评价取向上的不同,不同的课程评价模式在具体的过程和使用的方法与技术上也必然存在差异,不存在规范化、标准化的评价过程与方法。尽管如此,不同的课程评价研究者大都会提到这样一些步骤:集中于所要评价的课程现象、搜集信息、组织信息、分析信息、报告信息、再循环信息等。[①]作为一种实践活动,课程评价是一个动态而有序的活动,它应有几个基本的阶段。

一、课程评价过程

课程评价过程包括课程评价准备阶段、搜集整理和分析评价资料的阶段、解释评价资料的阶段、撰写课程评价报告阶段等。

(一) 准备的阶段和方法

准备阶段是课程评价实施前的预备工作阶段,主要工作就是建立课程评价机构和部门,制定评价方案。课程评价作为一项有组织、有目的的活动,不是个人行为,必须由一定的机构或部门来承担。建立正式的评价机构或部门,由专人负责,便于工作的开展,便于资料的收集、积累和调阅。

---

① 廖哲勋,田慧生.课程新论.北京:教育科学出版社,2003:437-438.

评价机构的人员构成一般应包含 3 个方面：

一是掌握一定课程评价理论，具有一定课程评价经验和技能的专家；

二是课程管理与决策部门的人员；

三是参与课程实施的教师和学校领导。

有时还可以吸收社区代表、学生及家长。对于专家的选择，应逐步过渡到建立专家库，从专家库中随机选择专家参与评价。当然这主要适用于综合评价或专家评价的类型。

制定评价方案是准备阶段的中心或重要工作。它是评价工作的依据或蓝图，对评价活动起着指导和规范作用，直接影响到评价的进行乃至成败。

评价方案的内容主要包括评价的目的、原则、对象、指标体系、评价方法、评价的组织及时间安排。这些都必须在评价方案中清楚地表述出来，便于执行。

评价方案一定要通过多方论证才可出台。通过认真而仔细的研究讨论，应制定出一个以书面文字方式表达的评价方案，让课程评价及其管理人员能够按照它来检查、控制与管理课程评价的准备工作与实施工作，指导评价人员开展、组织和总结评价工作。

（二）搜集、整理和分析评价资料的阶段和方法

1. 搜集评价资料

这是课程评价实施中的重要基础性工作。这项工作主要考虑的是应该搜集什么样的资料，应该搜集多少资料，应该从哪些方面来搜集资料，应采用何种方法和技术等。一般来说，课程评价搜集资料的范围因素是很多的，主要包括学生、教师、课程材料以及学校与社会几个方面的资料，有时还要搜集家长及社区代表的资料。

（1）学生的资料。主要包括学业成绩、学习态度、价值观、情感特征、抱负水平、同伴关系，对课程教材的看法，对教师教学的意见，作业、作文、制作的各种作品（如绘画、雕塑、摄影等）。

（2）教师的资料。教师是课程实施的直接执行者，对课程实施体会得更深刻、更具体、更全面，对课程也更有发言权。这方面的资料主要包括课程的可接受性、教材的可用性、教材编排的合理性、教材知识内容的难易性、课程

标准的可行性、课程教学时间的可行性、教学方法与过程以及课程资源的可支持性等。

(3) 课程实施材料。主要包括课程实施发展的过程、人员构成情况、组织情况、实施计划、人员培训以及大纲、教材等。有时还包括关于课程的意见与修改备忘录等。

(4) 学校与社会的资料。课程能否顺利实施往往与学校所在的社区条件和环境有密切关系。因此,课程评价也应考虑把这方面的资料搜集起来。主要有学校资源经费、时间调度、学校的积极性、学校的支持性程度,社区的意见、社区的资料等。搜集资料的方法包括测验、观察、观摩、查阅教案、查阅学生作品、问卷调查、访谈调查等。

2. 整理与分析评价资料

搜集的资料首先是归类整理。一般而言,这些资料包括数据型资料和非数据型资料两类。对数据型资料要进行计算和检验,然后根据情况分别归类。在这个问题上,传统的做法是建立卡片与卡片箱、文件与文件夹,应用时查出有关的文件与卡片,并进行抄录和复印,形成所要的材料。这种方法比较繁琐,还易出错误、出疏漏,而且对于音像资料的保存和查找更为复杂。

随着电子计算机尤其是多媒体技术的发展,这些问题将会得到有效的改善和克服。计算机的特点是存储容量大,材料不易遗失。在专门设计的数据库中还能对输入的信息资料进行分析、统计和检验,提取也十分方便,不会出现错误和遗漏。因此,应积极借助现代计算机和多媒体技术,在评价中发挥作用。

(三) 解释评价资料的阶段和方法

通过对资料的整理和分析,评价组成人员就要根据评价指标体系规定的内容和要求,进行指标评定,作出分项结论,分头完成评分评议表。有关工作人员对评委的评分和意见进行汇总,作出综合的评价结论。评价结论不仅要就课程的价值作出定论和作出解释,同时还要分析问题、诊断问题,提出课程今后的改进措施和努力方向。对评价结论的解释要有理有据,令人信服。

要坚持两个基本问题:

第一,坚持价值判断与资料数据的统一,也就是坚持价值与事实的统一。按照数据所达到的水平，作出价值判断，即实事求是，客观、公开、不掩饰、不夸大。

第二，坚持判断与分析说明的统一。判断就是对数据事实的意义作出结论，例如"效果显著"、"比较成功"，"关系密切"，等等。[①] 而分析说明则是对判断的结论进行分析性的解释，把其中的机理、奥秘揭示出来。分析是深层的挖掘与剖析。分析取决于评价者的经验水平和理论素养，有分析、有判断，使人们知其然，亦知其所以然，这样的结论才可靠、有效。

（四）撰写评价报告阶段

课程评价结束后应该把评价的结果以书面的形式报告给课程实施人员、教育行政部门或其他需要知道、了解课程评价结果的人群。只有完成了这一任务，才算是真正完成了课程评价工作。

课程评价报告以规范的文字和系统的结构反映课程评价的全部情况，主要包括评价的目的、方法和基本过程。评价的基本结论包括实践效果结论、研究成果结论、预期效果结论、非预期效果结论以及对各项结论的分析解释，对课程改进与发展方向的建议等。撰写课程评价报告，不应仅仅停留在简单的书面形式上，还应尽可能利用音像、电子计算机、多媒体技术等，使评价结果接受者能获得更为广泛、直观的信息。评价报告要做到既规范、标准，又简洁、易懂；既系统、完整，又重点突出、详略得当。撰写完评价报告后，要进行认真的讨论，经修改后，才能向评价报告接受者提交报告。

二、课程评价组织

课程评价如何组织是课程评价研究的重要课题之一。桑德（Sander）1978 年认为，课程评价的组织有两种形式：

一是外部组织形式，包括教育系统之外的个人、团体、教育机构联合体对课程实施评价；

二是内部组织形式，包括教育系统内部个人（如教师、评价人员、课程专家及其他工作人员）对课程实施评价、教育系统内部的团体对课程实施短期

---

① 王策三. 教学实验论. 北京：人民教育出版社，1998：322-323.

的小范围的评价、教育系统外部的研究机构对课程实施连续的评价。

课程评价的主要方法有两种:一是形成性的;二是总结性的。前者旨在改进课程方案,后者则在总结课程方案的效果。但是,有时课程评价并未达到如此功效。这就涉及课程评价组织过程中存在的3个问题。

1. 方法上的问题

列举如下:

(1) 评价的时机把握不当。课程方案未有足够的时间实施便急于测量效果,欲速则不达。

(2) 比较的层面过于狭窄。方案的效果要从多角度观察,作多层面比较。若仅局限于某一层面,选用某一固定的标准作为判断的依据,乃属不当比较,结果恐不确实,也不公平。

(3) 忽视过程和背景。评价和研究不同,研究可以不考虑背景的分歧,抽取其中共通的部分,建立通则。评价则不同,为保证其确切性和科学性,必须要关注过程和背景。比如,就课程在各学校教育背景中发生了什么变化,促使它变化的因素是什么,等等。

2. 认识上的问题

这主要表现在课程评价者、课程方案设计者和课程方案实施者在认识上的不一致,由此时常发生冲突和矛盾。评价者通常取怀疑、批评的角度,而课程设计者往往从相信自己是正确的、重要的一面出发。评价者感兴趣是抽象概念,倾向于用通则和分析架构思考,而不是此时此地的课程方案。相反,课程的设计者关心现实并致力于行动。另外,评价者强调的是终点效果的评价,且不主张课程方案在实施过程中有任何改变。但设计者认为,为促进课程方案的改进,在课程方案实施过程中,理应保证获得即时反馈。

3. 政治性问题

评价要提供必要资料给决策者,评价报告将直接或间接地影响到许多人的生活,所以不免要受到方方面面的过分关注,带上了政治色彩,出现政治干扰评价,有的决策者甚至将评价当作政治工具加以操纵。例如,决策者把评价当成说服工具,即他早已有了决定,评价只是让这个决定看起来合理合法。或者把评价作为无法立即作出决定的代用品,一旦能下决定,评价就被终止。

第四节 课程评价方法

从20世纪60年代开始，课程评价方法中量化方法一统天下的局面开始动摇，出现了与原来的评价传统相对的评价方法，即由硬评价、客观主义评价、定量评价形成的传统（实证化课程评价）方法和由软评价、主观主义评价、定性评价形成的人文化课程评价方法。两者争论的焦点集中在能否量化和是否有效上。

一、课程评价方法论的发展

实证化评价方法具有准确、高效，优点是有着广泛的适应性，可移植性强，说服力强。但由于它重结果轻过程，缺乏灵活性，也有着忽视评价者与被评价者人际关系的交流，易造成评价信息的失真等缺点。

人文化评价方法重视过程评价，强调评价过程中人与人的交流，方法灵活，针对性强，重视评价中多种因素的交互作用的优势，但也存在总体效益较低、主观性强、对评价者个体依赖性较大、易受干扰的缺点。

实证化课程评价方法与人文化课程评价方法各自的特点虽然差异很大，但从辩证的角度看，它们实际上可形成一种优势互补的关系。[①] 如果人们能够恰当地处理好二者的关系，可以充分发挥二者的长处，弥补二者的缺陷，从而消除争论，为有效地开展课程评价活动作出各自的贡献。

从20世纪80年代以来，一部分课程评价研究者开始认识到实证化方法与人文化课程评价方法有互补性。美国评价学者克龙·巴赫曾在一篇文章中提出："一个评价者不表明他是忠于一种定量的方法还是忠于定性的描述

① 刘志军.发展性课程评价方法的探讨.课程·教材·教法，2004(1):19.

方法,是明智的。"[①]美国另一评价专家格朗兰德(N. E. Gronland)在《教学测量与评价》中提出了使二者相结合的设想。我国教育评价研究虽然起步较晚,但由于起点较高,在评价方法方面,于20世纪80年代末就已经有人提出定性与定量相结合的问题。我国学者在90年代初还系统地阐述了处理两类评价方法关系的问题。[②]

课程评价方法的选用应强调多元化。在正确认识各种方法各自特点的基础上,面对情况各异的课程现象,根据评价对象的具体特点,合理选用不同的方法,提倡综合运用不同类型的方法,努力获取评价对象的全面信息。[③]

二、课程评价方法

(一) 依据目标的评价和不受目标的约束的评价

课程评价可分为依据目标的评价(goal-based evaluation)和不受目标约束的评价(goal-free evaluation)。

依据目标的评价,是以目标为基础进行评价,有什么目标便作什么评价,目标之外的现象一概不列入评价范围。依据目标的评价通常要判断目标的达成程度,因而要求叙述精确的可观察的行为目标。

不受目标约束的评价,是以整个教育实际现象为范围进行的评价。因为课程实施所产生的影响是复杂多样的,与目标相关的现象只是其中的一小部分。因此课程价值的判断,应该考察目标的达成程度,也应该考察目标之外的其他结果。另外,不受目标约束的评价还可对目标本身进行评价。

(二) 形成性评价与总结性评价

课程评价可按其作用分为形成性评价(formative evaluation)和总结性评价(summative evaluation)两种。

---

① 陈玉琨. 中国高等教育评价论. 广州:广东高等教育出版社,1993:160.

② 叶澜. 教育研究方法论初探. 上海:上海教育出版社,1999:156-162.

③ 刘志军. 发展性课程评价方法的探讨. 课程·教材·教法,2004(1):20.

形成性评价发生在课程设计过程中,主要目的在于评判课程设计各阶段草案或计划原型,以便对之作进一步的改进或修订。形成性评价的作用,在于孕育课程、发展课程,使之逐步趋于完善。

总结性评价发生在课程设计完成之后,主要作用在于搜集资料,判断课程的整体效果,并以此作为今后采用或进一步推广的依据。

(三) 结果评价和过程评价

结果评价(product evaluation)是一种传统的评价方式。它的特点是只注意到输入和输出两点,对于其中的过程则缺乏注意。这种评价常被批评为暗箱式的评价(black-box evaluation)。

过程评价(process evaluation)是针对传统评价的弊端而提出的新的评价方式。它的特点是注重课程实施运作过程的分析,注意揭示影响课程的各种因素及其相互作用。

(四) 内部人员评价与外部人员评价

内部人员评价(insider evaluation)是指由课程设计人员自己进行的评价。内部人员评价的好处是评价者对课程的精神实质有较好的把握,容易把评价与课程方案的改进联系起来。

外部人员评价(outsider revaluation)是指由课程设计人员之外的人进行的评价。外部人员评价的好处是评价面广,容易做到公正、客观,信任度比较高。

但这两种评价也都各有其问题,理想的评价是内部人员和外部人员结合起来进行评价。形成性评价旨在改进课程,内部人员最好多一点;总结性评价旨在判断课程,外部人员最好占多数。1998 年 10 月联合国教科文组织在巴黎召开世界高等教育大会,大会通过了《21 世纪的高等教育:设想与行动世界宣言》,[①]第三部分讲的就是质量评价,它指出校内评价与校外评审对于教育质量至关重要。校外评审由独立的专家组主持,公开进行。如果可能,

---

① 李宇飞.课程国际化:开放式高等教育的核心内容.长沙民政职业技术学院学报,2005(1):72.

邀请国际专家参与。从评价标准来看,应该采用国际承认的、具有国际可比性的质量标准。该宣言指出,国际性是评价高等教育质量因素之一,高校采用国际承认的、具有国际可比较的质量标准,就会明了该校在国际教育体系中的位置,找出差距,“对症下药”。从评价组织来看,非政府主办的中介评价机构起着举足轻重的作用。国外高校评价,非政府主办的中介评价机构起着重要作用。从评价主体来看,要有非本国学者参与教育评价。

第五节 高等教育课程评价的发展趋势

从20世纪70年代至80年代起,课程研究领域掀起了对泰勒课程理论课程进行反思批判的强大理论思潮,这种思潮试图对课程的本质、课程的功能、课程的价值等一系列基本问题进行重新理解,进而建立起各种崭新的课程研究逻辑,使课程评价理论出现了方法论的转型①——新课程评价理论更多地表现为对课程评价的哲学思考,而不是像传统课程评价理论那样有固定成型的评价模式,呈现出新的发展趋势。

一、从实证化课程评价方法到重视人文化课程评价方法

实证课程评价方法论秉承了自然科学的方法论,将课程与教学的评价纳入一种所谓科学的框架之中。对教育活动的研究采取了一种二元对立的思想逻辑,如评价主体与评价客体,客观与主观,事实与价值,方法与对象,认识与情感,理性与非理性等,同时认为第一项比第二项具有优先的、支配的地位。在课程评价活动中,要求将客观现实与主观情感态度区分开,将纯粹事实与价值判断区分开,将观察所得与理论概括区分开,其最终目的是获得普遍适用的客观知识,进而对评价客体进行干预和控制。

---

① 丁朝蓬,郭瑞芳.20世纪课程评价理论的发展述评.课程·教材·教法,2005(4):11.

实证化课程评价对教育现象采用定量描述和统计推断的方法，从信息采集、信息分析到结果表达都是数量化的，并依据数量的比较来对课程教学的成效作出判断。凡无法量化的东西都被排除在评价范围之外，例如只评价学生认知方面的成就，忽略情感方面的发展。

随着哲学领域现象学、解释学、存在主义理论的兴起，人文、社会学者开始重新审视自然科学方法论对本领域研究的适当性。人文主义的哲学思潮从根本上否认了“人是机器”的假设，把人从自然界独立出来，突出人所独具的智慧、情感，特别是其主体性、能动性。正是由于人所具有的独特的“人性”，以人为研究对象的人文社会研究才应该运用独特的、与人性相称的人文科学方法论。

人文科学方法论认为，人和社会都是整体的，对元素和部分的研究不能代替对整体的研究。人有自主性、能动性的，人能够有目的、有意志地采取行动，人能够成为自己想做的人，并不是被动地受环境之间的因果关系所制约的生物。不追求所谓的客观性，而应具有主观性。在研究对象上，如人的意义、价值、精神，作为研究对象；在研究途径上，人文科学方法论放弃所谓价值中立的客观途径，而建议对研究对象密切观察。方法论采用质的方法而非数量方法。质的方法承认研究对象是有感情、有生命、有独特文化背景和价值观的人，研究者尽量接近研究对象，与研究对象倾心对话，以便真正理解研究对象的文化观念和生活态度。质的方法不追求所谓的普遍性理论，抛弃一切预先的假设和理论，而追求对特定情境中特定社会现象的理解和解释。

以人文科学方法论作为自己的理论范式，当代课程评价理论不是把人和教育活动变成一堆数量，而应是对人、对教育活动的理解与解释。当今的“课程研究已经不再局限于对课程开发程序的论争，而是将课程置于广泛的社会、政治、经济、文化、种族等背景上来理解，联系个人深层的精神世界和生活体验来寻找课程的意义”。①

以施瓦布为代表的实践性课程理论认为，教师、学生、教材、学习环境之间相互作用，构成一个有机的生态系统，教师和学生是交互主体的关系，都是课程开发者、课程意义的创造者。课程开发的过程不是一种普遍模式的演绎

① 张华. 经验课程论. 上海：上海教育出版社，2001：12.

过程,而应该是一个在实践中发生的、创造性的"集体审议"的过程。课程评价过程与课程创生过程是同一的,其途径是对问题情境进行讨论,达到对情境的"一致性解释",①从而作出有关行为的恰当决定。教师和学生既是课程研究的主体也是课程评价的主体。

二、从目标定向评价到目标游离评价

目标模式的课程评价理论有一个共同点,就是在课程编制之初即设定课程目标,然后在评价课程时又将课程目标作为评价的标准。这样的评价存在以下几个缺陷:

第一,如果课程取得了预定目标以外的成果即非预期的结果,课程评价将如何处置?事实上是,要么非预期结果根本无法进入评价者的视野,要么评价者对出现的非预期结果置之不理,这两种情况都不可能全面评价课程。

第二,预设了课程目标的优先性,没有进行评价课程目标本身的合理性,这样将课程目标确立为评价标准就缺乏充分的理由。因此,美国的评价专家斯克里文建议评价者除测量方案的表现之外也要评价方案的目标,后来更进一步建议评价者应该做"目标游离"的评价。在这种评价中,评价者不仅不注意方案的目标,而且尽力避免知道是什么目标。对于方案的判断是以方案的真正结果为基础,不管这些结果是否是想要的,而不是以方案的目标或方案管理者所面对的决策为基础。

三、从结果评价到过程评价

目标模式的一个特点是,只将结果与目标进行对照,从而对课程进行价值判断,完全放弃对课程与教学过程的关注。

英国课程论专家施滕豪斯于20世纪70年代提出过程模式。他认为,过程模式"根据过程原则详细说明教师将做什么,学生将做什么,但不预先规定教学目标,因为许多最有价值的东西不是预先能够详细规定的,课程的影响

---

① 张华,石伟平,马庆发.课程流派研究.济南:山东教育出版社,2000:235,237.

力和可能性并不包括在目标中，而是建立在必须探究的知识基础上的。因此，如果知识是有价值的，就不能确定学生所要获得的结果”。[①] 艾斯纳针对传统课程评价的行为式课程目标的缺陷提出了“表现性目标”（expressive objective）。表现性目标不指明学生经过一种或多种学习活动后有怎样的行为改变，而是“描述教育际遇”，[②]指明学生在何种情境中从事何种任务。表现性目标不再将目光聚焦于学生外在的、可观测的行为变化，而是完全关注学生在教育过程中所获得的各种经验。过程取向的评价试图使课程评价挣脱预定的目标，强调把教师与学生在课程开发、实施及教学运行过程中的全部情况都纳入评价范围；强调评价者与具体评价情境的交互作用。

四、从注重课程的外在价值到注重课程的内在价值

当代课程评价理论越来越认识到，教育活动、课程本身具有内在的价值，无需通过教育的结果来证明其价值，有些价值是无法体现在教育结果中的。“艺术和知识形式，如科学、历史、文学欣赏与诗等，是课程设置的基本部分，其合理性能够被内在地加以证明，而不必作为达到目的的手段来被证明。对知识的选择是基于内容，而不是基于其所引起的学生行为的具体结果。”

如果不通过结果来判断课程价值，那么怎样判断课程价值呢？施滕豪斯给出了 12 条鉴别标准。[③] 在所有其他条件相同的情况下：

（1）如果一项活动允许儿童在活动过程中作出自己的选择，并能对选择所带来的结果作出反思，则这项活动比其他活动更有价值。

（2）如果一项活动在学习情境中允许学生充当主动的角色而不是被动的角色，则这项活动比其他活动更有价值。

（3）如果一项活动要求学生探究各种观念，探究智力过程的应用或探究当前的个人问题或社会问题，则这项活动比其他活动更有价值。

（4）如果一项活动使学生涉及实物教具（即真实的物体、材料与人工制

---

① 张华，石伟平，马庆发．课程流派研究．济南：山东教育出版社，2000：485．

② 李雁冰．课程评价论．上海．上海教育出版社，2002：158．

③ 同②，2002：117．

品),则这项活动比其他活动更有价值。

(5) 如果一项活动能够由处于不同能力水平的儿童成功地完成,则这项活动比其他活动更有价值。

(6) 如果一项活动要求学生在一个新的背景下审查一种观念、一项对于智力活动的应用或一个以前研究过的现存问题,则这项活动比其他活动更有价值。

(7) 如果一项活动要求学生审查一些题目或问题,这些题目或问题是我们社会中的人们一般不会去审查的,是典型地被国家的大众传播媒介所忽略了的,则这项活动比其他活动更有价值。

(8) 如果一项活动使儿童与教师共同参与"冒险"——不是冒生命或肢体之险,而是冒成功或失败之险,则这项活动比其他活动更有价值。

(9) 如果一项活动要求学生改写、重温及完善他们已经开始的尝试,则这项活动比其他活动更有价值。

(10) 如果一项活动使学生应用与掌握有意义的规则、标准及准则,则这项活动比其他活动更有价值。

(11) 如果一项活动能给学生提供一个与别人分享制订计划、执行计划及活动结果的机会,则这项活动比其他活动更有价值。

(12) 如果一项活动与学生所表达的目的密切相关,则这项活动比其他活动更有价值。

五、从考察单一的变量到描述与阐释课程的整体情境

英国课程评价学者帕勒特和汉米尔顿认为,传统课程评价将有机的联系的教育过程强行机械分割为若干部分,从中抽取所谓独立变量进行考察,这种方式违背了教育的真实,因而也不可能获得它所宣称的那种准确的评价结果。

人类行为和教育现象是一个多种因素错综复杂地交织在一起的整体情境,要认识和评价教育活动的任何一个方面,势必要将这个方面置于它所在的教育整体情境中,在真实的情境中对现象进行丰富的描述,使评价者所关心的方面与其他各个方面的复杂联系直接呈现在面前,这样才能获得真实的评价结果。

当代课程评价理论不再将完整的教育现象分割为若干孤立的变量,不再采用实验方法,而是采用在自然情境中搜集资料的方法,评价者本人参与被评价者的活动中,与被评价者形成互动理解的关系。

六、从关注课程方案到关注受教育者个体

20 世纪 40 年代的传统课程评价使人们的关注焦点从学生转向课程方案,对学生的测验不再是最终目的,而是对课程方案进行评价的基本途径。

20 世纪 80 年代,当代课程评价再次将目光的焦点转向学生,但是这次转向并非是对历史的重复。传统课程评价目的在于评价课程方案对某个学生群体的价值,因此采用从总体中抽取学生样本来进行测验的方法,通过样本来推断课程方案对学生总体的适应性。

当代课程评价不再以群体的发展状况代表个体的状况,而是关注每个学生作为独立个体的发展水平;关注学生本人的纵向发展,而非与其他学生的横向比较;不仅运用客观性试题,而且大量运用论文式题目、表现评定、档案袋评定等真实评定方法。

七、从寻求客观知识到关注教育过程中的价值和意义

传统课程评价主要采用“抽样—客观测验—统计分析—推论到总体”的思路。这样的评价思路是基于这样一种信念,即课程与教学存在着对各种情境中的所有学生都普遍适用的规律,课程评价就是要找到有关这种规律的知识,找到影响学生发展的各种因素,进而控制各种因素,改善课程。

传统课程评价相信从此时此地得到的有关课程评价的资料和结论同样可以运用到另一个时间和地点而且同样有效,致力于寻找、归纳普遍的、具有可推论性的法则,而忽略每个事件都可能包含其特殊背景与特殊价值。

当代课程评价理论认为,“教育事实根本不同于作为自然科学研究对象的客体性事实(如物理事实、生物事实等)”,①而是一种主体性的、价值主导

① 张华.经验课程论.上海:上海教育出版社,2001:8.

的事实,因此不相信知识的普遍有效性,不认为能够获得独立于具体情境的、未渗透价值取向的客观知识,而是更加关注每个人独特的价值,关注每个人在教育生活中获得的体验,关注教育对于每个人所具有的意义。

八、从价值中立到价值负载

传统课程评价理论认为,事实与价值是分离的,采用客观的科学方法能够描述纯粹事实,探索客观规律,评价者可以避免而且应该避免涉入价值,因为价值与科学无关。

传统的课程评价者在评价过程中极力追求客观性,尽量提供所谓客观的、不带感情色彩的、不带个人价值观的评价数据、结果,自己也不对课程作价值判断。

当代课程评价理论认为,教育过程中无法摆脱价值,事实与价值是相互渗透的,评价者的价值观不可避免地贯穿于整个评价过程,构成各种抉择的基础。

九、从主体、客体对立到主体之间协商

传统课程评价将被评价者作为客体,作为控制的对象,评价者不关心被评价者的内心感受,被评价者则对评价者怀着惧怕或对抗的心理。评价者与被评价者之间很难进行真正的发自内心的对话与交流,他们的关系是主体与客体、控制与被控制的关系,这种关系是冷漠的、僵硬的。

当代课程评价试图把评价者与被评价者看做是交互主体,评价者与被评价者不再是控制与被控制的关系,而是相互平等、共同协商的关系。评价是评价者与被评价者、教师与学生共同建构意义的过程,双方互相分享彼此的经验,就评价的标准、评价的内容、评价的途径乃至评价的结果贡献意见、相互协商。评价者与被评价者是交互主体的关系,评价过程是民主参与、协商和交往的过程。① 这样一种评价关系是温情的,这样一种评价过程是灵活的,其结果是对评价过程中多元价值和个体差异予以尊重。

---

① 张华. 课程与教学论. 上海:上海教育出版社,2001:392-394.

第十四章

中国高等教育课程的发展

20世纪90年代后，我国高等教育把课程改革列为教育改革的重要因素，进入新一轮以课程改革为核心的教育改革阶段。我国高等教育课程改革是高等教育在继全方位的体制改革和大范围的布局结构调整之后被提出来的，直接制约着高等教育质量的高低，是高等学校能否培养符合时代要求的人才的关键。因此，研究和探讨我国高等学校课程理论是深化高等教育改革的迫切任务。

第一节　中国高等教育课程理念的发展

为了培养具有适应性和创造性的高素质人才，更新课程内容，增加课程人文内涵，推行综合课程，已成为当前课程研究的共识和课程改革的一致选择。经过不遗余力的推进，高校课程改革取得了一定的进步和实效，体现了新的课程理念，这不仅是过去课程改革的成果，也是今后深化课程改革的基础。

一、课程的发展性理念

当代课程理念逐步树立了面向全体大众，以动态、发展为特点的课程目标：更加强调教育的全面性、基础性和终身性，更加强调综合能力的培养，从单纯的"知识中心"向技能、能力、素质全面发展转移；更加强调学生的个性发展、创造精神和创新能力的培养。①

在课程编制上，明确了大众化背景下高等教育学科结构的完善，应根据社会要求和学习者的特点开设有利于学习者形成各种能力的学科；不仅注重知识的逻辑顺序，也注重学生的心理顺序和学习过程的认识顺序，构成最优的知识结构，使学生掌握科学的知识结构，建立起牢固的知识能力结构体系，最大限度地提高各个方面的基本素质。

在课程内容上，更多考虑的是有效达到预期教学目的、掌握知识和以技能为主的技术理性，而较少思考有助于培养学生好奇心、兴趣和增进理解力与判断力以及发挥潜能的实践理性的做法。同时，课程内容还逐渐体现了理

① 李孟辉，熊春林. 大众化教育阶段我国高校课程改革的基本趋势. 中国电力教育，2008(4)：72.

论知识与实践运用的统一、课堂学习与课外独立自主学习的统一、科技知识与人文精神的统一、学生普遍需要与个体需要的统一等，有利于促进学生智能结构的整体发展。

在课程实施中，正在改变精英教育阶段"教师中心论"的教学观念，贯彻公平的价值取向，让学生真正体会到自己在课程实施中的主体地位，使其在一个没有压力的环境中同教师民主、平等地对话，真诚地交流，从而自觉地学习和发展。这样使学生的知识水平和各种能力得到有效的增长，使学生的情感、情绪、人格等方面得到充分发展，能够达到学生全面、自由发展的目标，从而造就了"知识"结构和"能力"结构兼优的人才，满足现代社会对人才的需求。

在课程评价上，正在改变以单一的课程考试为特点的终结性评价机制，逐渐建立一套突出知识与理解，能力与技能，以及情感、态度与价值观 3 个维度的评价机制，不仅关注学生在知识和技能上的收获，而且更加关注他们对个人发展的理解、个人潜能的发挥以及价值观的形成，并进一步形成新的理想、信念、设想和行动。

二、课程的多样化理念

多样化的课程理念指的是从本国本地区本高校学生以及本学科本课程的特点出发，进行个性化的课程建设，培养个性化人才的一种课程理念。

多样化的课程目标正在改变目标专门化、单一化的模式，确立多样化的模式。具体说来，这表现在大众化阶段高等教育课程目标的内容、层次、功能等维度上。

在内容上，基本涵盖知识目标、能力目标和素质目标。

在学历层次上，必须体现研究生、本科、专科不同层次的不同要求。

在功能上，要区分学术研究、社会服务、职业准备、提高素养等多种性质。

具体到特定专业，课程目标还要考虑不同规格人才的培养目标要求。基于大众化阶段高等教育课程目标这种多样化特征，各高校正在遵循教育规律的前提下，依据学校的实情、学生的特点和社会的需求，存同求异，准确确定课程目标，合理规划各具特色、互相沟通的课程体系。

(一)多种类的选修课程

我国各高校通过提高选修课的比例来实现更新课程和课程多样化,促进教学工作由过去的单一呆板向现在的灵活多样转化。许多高校以实行、强化多种类的选修课程为切入点,编制具有各校自身特色的教学计划和教学内容,使课程体系更富有弹性和个性。

(二)多途径的课程实施

在课程实施中,正在不断更新观念,紧跟时代步伐,既采取传统的教育传播方式,也利用一切可能的条件引进现代化的教学手段和设备,改革课程实施手段和方法,建构网络课程、信息课程等,促使课程实施方式的多样化。

(三)多方式的课程评价

1. 评价主体的多元化

课程评价主体也势必由单一化走向多元化,即政府、社会、高校和学生个体都将成为课程评价主体。

2. 评价标准的差异化

在具体标准、规范上因学校的类型和层次不同而表现出较大的差异性。

3. 评价对象的多样化

课程评价体系开始重点关注学生对课程的满意程度和学生通过课程学习后服务社会的实效性。

三、课程的综合化理念

(一)课程结构的综合化

社会人才规格需求的变化需要高校课程结构作出相应的调整,建构开放的课程结构,打破各门学科自立门户的壁垒,实现跨学科、跨专业的有机融合,实现课程设置的纵向深入型到横向宽广型的转化。构建“平台+模块”的结构体系,加强文理学科相互渗透与结合,设置文理交叉课程,鼓励学生跨专业、跨年级、跨系科，尤其注意加强人文社科课程的学习。

（二）课程内容的综合化

课程内容的综合化是指各门课程内容应及时除旧布新，及时相互整合、综合与融合，以符合大众化阶段高等教育课程内容综合化的基本要求，同时适应知识经济时代发展的需要。科学技术的迅猛发展，不仅使学科内部的分化更加精细，而且使学科之间进一步交叉融合。

（三）课程形式的综合化

在课程编制形式上，知识的逻辑结构、主题或解决问题、学生活动等课程编制形式相互结合、相互渗透。

在课程开发形式上，国家课程、地方课程和校本课程等开发形式有机结合、互为补充，既能够体现国家的共性要求，又能够彰显地方、高校的个性特色，将共性与个性有机统一起来，正在创造更多、更好的“重点课程”、“优质课程”、“特色课程”、“名牌课程”。

在课程实施形式上，基础知识、基本技能与科研探索相 f 结合，常规教学、特殊问题研究与独立讨论相结合，传统教学方式和手段与现代技术有机融合，等等。

第二节　中国高校课程现状问题分析

我国高校课程建设虽然取得了一定的实效，但冷静地审视高校状况，发现课程改革依然没有走出困境：大学课程内容的更新不仅始终无法突破课时和课程容量的限制，而且也没有有效地提高学生的创造性；人文课程的增加并没有真正明显地增强学生的人文素质；课程综合也没有在改善学生的适应性上有很好的作为。我们对课程建设中出现的问题仍然需要作深入的剖析。

一、高校课程体系现状

从整体情况来看,高校课程体系可分为以下5种类别:

1. 公共基础课

这是高校本科各专业学生必须学习的课程。这类课程虽然不一定与专业有直接的联系,但它们是学生日后学习专业课的基础,是教育方针规定、培养目标要求的内容,培养德、智、体全面发展的建设者和接班人所必需的课程,也是大学生必须学习的基础知识。

2. 专业基础课

这是指某一专业学生必须学习的基础理论、基本知识和基本技能训练的课程。它是为学习专业课打基础的。

3. 专业课

这是集中体现本专业特点的中心课程,包括专业理论课程和实践环节课程,具有一定的职业倾向性。

4. 跨学科课

这是为了扩展学生知识面而设立的跨专业、跨学科的课程。

5. 选修课

针对课程改革的要求,开设有选修课,但数量较少,有些高校开设的名为选修,实为必修课。

二、陈旧课程理念的影响

在课程建设中,传统课程观念势力较大,制约课程的改革和建设,主要表现在以下4个方面:

(一)"传授知识"取向的高等教育课程

受这种课程理论的影响,人们通常认为传授知识是大学教学的首要任务,知识是课程中不可或缺的要素,课程要以一门学科的基本知识和基本技能为核心。学生掌握了"双基",也就等于发展了智力,实现了教育目的。

在这种思想影响下,我国现行高等教育课程仍然呈现膨胀失控的状态,教学内容越来越多,教材越编越厚,教学时间越来越长。许多所谓新编或修订的教材,不过是在原来体系和内容的基础上修修补补,扩充了新名词和例题、习题,追求大而全的手册式、题典式教材。与这类教材相联系的课程,普遍重专业知识,不重复合知识;重知识积累,不重知识运用;重知识学习,不重知识创新。

(二)"学生中心"取向的高等教育课程

学生中心课程理论主张应该以学生的兴趣和爱好、动机和需要等为基础来编制课程。这种课程有以下两个基本特征:

(1) 课程的核心不是学科内容,不是社会问题,而是学生的发展。

(2) 课程内容不是既定不变的,而是随着教学课程中学生的变化而变化的。它的重点不是放在学生的认知上,而是放在学生的情感上。课程的核心是情感与认知和学生行动的整合。

受这种课程取向影响,一些高校在课程改革中,让学生本身成为课程的一部分,即把课程内容与学生所关心的事情联系起来,并让学生参与课程设计、实施和评价,而忽视了把学生作为课程传递的对象。虽然课程考虑到对学生一生为人的影响,是一个进步,但如何为每个学生编制或由他们参与编制最适合他们个人自由发展的课程,目前来看,不仅是一个理论问题,而且在课程实践中也是一个困难重重的问题。

(三)"学科结构"取向的高等教育课程

以这种理论为基础的课程取向在我国高校中有较广泛的影响。学科结构课程理论认为,要把人类文化遗产中最具有学术性的知识作为课程的内容,并且特别重视知识体系本身的逻辑程序和结构,因而通常把学术性作为课程的基本形式,以学科的知识结构作为课程设计的基础。学习者的本性、要求、兴趣这一类心理特点以及社会问题和生活经验等都不能作为课程内容取舍的依据。按照学科结构基本的方式来设计课程,就需要对相应的领域有极为深刻的理解,因而学科专家在课程编制中起重要的作用。

我国现行高等教育课程,特别是非人文科学课程,大都不由自主地采取

这种课程理念构建各学科的课程体系和结构,表现出来的特点如下:

(1) 重知识逻辑结构,轻知识发展历史过程;

(2) 重知识理性分析,轻知识应用和联系;

(3) 重传统经典,轻现代思想。

(四) “专门职业化”取向的高等教育课程

“专门化”是大学诞生后就赋予课程的显著特征。19 世纪初,随着科学技术的分化,大学日益成为教育和研究的基地,培养专门的纯学术人才。受美国“职业化”口号的影响,大学中的专业教育完全置于“实用主义”的引领之下,无论是专业设置还是培养目标,无论是教育内容还是教育思想,都过分屈从于社会需要,为社会培养各专门行业、职业和岗位的人才。后来,“职业至上论”在许多国家甚至统治了大学校园。然而,这种“职业至上论”,导致人人只关心满足个人需要而缺乏共同的责任感,大学生的人文素质和文化品位日益下降。

受上述思想影响,我国高等教育课程分类越来越细,各门类学科的课程融合性极差,除了外语和政治课程外,几乎很少有通识的文理渗透的大学课程。不夸张地说,我国高等教育课程,面对科学技术在高度分化基础上出现的高度综合的趋势,通过传授定向性专业知识与技能来满足特定职业需要的能力受到严重制约。

三、高校课程结构问题

我国传统的高等学校课程是学习前苏联模式的结果,它与专才教育相联系,形成了结构严密的体系,但目前在课程结构方面的弊端日益明显。

从课程层次的角度而言,我国高等学校课程可以分为基础课程、专业基础课程、专业课程 3 种。这种“三段式”线形模式的特点是重视专业素质的培养,但其不可克服的弊端在于忽视了综合素质的提高。过多的学科课程把综合课程、活动课程、核心课程、隐蔽课程排挤到课程外,阻碍了大学教育功能的释放。过多的专业课程,削弱了基础课程,并且专业口径过窄,高度僵化,不利于学生面向多种社会需求。

从课程形式的角度而言，我国高等学校课程可分为科学教育和人文教育。然而我国现行高等学校在理工结合、人文渗透方面存在严重的不足，自然科学教育与社会科学教育割裂，科学教育与人文教育割裂，轻视人文教育，科学教育虽然受到重视，但强调的是传授高度分化的科学知识本身而忽视科学精神的培养。除了规定的“两课”之外，理工科学生对文学、历史、哲学、艺术极少涉猎。即使是文科的学生，人文主义教育也比较薄弱，造成学生人文素质较低。

从课程要求的角度而言，可以分为必修课程与选修课程。我国高校课程体系中，选修课程所占比例普遍较小，我国的高校必修学分一般占85%以上，而国外大学必修学分远低于此，如美国加州大学伯克利分校必修课总学分仅占63.5%。其中选修课程又分为限选课程和任选课程，任选课程约占选修课程的三分之一。选修课程范围狭窄，应用性不强，因此，学生实际上没有多大的选择余地，过多的必修课，使课程体系缺乏灵活性，不利于学生自主学习。

从课程教学环节角度而言，高校课程分为理论课程与实践课程。虽然我国的高等教育脱胎于前苏联，具有专才教育的特点，但是由于受重理论轻技艺、重理论思辨轻实践验证的影响，我国高等教育走向了重理论轻实践的极端。表现在高校课程结构上，理论性课程占据了绝对优势，实践性课程（主要指实践环节）所占的比例比较小。

四、高校课程内容方面的问题

众所周知，教学内容推陈出新是教学过程适应社会发展和教育规律的永恒法则，任何教学内容都会随着时空的变化而不断变化。但是，目前在我国高等教育中，由于知识序列单一、专业口径狭窄，造成教学过程中一方面没有及时普遍地采纳许多反映现实变化和面貌的新理论、新观点，另一方面也无法合理充分地运用新兴交叉、边缘、横断等学科的知识。如前所述，由于课程体系与结构是根据职业和岗位的要求来设置的，相关课程内容缺乏纵横协调联系，课程内容重复的现象十分严重。

第三节 高校课程变革策略

在诸多教育改革中,课程改革始终是高校改革的重点和难点。高校课程改革,应该以现代课程观为指导,以扎实的学术理论为基础,把借鉴国际上课程改革的经验与继承我国优良文化传统结合起来,把科学教育与人文教育结合起来,优化课程结构,改造课程模式,勇于创新,形成科学可行的改革之路。

一、以科学的课程理念指导课程发展

(一) 加强以人为本的课程建设

课程的发展变革应该为教育目的服务。高校课程理念、课程体系价值取向应该以人的发展需要为基础,以学生的发展为本,以培养创新精神和实践能力为课程理念,是时代的要求。教育必须以人为本,这应该是它的基本属性,教育的这种属性应该通过课程来发挥作用,因此,树立以人为本的课程理念,以人为本设计课程,它实质上是对教育以人为本属性的践行。

课程以人为本,也体现了社会的需求,社会要求培养有个性的人、有创造性的人。人的全面发展,是21世纪人类共同的教育理念。联合国教科文组织的报告《学会关心:21世纪的教育》就曾明确指出:“归根到底,21世纪最成功的劳动者将是最全面发展的人,是对新思想和新机遇开放的人。”人的全面发展是指人的体力和智力,道德精神和审美情趣得到充分自由的发展和运用。党的十六届三中全会明确指出:“坚持以人为本,树立全面、协调、可持续发展观;促进经济社会和人的全面发展。”坚持以人为本,是科学发展观的本质和核心;促进人的全面发展,是科学发展观的最终目的。人的全面发展集中表现为人的素质的全面提高和个性的自由发展。

科学和技术的进步以及知识的增长给人类社会带来的繁荣有目共睹,同

时所带来的负面效应，如环境污染、精神危机、核威胁等世界性问题，也不容忽视，这就要求对只重视科学文化知识传递和人的能力培养的传统课程模式进行改革。所以，马斯洛、弗洛姆、罗杰斯等人所倡导的人本主义思潮深刻地影响欧美的教育发展，并波及世界其他国家，课程价值取向又转向了重视学生的个性发展和自我实现。现今，提出以人为本的课程理念，不仅符合教育发展的基本规律，而且顺应了国际教育的大趋势，同时与我国教育事业的发展相吻合。

（二）以新的课程观为指导

世界各国对“课程”概念有一个共同的趋势，其内涵由以前的学科的教学内容扩展为学校指导之下提供给学生的一切经验。课程被理解为学科教学与学生活动的集合体。完整的课程内涵不仅包括课程目标、课程内容、课程政策等宏观层面课程内容，也包括课程技术层面的内容，如课程设计、课程资源开发、课程编制、课程实施、课程评价等；课程除应包括显性课程、隐性课程（合称学校课程）外，还应包括社会课程。

我国现行的高校课程制度存在的弊端，就是忽视隐性课程的社会控制职能和对学生的陶冶职能，过分强调显性课程的作用。因此，在进行课程改革时就要以新的课程观为指导，课程改革时应以现代课程论为指导，应把显性课程与隐性课程（合称学校课程）以及社会课程三者作为完整的有机系统加以考虑，把课程论视为整个教育系统的软件。

（三）课程改革应有扎实的学术基础与理论基础

课程改革需要有一定的学术基础、理论基础，包括社会基础、文化基础、心理基础和哲学基础。[①] 家庭、经济、社会等因素是课程改革的社会基础。家庭是社会的基本组织，课程内容的选择与实施应适应家庭环境的差异。

我国经济建设与发展是课程改革的基础，课程的设计必须主动地、有效地适应经济的形态与发展，合理安排基础化与专业化的阶段，适时适地、经济有效地培养健全的人力（智力）资源。同社会的经济发展状态密切相关的政

① 胡华南. 高校课程改革应遵循几个原则. 理工高教研究，2003（4）：106.

治上的主张或主义，是决定办学宗旨、制定课程标准的重要依据。国内外优秀文化是课程的温床与内容，课程是文化的元素与动力。因而文化是课程改革的重要基础，价值导向则是课程改革的另一项文化基础，是决定课程的内容与方向的重要因素。课程的使命在于有计划、有组织地传递、传播、弘扬和创造先进文化。研究学习者与学习过程是课程改革的心理基础。因为课程内容的选择与安排、所需学习经验的选取以及最优化学习过程的计划等，都要充分了解学习者与学习过程。而课程改革的哲学基础的研究将为课程设计者和实施者提供总体把握课程性质的指针。

二、确立明确而合理的课程目标

要进行课程改革，必须研究课程的目标。大学课程的目标主体分为社会主体和个人主体目标。社会主体目标包含了国家目标、雇主（社会集团）目标、学术界（科研和教育阶层）目标。

从国家目标来说，具体目标是：国家的安全、稳定，国家的繁荣昌盛。所以我国高等教育的总目标是培养德、智、体诸方面全面发展的社会主义事业的建设者和接班人。

从雇主（社会集团）目标来说，具体目标是具有扎实的理论基础、宽厚的知识面、较强的动手能力，具有创新进取的精神、交流合作精神和责任感强的开拓型人才。

学术界目标是传统的知识能得到传递、继承、积累，教育知识能得到创新，教育知识体系能得到完善发展。

个人主体目标分为低层次和高层次两类。

低层次目标是就业与谋生的需要。

高层次目标是个人主体全面发展的需要。

传统课程的主要目标是实现知识传递，追求知识量的积累、知识内容的完整性。

课程改革必须强调大学课程目标的有机结合，从根本上改变传统课程观念，在遵循国家目标下，满足其他目标的需要，适度考虑个人主体目标。所以大学的课程目标应包括认识与理解、探索与发现、想像与创造思维、感觉与评价、使用与应用等几方面内容。

三、课程体系结构的弹性化

在课程体系结构上,应建立一个开放的、弹性的课程体系,包括以下几个方面:

(1) 变严格的专业教学计划为引导性的人才培养方案,培养方案里留有充分的学生选择余地。

(2) 管理模式上变学年制为学分制,提高学生学习的自由度。

(3) 减少必修课学分,增大选修课学分,发挥学生学习的主体性和主动性。

(4) 构建充实、富有个性、多样化的教学内容和课程体系,如哈佛大学的"核心课程"、麻省理工学院的跨学科选修课程计划、牛津大学的"复合课程"、筑波大学的学科综合课程实施方案等,都是一流大学的重要标志。

在高校课程的形式结构上,应压缩专业课程的比重,加大基础性通识类课程和选修类课程的比重,这是高校课程结构改革出现的新趋势。

四、课程内容的改革

课程内容是构成课程的中心内容,是课程运行的最基本媒介,是影响学生发展的基本信息。大学课程内容的改革要处理好以下几个方面的关系。

(一) 强调"做事"教育,更强调"做人"教育

大学课程实践要密切联系社会现实,课程内容的选择要从社会现实和时代要求出发,充分体现大学生所处的社会历史条件对他们成长的客观要求。大学课程实践要从现实的人和现实的社会出发,既要考虑人和社会的现实需要,也要考虑作为大学课程实践的现实条件。

但是,一味强调课程实践的现实规定性,既有可能抑制人的主动性与积极性,窒息人的想像力和创造力,也有可能使之完全陷入功利主义。忽视理想信念和道德追求,只教学生何以为生,却不教学生为何而生,这种教育就是

不完整的教育，就只能培养流水线上的“工作机器”，而不能培养一个完整的现代人。[①] 大学因有远大的使命和诗意的品质而显得崇高。大学课程实践的目标应该指向更加美好的可能社会，培养出一大批具有社会责任感、独立思考能力、不随波逐流的毕业生，大学才有可能改造社会，引导社会进步。但是如果大学课程实践完全脱离现实社会，培养出一些眼高手低、坐而论道的毕业生，也不可能使理想的社会现实化。

（二）课程内容统一性与多样性的结合

统一性与多样性是不可分离的，统一性以多样性为前提，多样性以统一性为基础。夸大统一性，否认多样性，或者夸大多样性，否认统一性，都是形而上学的思维方式，都会给实践造成危害。

哈佛大学的学生必须掌握校方所认为的在大学本科教育不可缺少的领域中获得知识的主要方法，因而必须在学校规定的六个领域之内各选一些课程。

哥伦比亚大学是目前美国实行“核心课程”制度最严格的大学之一，本科生进校后，可以选择专业，但不论选择什么专业，前两年均以学习核心课程为主。

加州理工学院所有本科生在第一学年学习共同的基础课程。博耶指出，就像在文化方面寻求保持个人与公众责任之间的平衡一样，在教育方面也必须寻求同样的目标。[②]

另外，要照顾学生的喜好与需要，促进学生专长发展。西方大学都是广泛开设选修课程，提供丰富的课程资源，让学生自由选择，学生想选什么课就选什么课，因此，同一主修方向的人的素质结构的差异也很大。这样，既可以培养学生的个性，又能更快、更好地满足学生就业的需要。原来对课程控制度高的国家，如法国和俄罗斯，也开始倾向于扩大学生选择课程的自由度。

---

① 叶信治．大学课程实践中的八个关系．复旦教育论坛，2004(2)：20.

② 教育发展与政策研究中心．发达国家教育改革的动向和趋势(第2卷)．北京：人民教育出版社，1987：65-66.

（三）课程内容“博”与“专”的统一

一定时期专业化过于严重以致于品德恶化，另一时期又不得不加强通识教育，这种左摇右摆的现象造成难以估计的损失。为了解决这个难题，有人推崇专才以及通过专业教育实施通识教育。

怀特海认为：“要是你在教育上排除专门化，你就毁灭了生活。”①他认为普通教育和专业教育是融合在一起的，“并没有一门课程只给学生普通陶冶，而另一门课程只给专门知识。一方面，为了普通教育而学习的学科，也就是专门地学习专门学科；另一方面，鼓励一般智力活动的方法之一就是培养一种专门的爱好”。

博耶也相信一般的教育目的可以通过专业教育来实现。他提出了“内涵丰富的主修专业”这一设想。他解释说：“我们指的不仅是要鼓励大学生深入地探索某一学科领域，而且要帮助他们正确对待自己的专业领域。一个具有丰富内涵的主修专业将要回答3个基本问题：本学科所要考察的历史和传统是什么？本学科所包含的社会和经济意义是什么？本学科所面临的伦理和道德问题是什么？根据我们的设想，普通教育课程将纵贯大学本科四个年级；各个系都把普通教育看做是主修专业的一种扩展和延伸；所有的学生都应学会从历史、社会和伦理的角度看待他们的专业。”②他认为当主修专业的内涵丰富了以后，学生就可以从深度走向广度，他们的注意力将不再仅仅集中于专业技能的训练，而是集中于最好的普通教育上。

从现代教育由重在掌握知识转向重在让学生学会学习、学会做人的新理念出发，扩大学生的知识面并不是通识教育最重要的目标，通识教育应重在培养学生的独立人格、自主判断能力和批判精神。

五、课程实施的改革

从许多研究成果中可以看出，课程改革的成功有赖于切实有效的课程实

① 华东师范大学教育系，等. 现代西方资产阶级教育思想流派论著选. 北京：人民教育出版社，1980：116.

② 同上，1980：117-118.

施,课程实施在课程发展中起关键作用。因此,大学课程改革要重视课程实施的研究。

(一) 预设与生成的关系

课程实践作为一种人的社会活动,深受人的目的、情感、意志、需要等主观因素的影响,也深受实践环境的制约,因而课程实践过程是非常复杂的,充满着不确定性,也蕴含着巨大的创造性,应该根据实际情况对预先制定的目标、方案等进行调整,甚至进行全新的创造。

所以,课程实践本质上不是预设目标与方案的展开,而是一种新人、新知识、新智慧和新意义等的生成活动。课程实践不可能离开师生的具体活动,能够预设的是教材,是培养方案,但教材和培养方案并非课程实践的全部。不能把课程实践仅仅理解为是一种把预先设计好的不容更改的法定文本按部就班地灌输到学生头脑中的活动。

课程实践把文本与人的双向对象化(人的素质提高与文本意义的再创造),把主体与主体的双向对象化(教学相长),它实质上是一个动态的、开放的、创造的生成过程。但是,人的活动都是有一定的目的的,只是人们对目的的性质和功能的看法有差异。离开预设的目标、计划和方案,课程实践是不可想像的。所以,课程实践是一种实现预定目标的活动,但更是一种不断生成并实现新目标的活动,是预设和生成的辩证统一。[①] 完全脱离预定的目的和计划是不现实的,完全完成预定的东西会扼杀课程实践的生命力和创造性,这两种极端的方式都不可取。大学课程实践要有弹性和灵活性,实践者能够根据课程实践目标、自身特点和实践情境等调整好预设和生成的关系。

(二) 课程的正向功能和负向功能的关系

人的一切实践活动,从其效应作用来看,总是带有正和负两重效应的状况。在任何实践活动中,必须注意发挥实践的正效应,尽可能避免一些人为的负效应。

高等教育课程实践中也存在很多正向功能和负向功能。例如,知识的学

① 叶信治.大学课程实践中的八个关系.复旦教育论坛,2004(2):22.

习既有可能使人变得更有智慧,也有可能使人形成一种思维定势,把人们的思维局限在一个框框中,墨守成规,缺乏开拓和创新的意识。所以,必须反思,学生应该掌握什么知识,怎样掌握知识,才能最大限度地减少负向功能。由于负向功能不可避免,只能正视大学课程实践可能带来的负向功能,尽量避免人为的负向功能。

负向功能的存在也启发思考大学课程功能的限度问题。对大学课程就不能简单地肯定或否定,而应该具体问题具体分析,作出恰当的选择,也许更需要研究怎样通过各种课程实践模式的配合来尽量抵消各自的负向功能。

(三)归纳法与演绎法的关系

科学发现有归纳主义的模式和演绎主义的模式。

前者把科学发现的机制理解为思维对感性材料的概括,理解为内在的心理的逻辑加工过程,科学发现的模式是从经验事实出发,逐步上升为“较低公理”、“中间公理”和“普遍公理”。

后者则把科学发现的机制理解为理智对公理或基本原理的洞察和直觉,科学发现的模式是先找出一些最基本的公理、公式与定理,然后推演出其他一切知识。

大学课程编制的思路,尤其是教材编写的思路,也可以分为归纳的模式和演绎的模式。

有人认为,中国大学的教材编写主要采用演绎模式,而美国大学的教材编写主要采用归纳模式。

归纳模式的教材是从经验事实开始,通过逻辑思维对经验事实加工,然后过渡到总结出规律、理论。例如,经济学、法学的一些教材,提供一些案例,让学生去分析和比较,逐步得出一些基本原理和基本规律。

演绎模式的教材是从一些最基本的、不证自明的公理出发,推出下一级的定理、定律,然后运用这些定理和定律去解决实际中的具体问题。如有些理科教材都是从几个原理演绎而成的。演绎模式教材注重知识的系统性,其重点落在结论,目的在于让学生掌握基本原理、运用基本原理,有利于学生高效率地掌握比较系统的知识。但是,让学生掌握现成的知识、单一的结论,不利于学生主动性、积极性的发挥,也不利于实际经验的积累,更重要的是,不利于学生的好奇心的激发与发散性思维的训练。

归纳模式教材注重学生自己获得知识的体验，着眼于让学生自己去发现原理、定理，其重点在于过程，比较有利于发挥学生的主动性、积极性，也有利于培养学生探究精神和创造性思维，而且学生的动手能力较强，但掌握知识的效率较低，知识系统性较差。①

两种模式的教材都有自己的价值，也都有自己的不足，关键是不能只有一种模式。在一个课程体系或一本教材中，应该根据培养目标的要求和知识的特点，把两种编写思路有机结合起来，互相补充。

① 崔自铎.新实践论述要.北京:中央编译出版社,2001:176.

第十五章

世界高等教育课程发展新领域

世界新技术革命发展迅猛，尖端技术的产业为社会生产力的发展展示了新的前景。发达国家之间在尖端技术领域中展开了激烈的竞争，为迎接挑战，对高等教育的期望值也随之不断提高，要求高等学校既要培养掌握高水平知识和技术、具有宽阔视野、综合判断能力、独创性的专门人才；又要培养新领域、新科技方面的高级技术人才。从20世纪80年代以来面向新世纪的课程改革步伐加快，在高等学校改革中，把中心聚焦在课程改革上。

第一节　发达国家高等学校课程发展举要

发达国家高等学校课程改革,提倡学校编制具有自身特色的教学计划和教学内容,选择最新科技成果引入教学内容,把提高选修课的比例作为更新课程和课程多样化的主要途径。课程体系的弹性越来越大,课程种类越来越多,学生选择的自由度越来越广,课程培养学生的社会职业适应能力进一步增强。注重文理综合课程建设,使学生具有丰富的基础文理知识,走出本专业的狭窄视野,培养迅速有效地获取信息、处理信息和创新的能力。

一、英国大学"基于工作的学习"课程

历史上,英国大学一向注重以知识为中心的学术能力的培养。自 20 世纪 80 年代以来,英国高等教育大众化,劳动力市场的变化,社会越来越要求高等教育采纳操作性和工具化的知识定义,更多操作性、注重时效和面向行动的知识形式受到提倡。由此,学术认识论正在发生实用的和基于行动的转向,知识越来越在行动中经由行动而产生,在解决组织和技术的问题中产生。在英国政府出台的《90 年代英国高等教育的发展》(1985 年)、《高等教育——迎接挑战》(1987 年)、《狄亚林报告》(1997 年)等政策报告的干预下,英国大学提出加强课程与工作之间的联系,呼吁发展技能或能力。

(一) 课程观的转向

加强课程与工作之间的联系,注重操作性能力的培养,是 20 世纪 80 年

代以来英国大学课程改革的核心特征。[①] 英国大学的课程观发生了重大转向:从强调学术性能力向强调操作性能力转化。

课程目标从强调理论的目标转向强调实践的目标,从重视专业的目标转向重视一般的目标,具体表现如下:

(1) 由学术性能力转向操作性能力;

(2) 由知什么转向知如何;

(3) 由根据智力领域来定义转向根据实用性来定义;

(4) 由命题转向结果;

(5) 由总体认知转向总体操作;

(6) 由命题的转向经验的;

(7) 由学科的转向策略的;

(8) 由真实的转向经济的;

(9) 由学科实力转向经济生存;

(10) 由智力领域规范转向组织规范;

(11) 由更好的认知理解转向更好的实用效果。

(二) 新颖的大学课程

1. "高等教育企业精神"(enterprise in higher education, EHE)试验

它的引入是鼓励那些寻求高等教育资格的人发展企业精神。EHE 试验的基石是培养企业精神。[②]

(1) 企业家能力:使人们在企业中获得成功的素质和技能。

(2) 个人效率:足智多谋的个体所拥有的素质和技能。

(3) 可迁移技能:保证人们在范围广阔的工作任务中取得成功的一般能力。

EHE 目的的达成既不是通过推进狭窄的职业教育来实现,也不是通过取代专业领域的高级专业技术来实现,而是通过整合新目标与现有教育内容来

---

① 杨春梅. 当代英国大学课程改革研究. 比较教育研究,2004(4):18.

② Ronald Barnett. *The Limits of Competence*. Buckingham: SRHE and Open University Press, 1994:92.

实现。竞标成功的各所大学开展了积极的课程改革探索:一些大学在与工作高度相关的意义上解释企业精神,积极地与地方用人单位建立联络,为学生提供在工作中从事生动真实的课题机会,如法律专业学生担当咨询顾问而提供免费法律信息,历史专业学生撰写当地旅游指南等。一些大学则鼓励企业精神技能的培养,例如,通过设计活动训练学生发展企业精神技能,以使他们对工商业有更好的了解,或者创立小型公司,由学生经营,提供各种服务。通过一些可行的教学方法鼓励学生发展可迁移技能,强调小组课题工作,并为此相应减少了书面形式的作业,让学生作为小组一员对所做工作进行陈述总结,发展就业时非常重视的口头表达技能。

2. 能力教育运动

1988 年,皇家文科协会在"能力教育宣言"(1979)的基础上,制定了"为了能力的高等教育"(higher education for capability)计划。英国高校不断发起名目繁多的能力或技能教育运动。这些运动强调可迁移技能、核心技能、关键技能、一般技能、工作或就业相关技能的培养,而这些技能有时也被称为能力。

一些大学进行能力教育的一个重要方法是开发"毕业生能力成绩记录档案袋",它记录学生在关键技能方面的成绩以及在大学所发展的其他能力,成绩记录档案袋可用于学生、用人单位以及大学来帮助开发本科生课程计划。

许多大学还建立职业服务中心,加强与用人单位的联系。

其他方法还有:

(1) 在学科内整合关键技能;

(2) 增加与关键技能相关的活动;

(3) 设置各种关键技能的选修性课程或模块。

3. 基于工作的学习(work-based learning)课程

工作实习既包括通常在暑期进行的为期 1 个月至 2 个月的短期实习,也包括长期实习,如为期一年(通常在第三学年进行)的三明治课程。三明治课程通常是工程、语言和与商业有关的学科的课程计划的重要组成部分。在英国,大约有 8% 的大学本科生选择学习三明治课程。设置三明治课程的目的在于加强理论与实践之间的联系,使学科与社会密切结合,以提高学生的专业技能,培养学生解决问题的能力和创造能力。学生有了在实习单位工作一年的经验,回到大学通常表现得更为出色。

"基于工作的学习"课程具有以下几个特点:

(1) 明确建立了外部组织和教育机构之间的伙伴关系。

(2) 学习者是外部组织的雇员或与外部组织建立了一种合同关系。

(3) 课程计划源于工作和学习者的需要,而不是由学科或专业课程控制或设计,也就是说,工作即课程。

(4) 在学习者确认当前能力和想要学习的内容的基础之上制订课程计划的起点,尤其注重针对学习者自身的能力欠缺来制订课程计划。

(5) 学习计划是在工作中进行的。

(6) 参照课程计划的标准和水平框架,教育机构对协商性课程计划的学习结果进行评价。[①] 一些大学已经制定政策,要求本科生课程计划应该包括"基于工作的学习"课程模块。

二、日本大学"四年一贯"课程体系

1991 年 7 月日本文部省修改了《大学设置基准》中有关课程设置的条目,取消原设置基准中关于大学必须开设专业教育课程、普通教育课程、外语课程、保健体育课程的具体规定,代之以"编排大学课程时,在考虑传授各个专业的专门知识的同时,还必须适当注意培养学生的广泛的修养、综合的判断能力和丰富的人性"[②]这样一种原则性的规定。这就为大学进行课程改革提供了法律依据。

名古屋大学课程改革在改革的方向和主要内容上反映了日本大学课程改革的基本特点与倾向。名古屋大学于 1992 年 4 月设立了课程改革专门委员会。经过一年的研究与探讨,于 1993 年 2 月提出了指导课程改革的报告书。同年 4 月,作为全校课程改革领导机构的"全校四年一贯教育委员会"正式成立,校长担任委员长,并在委员会下设立了负责编排新的课程体系的"四

---

① David Boud, Nicky Solomon. *Work-based Learning: A New Higher Education?* Buckingham: SRHE and Open University Press, 2001: 4-5.

② 胡建华. 面向 21 世纪的日本大学课程改革. 高等教育研究, 1998(2): 94.

年一贯教育计划委员会”。1994 年 4 月，名古屋大学的各个学部都正式开始实行“四年一贯”的课程模式。

(一)“四年一贯”课程体系的目标与理念

名古屋大学是这样规定的：“随着现代社会高度化、复杂化、国际化、信息化的迅速进展，以及变化速度加快而带来的社会日益流动化，大学培养具有适应时代变化和社会要求的知识与能力的学生之责任越来越大。因此，名古屋大学的教育目标旨在培养具有高度的专业知识与能力、综合的判断力、丰富的人性、对各种社会问题的探究心和解决社会问题的创造力，以及身心健康的人才。”①

(二)“四年一贯”课程体系

“四年一贯”课程体系，包括专业课程、主题课程、开放课程、语言文化课程 4 大类。②

1. 专业类课程

专业类课程包括专业课程、相关专业课程、专业基础课程 A、专业基础课程 B、基础课堂讨论 5 类。这一排列顺序正好反映出由前至后课程的专业性逐渐递减之性质。

其中专业课程、相关专业课程、专业基础课程 A 属于各学部课程；专业基础课程 B、基础课堂讨论属于全校公共课程。

基础课堂讨论开设的意义在于通过共同的学问基础涵养的培养，逐步导入专业教育的课题，引发学生学习专业的动机。它是一年级的必修课，小班授课（每班人数一般在 25 人以下）与重视学生的主体性是开设这类课程的两条基本原则。

2. 主题类课程

主题类课程是全校公共课程，分为基本主题课程与综合课程两类。

基本主题课程的主题有 3 个，即世界与日本、科学与信息、健康与体育。

---

① 名古屋大学自我评价实施委员会. 开创名古屋大学的明天(1992-1993). 1993(1):33.

② 胡建华. 面向 21 世纪的日本大学课程改革. 高等教育研究，1998(2):96.

在各个主题下又包含若干副主题。如世界与日本主题中有现代世界的演进、世界中的日本、文化的接触与交流,科学与信息主题中有信息与数理、信息与社会、认识自然、环境与人,健康与体育主题中有健康与青年期、现代社会与体育等副主题。

围绕着各个副主题开设了一系列的课程。如现代世界的演进这一副主题中,开设的课程有日本资本主义的发展、日本的政治构造、现代世界的成立和发展、现代亚洲社会的发展等。

1994-1995 学年名古屋大学开设的基本主题课程共有 53 门。这些课程的开设是为了适应日本社会国际化、信息化、高龄化的发展,使学生掌握与现代日本社会的上述 3 大基本课题有关的科学知识,并培养他们深入认识与研究这些基本课题的能力。

3. 综合类课程

综合类课程的综合性不仅体现在课程内容上,而且体现在担任课程的教师上,即由不同学科专业的教师从跨学科的角度出发共同承担某一课程的教学工作。综合类课程的授课对象为二年级到四年级的学生。

1994 年由名古屋大学全校 8 个学部和 5 个研究所、研究中心开设的综合类课程有语言与人、日本的教育问题、信息化社会的光与影、生命与信息的动力学、宇宙科学、男与女、城市生活的科学、人类生活与现代分子生物学、太阳地球环境等 21 门。

4. 开放类课程

开放类课程是指各个学部开设的专业课程中允许其他学部学生选修的部分,开设的目的在于满足学生自主、多样的学习需求。1994 年列为开放类课程的有 7 个学部的 46 门课。各个学部规定的开放类课程学分一般为 2 学分。

名古屋大学的自我评价报告书认为,综合类课程与开放类课程是最能体现综合大学特点的课程,今后还须对这两类课程的开设进行深入的探讨,以使它们在实现大学教育目标中发挥应有的作用。

为保证"四年一贯"课程体系的顺利实施,名古屋大学建立了一套较为完整的全校公共课教学的计划管理体制。其主要特点是"委员会制"。所有委员会均由各学部及研究所的教师代表构成,且采用任期制,由"全校四年一贯教育委员会”领导。

三、巴黎理工学校科学与文化融合的多科性课程体系

法国巴黎理工学校创建于1794年,创办初期的宗旨是“为炮兵、军工、公路桥梁、民用建筑、采矿、造船、地形测量等部门,以及为自由从事需要数理知识的职业培养人才”。为此,在相当长的时期里,该校的教学特色是重理论,重数学,并以出色的教学和研究成果而受到国际学术界的高度评价,称该校的“数学教学工作,对全世界的工程师学校产生了持久的影响”,在数学方面的光芒“照亮了欧洲科学发展的道路”,因为“19世纪初有关高等数学的基本论著,绝大部分来源于巴黎理工学校的数学工作”。拿破仑曾将理工学校比作“下金蛋的老母鸡”(指培养了一大批杰出人才),在授予该校的锦旗上写下了“为了祖国的科学和荣誉”的高度赞誉。让法国人引以为骄傲的阿利亚娜运载火箭、欧洲空中客车飞机、核能发电、高速列车等一系列高科技成果的研制,都记载着巴黎理工学校的功勋。戴高乐总统生前赞许“巴黎理工学校就像法国一样,古老而常新”。就是这样一所被誉为法国“公共教育事业最壮丽的学府”,面对20世纪80年代以来,市场急剧变化,国际竞争日趋激烈,科学技术快速发展和社会信息化程度迅速提高的国际发展局面,也走上了科学与文化融合的教育之路。

(一)科学与文化融合的多科性教育目标

科学与文化融合的多科性教育目标是通过多科性(或多面性)综合培养,使学生不仅能适应企业对技术和经济的需要,熟练地解决本专业的技术问题,还要依据市场的变化,顺利地从一个技术领域转到另一个技术领域,并且有能力解决传统上由社会学家和伦理学家解决的相关问题。同时,使毕业生职业领域也发生较大变化,从事传统的技术和制造行业的就业人员出现多向分流,转向信息、管理、财政、商业、新材料、科研等新兴行业。

巴黎理工学校校长让·诺瓦克在北京大学百年校庆举办的“世界名校校长论坛”发表讲演时指出:“理工学校一向以培养胸怀开阔的、可以在科技飞速发展的时代应付复杂世界的人才为自豪。因此,我们希望给我们的学生一个广阔的科学文化视野,以便他们能进行对比。我们非常强调这些能力,因

为非研究人员只专一门，而不敢尝试自己专业以外的领域是很危险的。这就是为什么在我们的教学大纲中除密集的综合科学课程外，还要保持人文科学和体育的原因。”[①]诺瓦克先生这番话清楚地阐明了理工学校今日的教育理念和人才培养观。

(二) 科学与文化融合的多科性课程体系

科学与文化融合的多面性综合培养成为理工学校新的教育方式，并由此改变以往那种技术与社会、科学与文化之间的传统的对立，把对学生进行的科学技术教育同与对他们的经济、社会和世界文化新秩序等一系列重要问题的教育同步进行。

课程体系包括以下几个部分：科学基础理论教育、应用技术科学教育、“非技术”教育等。

1. 科学基础理论课程

科学理论教育是人才培养的基础，主要学习共同基础课，包括数学、应用数学、计算机科学、物理学(量子论、统计物理)、经济学等。扎实掌握基本理论，不仅能解决高水平的问题，还有利于进一步发展工程科学技术。要使学生懂得，“一切技术都是从科学基础导出的”。

2. 应用技术科学教育

它与科学理论教育相辅相成，并与实践性教育结合，采取“工读交替”的方法，将校内教育与实际部门实习结合，让学生以不同身份多次到实际部门实习，通过实践性教学对学生加强工程训练，开展应用研究，了解企业的运行过程，促进学生工程素质(企业家态度、适应能力等)的养成。

3. “非技术”教育

它以往被称为“非科学性学科”教育，主要学习人文科学和社会科学，它们越来越成为专业人员培养中不可缺少的重要内容。应该看到，现代工程已经不单是技术问题，它的最终解决往往广泛涉及社会、经济、环境等多种领域，甚至影响到人类生存。就文化而言，要想使现代文化得到最优美的表达，

---

① 李兴业. 美、日、法三国名牌大学本科生课程体系改革及启示. 武汉大学学报：社会科学版，2002(4)：506.

就需要把它置于现代智力的背景下,否则会毫无意义。"非技术"教育课程通常采用各种研讨班形式,如普通文化研讨班,内容涉及文学、哲学、经济、电影学、历史等。为学习外语开设的文化研讨班,主题涉及英国文化、德国文化、美国文化、中国文化等,让学生不使用母语而直接接触不同民族背景下的多样性文化。

四、美国哈佛大学的核心课程体系

哈佛大学成立的课程专门研究小组于1977年提出了"核心课程方案"报告。核心课程设置将其分为5个知识领域,包括文学艺术、历史、社会分析和哲学分析、外国语和文化、自然科学和数学。这种对学生实施通识教育的核心课程,独立于系开设的课程,为新生入学后第一年所必修。核心课程的提出和实施不仅使哈佛在教育质量、科研水平和人才培养中名列美国各大学前茅,还对提高美国大学课程教育产生了广泛的影响。

(一)核心课程培养目标

通过学习核心课程,使学生"批判地了解和初步熟悉一些知识的主要方面,使其知道怎样获得和运用知识,以及这些知识对他们个人有什么意义"。同时,让学生掌握基础知识及其学科之间的联系,把人文科学、社会科学直接与同人类休戚相关的事物联系起来,并将这些知识运用于实际生活。

全美人文科学中心前主席C·弗兰克曾指出,核心课程教育能使学生"对生活有多纬度的理解,你(学生)不会对事件仅仅作出被动的反映,也不会仅仅只从个人的角度去关心它们,至少你(学生)可以把自己的命运看做是人类环境和人类命运的反映。"①

(二)课程体系

哈佛大学本科生现行课程包括三个部分:专业课、选修课和核心课程。

---

① 李兴业.美、日、法三国名牌大学本科生课程体系改革及启示.武汉大学学报:社会科学版,2002(4):503.

按规定,学生所选的 32 门课中,专业课为 16 门,选修课 8 门,核心课程 8 门。

1. 专业课

它是学生在所选专业内要求学习的课程,包括该专业的基础知识及最新发展趋势。可供选择的知识范围很广,要求帮助学生培养分析运用所学知识的能力。

2. 选修课

它可选修哈佛本校开设的课程,也可选修哈佛所在的波士顿地区与哈佛建立有合作关系的大学里所有课程,包括辅修科目。选修课帮助学生学习他们想学的学科,发展自己的爱好、兴趣和特长。

3. 核心课程

它分为 7 类学科领域:外国文化、历史研究、文学和艺术、道德理性、自然科学、社会分析、数量分析。

(1) 外国文化课通过介绍不同国家或地区的文化,学习美国以外的人类文明,让学生了解具有不同文化背景的人们怎样观察世界,为他们在看待本土文化时提供一种较广阔的视野,现设 26 门课。

(2) 历史研究课通过研究历史使学生获得历史知识,包括对历史事实、历史事件及其过程的学习,学会用历史的眼光认识世界,现设 31 门课。

(3) 文学和艺术课包括 3 部分内容:文学作品(15 门)、视听艺术(19 门)、文化背景(17 门),目的是培养学生健康的审美情绪,以及对文学艺术作品的批判性理解能力。

(4) 道德理性课主要是对于道德的选择和价值观方面进行的思辨,培养对道德问题的判断能力和探索理性选择的方法,帮助学生正确理解正义、义务、个人责任、忠诚和勇气等观念,开设有 11 门课。

(5) 自然科学课通过介绍有关科学方面的重大理论和发现,包括介绍被发现的科学原理和规律,如何被发现,特别是科学发现过程中观察和实验的重要作用,从而加强学生对科学的总体理解,在增长科学知识和获得能力的同时,逐步形成对待客观世界和人类自身的科学态度。

(6) 社会分析课主要是通过对社会科学基本理论和方法的学习,加深对现代社会中人类行为的理解,开设有 13 门课。

(7) 数量分析课主要用来发展学生对于数量分析的技巧,在知识经济时代,这些知识和技能是十分重要的。

哈佛大学文理两所学院为本科生开设的2 500多门普通教育课程中,人文科学占40%,社会科学占31%,自然科学占19%,其余为跨学科、专业预备科、工程学方面的课程。

第二节 新课程领域

20世纪80年代中期至今,西方大学课程理论进入各种思想融合与并存的阶段,人们对课程理论进行着更为深入的思考,从潜课程的研究到新的课程领域的开拓,虽然没有形成新的具有支配地位的课程理论,但各国对新的课程领域一直在探索着,目前比较有代表性的新的课程领域主要有:生计教育课程、环境教育课程和创造教育课程。①

一、生计教育课程

生计教育(career education)是20世纪70年代在美国首先提出,并由政府发动了"生计教育运动"。其基本背景是:在经济快速增长后,资本主义世界社会和经济危机日益加重,为此提出把改良职业技术教育作为改造社会的重要组成部分。

具体说来主要有以下几个原因:

(1) 经济不景气下雇佣关系恶化,自动化带来的工作单调感、不满意感扩大,使青年工人的劳动价值观念发生变化,形成严重的社会混乱,政府和整个社会希望通过职业技能和职业道德的训练缓解社会矛盾。

---

① 戚业国.面向21世纪西方大学课程改革的回顾与展望.吉林教育科学:高教研究,1996(4):23.

(2) 就学人口的大量增加给学校形成巨大压力,形成全国性的学校动荡,生计教育被当做是解决这些问题的措施。

(3) 职业、劳动与教育之间和社会与学校之间的协调、协作关系欠缺,引起不满。

生计教育是为了满足资本家的雇佣需要。在这场运动中,高等教育受到了深刻的影响,在大学课程中,大量以增强学生适应性为目的的课程被开发出来,学校加强了与社会的结合,职业教育和职业训练受到重视。

总之,生计教育是把社会问题归于学校教育所形成的,试图通过学校课程,特别是职业适应性课程来增强学生的职业能力、加强社会责任感的教育以缓解社会矛盾,由此也体现了社会对教育,特别是高等教育的期望。

二、环境教育课程

经过 20 世纪 60 年代至 70 年代的快速发展,环境问题在西方社会日益引起重视,污染问题、人口问题、环境保护问题被列为人类优先考虑的课题。

1972 年联合国在斯德哥尔摩召开了人类环境会议,并通过了《关于人类环境的行动计划》。在这个计划里,把教育列入解决环境问题的重要措施,并提出"环境教育的目的就在于,培养能够一步一个脚印地采取行动、管理、控制周围环境的人"。

为落实这个计划,1975 年国际环境教育会议召开并通过了《贝尔格莱德宪章》,提出环境教育的目的是"在认识并关心环境和环境问题同时,为解决当前的问题和防患于未然,培养世界的人们掌握作为个人与集体所必需的知识、技能、态度、意愿和实践能力"。

为此,进入 20 世纪 70 年代后,在西方大学里,环境学科迅速兴起并得到重视:一方面许多学科共同研究解决环境问题,形成许多新的交叉、边缘学科;另一方面不仅环境专业得到加强,而且在整个大学里都普遍开设了环境类课程。

环境课程作为一门综合的学科逐渐独立出来并形成许多分支课程,主要包括以下内容:自然环境论方面的环境总论、环境分论、自然生态学,社会环境论方面的社区社会学、社区解析学、环境法原理、社会生态学,环境管理论方面的环境管理总论、环境政策论、国土保护论、环境原论、能源环境论、物质环境论，社区环境规划方面的社区环境原论、居住环境规划论、国土环境论、国际环境论等。

直到今天，环境教育课程其影响力度和范围还在不断扩大。

三、创造性教育课程

创造性教育课程近年在西方大学中也备受重视，它是1950年由吉尔福特开创的。《学会生存》(1972年)强调"人的创造力是最容易受文化影响的能力，是最能发展并超越人类自身成就的能力，也是最容易受到压抑和挫伤的能力"。这里指出了培养人的创造能力的可能性、必要性以及艰巨性。"教育具有开发创造精神和窒息创造精神这样的双重的力量"，也就是说，教育教学既能促进人的创造精神的发展，又可能妨碍、压抑人的创造精神的发展，"创造性课程的设置应该只是确定范围和方向，不要作强迫性的约束法规"，它不是一门什么特殊的学科，也不是指某一课程体系本身，而是指建立和评价课程体系的组织所依据的原理、原则。创造性教育意味着对整个传统教育从内容、方法到体制的全面改造。

第三节 发达国家高等教育课程发展趋势

现代大学课程改革经历了多次反复，面对新世纪，各国高等教育的课程改革走向理性与成熟，更能清醒认识自己的长处与不足，不再为某一思想所左右。发达国家也从各自的国情出发，探讨如何改革教育目标和教学内容。例如，法国强调培养学生的逻辑思维能力、表达能力和独立工作能力，并增加大量现代社会所需要的课程或教学内容。英国加强了课程的建设，而加拿大强调课程的地方化，增强课程的实用性。除此之外，各发达国家的大学教育都加强了职业教育的成分，为学生就业和以后的职业生涯、终生学习打下坚实的基础。因此，在大学课程改革过程中，也表现有共同的发展趋势。

一、课程改革的趋势

(1) 在课程思想上走向融合，没有形成占主导地位的课程理论。① 随着国际交流的加强，各国都在研究别国的高等教育以思考本国的大学课程改革。总的趋势是针对自己的实际，清醒、理智，没有太大的盲目性，强调弥补自己的不足。比如，美国强调科学、基础、核心，而日本则强调体现国际化、新技术、适应社会，各自的侧重正是自己的不足。

(2) 课程改革都被放到高等教育改革的核心位置，把课程改革作为面向未来、提高国民素质、增强综合国力的国家战略的重要组成部分。课程改革为政府所倡导，得到政府的大力提倡和支持。

(3) 强调高等教育要适应社会发展和学生个性的成长，重视增强学生的职业适应能力。这无疑是西方大学哲学的一种转变，在西方高等教育的传统中，自由学科和实用学科被一分为二，专门的职业性的实用学科受到蔑视，从亚里士多德到20世纪50年代的艾德勒都是这样。前几次课程改革虽然使状况有了很大的改变，这一次无疑更为彻底，职业教育课程在高等教育中受到前所未有的重视。

(4) 强调学生学习能力的培养，把终身教育概念引到大学课程思想中，主张大学帮助青年学生获得自我终生学习的能力，并且重视教育制度与教学方法等的配套改革。

二、课程观发展的趋势

在课程论的研究上，无论是从理论的角度，还是从实践的角度，大学课程改革都有许多共同点。

---

① 戚业国.面向21世纪西方大学课程改革的回顾与展望.吉林教育科学：高教研究，1996(4)：25.

1. 在课程主体的确立上

大多数高校已走出传统课程的束缚，不再以教师作为主导，教师不再充任课程主体，摒弃大学教师以知识权威者的姿态约束和规定学生认知方式、探究结果，居高临下地把自己的体验、情感、态度、价值观强加给学生的做法。应该把教师与学生都看做是平等的认知主体，通过合作交流、平等对话、讨论探究、磋商、体验，共同构建各自的认知经验，丰富各自对世界的认识。通过这样的探究活动，学生之间、师生之间进行平等的对话、友爱的协商、自由的建构，在丰富的课程学习中，形成多样化、个性化的人文环境。

2. 在课程内容的选择上

克服了大学自诞生之日起就存在的"专业化"倾向，在内容的选择上，从过分偏重"具有客观性、普遍适用性"而又逻辑严谨的知识的桎梏中走了出来，去除艰深晦涩而且实际应用型课程偏少的缺陷。强调没有普遍适用的知识，有的只是一种猜测、假设或一种暂时的认识，注重把这些假设、猜测以及它们存在的疑问呈现给学生，而不过于注重学科知识体系和概念、符号、原理的规范表述。在课程的实施过程中，尽可能让学生历经知识和"真理"的探究过程，以培养学生大胆质疑、勇于探索的科学品质。

3. 在课程标准的制定上

有学者认为最科学的方法是通过对人类社会活动的分析，发现社会所需要的知识、技能、能力和态度等，以此作为课程的基础。明确课程不能游离于现实和社会之外，高校不能成为培养高级知识分子的"真空场所"。高校课程的标准就是引导学生学会生存和学会创新，不仅要评价学生掌握系统理论知识的程度，更重要的是把高校课程的学习看做是教师和学生一同回归真实的自然事实、现实的社会活动的过程。只有在真实的自然事实、现实的社会活动中，才能够进行各种图景的交融、各种体验的对话，才能够实现各种知识和科学的发展与创新。

4. 在课程目标的思考上

教育是要使学生为成人生活作好准备，因此，应该根据对社会需要的研究来确定课程目标。教育工作者与其说是制定目标，还不如说是选择目标。而要对教育目标作出具体、明智的选择，必须要有来自 3 个方面的信息：

一是对学生的研究；

二是对当代社会生活的研究；

三是对学科专家建议的研究。①

任何单一的信息来源都不足以为明智地选择目标提供基础。学校教育的时间、能量有限，因此只能把精力集中在少量非常重要的目标上，这就要对选择出来的大量目标进行筛选，剔除不很重要或相互矛盾的或学生无法达到的目标。

三、课程体系改革的趋势

大学课程体系改革趋势是扩大基础知识，拓宽专业口径，实行文理渗透，增加选修课数量，加强应用课程等。

(一) 加强基础教学，压缩必修课程，增加选修课程

1. 强调基础教育，增设"通识课程"

社会生活的日益复杂化，使人才的适应能力在高等学校的培养目标中占有越来越重要的地位，"通识教育"受到推崇。因此，拓宽专业口径，加强基础知识教育，成为当今世界各国大学课程改革的一大趋势。

法国大学分阶段组织教学。第一阶段属通才教育，任务是"使学生掌握、深化和扩大适用于某一大专业领域的各门基础学科的知识"。学生不划分专业，而设立主修学科，让学生接触广泛的知识领域，在此基础上决定以后的攻读方向。第二阶段仍以全面广泛的学科设置为特点，大学第三阶段才进行专业培养。日本规定，所有大学生至少要修完 36 学分的基础课程才被允许接受专业教育。

美国大学前两年不分专业，甚至不分院系，集中进行普通教育，基础课程的学分约占学士学位课程学分总量的 1/3，加上选修课中的基础课，基础课程的学分约占大学 4 年总学分的一半。例如，哈佛大学要求文理本科学生学习文学艺术、历史、社会分析、外国语言文化、数学自然科学 5 个领域的基础知识。哥伦比亚大学规定，任何专业的本科学生，首先必须学好文化基础课，到

---

① 崔念迅. 我国高校课程缺失与国外课程分析. 科技信息，2005(4)：178.

三年级才开始学习专业课。

2. 压缩必修课程,增加选修课程

国外大学普遍实行学分制,这与选修课密切相关。学分制必须以开设数量足够、质量可靠的选修课为重要前提。

(1) 选修课程门类越来越多。日本名古屋大学数学专业,只设解析学要论、代数学要论、几何学要论、数学通论、数学研究5门必修课,选修课则有101门;物理学专业必修课是9门,选修课72门;化学专业必修课15门,选修课34门。美国高校本科生课程,现今分普通教育课程、主修课程和选修课程三大类,分别占课程总量的33%,34%,33%。现在普通教育课程和主修课程中也开设了选修课。目前美国有16%的本科生课程的计划允许学生自己设计主修课程。有2%的美国高校,甚至完全不设必修课。德国大学分两个阶段:第一阶段属基础教育,选修课占课程总量的25%;第二个阶段为专业教育,选修课占课程总量的50%。法国高校选修课占本科生总量的40%,有的高达60%。

(2) 学生可以跨越年级选修。日本的大学,有的不但开设某种学科的横向课程,即邻近学科与跨学科的课程,供学生选修;还允许学生选学纵向课程,即低年级学生可以选修自己认为可接受的高年级的专门课程,高年级学生亦可选学在低年级开设的与自己选学专业有关的课程。在德国如波恩大学、马尔堡大学,无论哪个专业的专业课,都允许其他专业的学生听。

(3) 允许学生改专业和转学。美国高校,允许学生在选定主修专业以后,随时改变主修专业。据统计,三年级、四年级的学生中,约有半数学生至少变更一次主修专业。学生还可根据自己的学习成绩,转入其他学院或世界名牌大学去学习。德国高校也允许学生转换专业和转学。

(4) 学生可以到国内外选修。日本自1973年起,根据《大学设置标准》在大学中实行"学分互换制"。允许学生在国内外其他大学"留学",选学他所在的大学没有的学科或自己喜欢的教授所讲授的课程。根据协定,大学双方互相承认学生所选学科的学分,登入学生本人的学分册。

(二) 重视开设人文教育课程

科技的发展可能导致人周围环境恶化,接触自然的机会减少,人的素质下降以及人们相互之间的接触和关系淡薄等。人们越来越强调人文精神、文化素质教育的重要性。因此，发达国家的大学都十分重视开设人文社会科学的选修课。

美国理工科学校中该类课程约占30%，并且被认为是办学水平的重要标志。如麻省理工学院已尝试开设了“科学、技术、社会”课程，鼓励工程学科的学生辅修人文社会科学，还要求所有学生在历史研究，文学及原著研究，语言、思想及价值，当代文化和社会，艺术等5个领域中至少选择3个领域的各一门课程，目的在于要在文学艺术、社会科学与工程技术这两大领域之间架起一座桥梁，使工程师了解文化传统，懂得人的价值。有的美国学者认为：“一个美国学生必须对美国的文化和精神传统有一个起码的体验和理解，否则他就不能算是个受过教育的美国人。”

英国政府在《高等教育应付新的挑战》白皮书中，明确地把增进人文学科、艺术成就作为高等教育的目标之一，“鼓励人们在艺术、人文学科与社会科学方面获得高水平的艺术成就”。日本名古屋大学设置了以人文社会科学为主要内容的公共课程122门，要求学生从中选修20学分的课程。

（三）增设实用课程，注重能力培养

服务于社会，从事应用研究，开设应用性课程，培养应用型人才，逐渐成为各国高等学校课程改革的重要方面。

法国的大学、技术学院在企业与经济管理专业开设的15门课程中，除普通经济学和法律外，其余的全是应用性课程，如表达艺术、应用数学和统计、会计与预算技术、社会心理学、计算机管理等。美国课程研究专家曾对100多所四年制大学和学院的课程作过统计，发现这些学校平均每年要淘汰5%的旧课程，增加9%的新课程。在增设的新课程中，应用性课程占有很大比例。例如，斯坦福大学针对美国社会问题开设的“西方文化”、加州大学开设的“城市研究”等，均属应用性课程。

各国大学都十分重视学生创新意识和创造能力的培养。美国卡内基教育促进基金会发表的《学院：美国大学本科生教育的经验》指出：“本科生教育的最高目的是促进学生从具有能力到承担责任（的变化）”，“今天大学教

育最成功之处是培养能力”。《投身学习:发挥美国高等教育的潜力》[①]也明确指出:课程内容不仅应直接着眼于学科知识,而且应着重于学生分析问题、解决问题的能力、交流能力和综合能力的培养。

英国、日本、法国、德国和美国等发达国家的大学也十分注重学生实际动手操作能力的培养。例如,英国大学的“企业精神培养”、“能力教育运动”和“工作的学习”课程。法国将大学的实践课程以法律的形式固定下来。日本大学的教学采取讲课、实验、实习、课堂讨论和实地技术操作等方式,或单项进行,或几种教学形式并用。美国大学在教师讲授1课时后,辅以1课时至2课时的讨论或实验。德国的一些高等学校在录取新生时就附加学生有无实践经验的规定,且在高等教育中多种教学方式并举。

澳大利亚抓住了教育改革的重点由知识导向转向能力导向,由着重如何输入知识转向如何运用知识。选定了以下7项“学以致用”的关键能力:

(1)搜集、分析、组织信息的能力;

(2)表达思想与分享信息的能力;

(3)规划与组织活动的能力;

(4)团队合作的能力;

(5)应用数学概念与技巧的能力;

(6)解决问题的能力;

(7)应用科技的能力。

(四)大学课程的综合化、信息化、现代化、国际化

1. 课程的综合化

设置文、理、工学科相互渗透和跨学科的综合性课程成为国外大学课程发展的共同特点。英、德两国的高校不仅对单科性学院进行合并,而且对过去专业过细、知识面较窄、只培养专门人才的传统模式进行了大刀阔斧的改革。如牛津大学开设了哲学和数学,生理学和哲学,经济学和工程科学,工程学、经济学、管理学,冶金学、经济学、管理学等多门跨文、理或文、理、工学科相互渗透的课程。在为选修和高年级学生开设的应用性课程中,跨学科的课

---

① 易红郡. 国外大学课程改革述要. 机械工业高教研究,1999(2):96.

程更多。

大学的培养目标是通过综合性的教学计划，培养掌握专业知识的综合型人才。为此，日本许多大学出现了文、理、工三方面结合的跨学科教学和跨学科研究，甚至产生了文科和理工科的双重学位课程。例如，1994 年由名古屋大学全校 8 个学部和 5 个研究所、研究中心开设的综合课程有语言与人、日本的教育问题、信息化社会的光与影、生命与信息的动力等 21 门。

美国政府通过建立跨学科的课题组、实验室、研究中心、跨系委员会等多种形式来协调跨学科的科研工作和促进交叉学科的发展。麻省理工学院规定，主修理工科的学生必须学习人文、艺术和社会科学等方面的 8 门课程共 72 学分，约占学士学位课程总量的 20%，主修文科的学生必须学习占学位课程 16.5% 的自然科学课程。

2. 课程的信息化

未来时代是信息化时代，信息科学已成为现代社会不可缺少的一门科学。美国把信息视为国家的第二资源，在一些大学里增设专业门类繁多的信息科学课程。日本将信息处理教育作为全体学生的必修课程，在实践中注重培养学生的信息处理能力。很多国家高等学校普遍增加了对信息教育的投入。美国国际咨询公司对 40 个国家的统计表明，仅 1993 年至 1994 年，各国高校新添置的计算机已超过 30 万台，耗资占全部科研经费的 1/8。

3. 课程的现代化

课程现代化是以现代化的思想、理念、价值观来统领课程体系，使课程系统诸要素在结构的联系中展现整体效应。

(1) 课程现代化的趋势之一是课程体系目标要素的多元化。人才市场需求的巨大变化，大学的培养目标和人才规格出现了多元化的特点，致使大学课程体系目标取向呈现多元化的趋势，如通才化取向、基础化取向、复合型取向、素质化取向、个性化取向等。如哈佛大学把学生分为数理分析型、人际关系型、政治动物型等 6 个类型来进行培养。

(2) 课程指导思想的现代化。20 世纪末期，人们已经认识到教学理论对课程体系实施的意义，开始逐渐自觉地将教学设计理论作为课程体系现代化的指导思想。随着现代教育技术的发展，不断涌现出更加符合人类学习规律的教学理论与学习理论，如信息加工理论、发现学习理论、建构主义理论等。

大学课程体系实施的现代化虽然是不同的教学理论相互交融和整合,但运用某一时代占主导地位的学习理论或教学理论作为课程体系实施的指导思想,是课程现代化的标志之一。20 世纪中叶,是以行为主义学习理论为指导;20 世纪末期,是以认知主义学习理论为指导。进入 21 世纪以来,随着多媒体技术、网络通讯技术的普及,建构主义在课程呈现和实施上成为新的指导理论,在此基础上也正在形成全新的教学理论、模式、方法和设计思想。德国基尔大学赖恩德里·杜伊特认为:"建构主义当然不是偶然成为科学教育研究中的主导理论,它符合当代思想的主流。"

(3) 课程呈现载体和方式的现代化。

第一,课程呈现载体和方式由以纸制载体为主转向以多媒体为主。其明显变化趋势有:

课程信息处理数字化,如美国麻省理工学院创办了多媒体实验室。

课程内容存储光盘化,如美国许多大学采用以 CD-ROM 光盘作存储介质的"学习软件包"。

课程内容显示如意化,多媒体教学系统,使学习者完全按自己的意愿去控制计算机的信息处理过程。

课程信息传输的网络化,教育信息网络是宽带化、智能化、个人化的"全球通"互联网络。

课程组织结构非线性化,利用超媒体技术使知识内容的连接和管理以非线性方式进行。

学习资源系列化,即把提供、支持、改善学习的一系列要素按一定的检索词进行排列和整理,以提高学习效率。谁拥有教育资源,谁就是重点。课程实施就是各种权威知识的核心化和学习资源系列化,使每个大学生都可以寻求到知识的最高点。

第二,课程呈现由以习得教材为主转为以选择课件为主。传统教学内容传递主要靠文字教材,现在大学生则以选择课件为主。课件主要包括教学策略课件、电子作业支持系统等。

4. 课程的国际化

课程的国际化,狭义的是指外语课程、国际区域课程的开发设置过程和"学科普遍化"的过程,广义的还应包括课程目标的国际性与课程体系的国际通行性。这从以下几个方面体现出来。

（1）课程目标确立的国际化。

20 世纪末,《美国 2000 年教育目标法》强调了教育的国际化,提出了"使每个学校的每个学生都能达到知识的世界级的标准"的培养目标。哈佛大学、耶鲁大学自称要造就"有全球意识的人才",麻省理工学院也声称要培养领导世界潮流的工程技术人才。日本临时教育审议会认为,要培养世界通用的日本人,要求大学生"懂技术、通外语、会经营管理,具有较强的国际意识,通晓国际贸易、金融、法律知识,能够适应国外工作和生活环境"。韩国教育改革委员会将目标设计为培养主导国际化、世界化时代的"开明的人"。

（2）课程设置的国际化。

二战以后,美国大学从教学管理制度上确立了国际课程的地位。如密执安大学和斯坦福大学都有相似规定:所有学生都要学习一门非西方的基础课程方能毕业。外语课程和区域研究课程得到了广泛增加,区域研究课程既是专攻国际关系专业学生的主修课程,也是主修其他专业的必修课程。社会学科领域里开设出许多新的分支或跨学科的学科,如世界文明、当代国际关系、环境污染、民族和种族冲突、都市化等。"美国教育委员会"1989 年对大学课程设置的调查显示,四分之三的大学,半数二年制学院已将国际化课程列入教学计划,二分之一的大学是通过校际合作共同开设国际化课程。日本大学开设的国际化课程有国际史、国际关系、国际金融、国际贸易、地区文化等。

（3）课程内容的国际化。

西方学者莫里斯·哈拉雷指出,必须以"全球化的眼光"来看待国际化课程的内容,所选内容要吸收最新研究成果及充实不同国家的案例,给现存的课程增添跨文化的和国际领域的内容。教材内容要精熟该学科的演进历史,又对其研究现状了然于胸,做到融会贯通与放眼世界。俄罗斯在教育法中规定教育内容应该保障社会总体文明和职业文明的国际水平。西欧国家大学纷纷设计有文化宽容、多元理解等内容。

课程国际化的趋势,呈现出如下特点:

第一,共享性。

通过人员互派的访学或讲学、项目研究和进行国际学术交流等,使教师队伍趋于国际化,同时,也使教育理念和课程体系朝着国际化方向发展。通过国际互联网直接选择国际课程学习,实现共享国际名校名师的教学资源。

第二,通用性。

课程制度在国际上通用。如不同国家的大学相互承认课程而确立的学分互换制度,与国际接轨的高等教育质量评估制度等。

第三,开放性。

它包括了科技、国际文化和对社会需求的开放性。美国的宾夕法尼亚大学率先设立作为实体单位的国际交流办公室,实施多国交流项目,全院87%的教授到中国进行过学术交流。现在校留学生已达3 500名,每年要派出700名至800名学生到国外学习。

参考文献

[1] 潘懋元. 高等教育学讲座. 北京:人民教育出版社,1983.
[2] 王文科. 课程论. 台北:台湾五南图书出版公司,1990.
[3] 马俊峰. 评价活动论. 北京:中国人民大学出版社,1994.
[4] 钟启泉. 现代课程论. 上海:上海教育出版社,1989.
[5] 钟启泉. 课程设计基础. 济南:山东教育出版社,1998.
[6] 欧用生. 课程研究方法论. 台北:台湾复文图书出版社,1984.
[7] 赵祥麟,王承绪. 杜威教育论著选. 上海:华东师大出版社,1981.
[8] 王策三. 教学论稿. 北京:人民教育出版社,1985.
[9] 瞿葆奎. 教育学文集·教育与教育学. 北京:人民教育出版社,1993.
[10] 吕达. 中国近代课程史论. 北京:人民教育出版社,1994.
[11] 吕达. 课程史论. 北京:人民教育出版社,1999.
[12] 瞿葆奎. 教育学文集·课程与教材(上). 北京:人民教育出版社,1988.
[13] 李子建,等. 课程:范式、取向和设计. 香港:香港中文大学出版社,1994.
[14] 靳玉乐. 潜在课程论. 南昌:江西教育出版社,1996.
[15] 靳玉乐. 现代课程论. 重庆:西南师范大学出版社,1995.
[16] 靳玉乐,黄清蓉. 课程研究方法论. 重庆:西南师范大学出版社,2000.
[17] 陈侠. 课程论. 北京:人民教育出版社,1989.
[18] 廖哲勋. 课程学. 武汉:华中师范大学出版社,1991.
[19] 顾明远. 教育大辞典. 上海:上海教育出版社,1990.
[20] 施良方. 课程理论——课程的基础、原理与问题. 北京:教育科学出版社,1996.
[21] 廖哲勋,田慧生. 课程新论. 北京:教育科学出版社,2004.
[22] 丛立新. 课程论问题. 北京:教育科学出版社,2000.

[23] 张华.课程与教学论.上海:上海教育出版社,2000.
[24] 张华,石伟平,马庆发.课程流派研究.济南:山东教育出版社,2000.
[25] 华东师范大学教育系,杭州大学教育系.现代西方资产阶级教育思想流派论著选.北京:人民教育出版社,1980.
[26] 郝德永.课程研制方法论.北京:教育科学出版社,2000.
[27] 郝德永.课程与文化:一个后现代的检视.北京:教育科学出版社,2002.
[28] 冯建军.现代教育原理.南京:南京师范大学出版社,2001.
[29] 王冬凌,等.现代课程论.大连:辽宁师范大学出版社,1998.
[30] 白月桥.课程变革概论.石家庄:河北教育出版社,1996.
[31] 吴永军.课程社会学.南京:南京师范大学出版社,1999.
[32] 吴杰.教学论.长春:吉林教育出版社,1986.
[33] 陈玉琨,等.课程改革与课程评价.北京:教育科学出版社,2001.
[34] 陈玉琨.教育评价学.北京:人民教育出版社,1999.
[35] 陈玉琨.中国高等教育评价论.广州:广东高等教育出版社,1993.
[36] 唐德海.中国高等学校课程设置百年.潘懋元主编.中国高等教育百年.广州:广东高等教育出版社,2003.
[37] 黄炳煌.课程理论之基础.台北:台湾文景出版社,1991.
[38] 石中英.教育学的文化性格.太原:山西教育出版社,1999.
[39] 石中英.知识转型与教育改革.北京:教育科学出版社,2001.
[40] 郑金洲.教育文化学.北京:人民教育出版社,2001.
[41] 胡定荣.课程改革的文化研究.北京:教育科学出版社,2005.
[42] 洪成文.现代教育知识论.太原:山西教育出版社,2003.
[43] 李秉德.教学论.北京:人民教育出版社,1991.
[44] 赫冀成,等.课程体系与人才培养比较.沈阳:东北大学出版社,1994.
[45] 王伟廉.高等教育学.福州:福建教育出版社,2001.
[46] 范国睿.教育生态学.北京:人民教育出版社,2000.
[47] 王伟廉.课程研究领域的探索.成都:四川教育出版社,1988.
[48] 江山野.简明国际教育百科全书·课程卷.北京:教育科学出版社,1991.
[49] 黄政杰.课程设计.台北:东华书局,1998.

[50] 李雁冰. 课程评价论. 上海:上海教育出版社,2002.

[51] 中国教育科学研究所. 21 世纪中国教育展望. 济南:山东教育出版社,2003.

[52] 艾伦·C·奥恩斯坦,费朗西斯·P·汉金斯. 课程:基础、原理和问题. 南京:江苏教育出版社,2002.

[53] 泰勒. 课程与教学的基本原理. 施良方,译. 北京:人民教育出版社,1994.

[54] 比彻姆. 课程理论. 黄明皖,译. 北京:人民教育出版社,1989.

[55] 大河内一男,等. 教育学的理论问题. 北京:教育科学出版社,1984.

[56] 奥恩斯坦·汉金斯. 课程:基础、原理和问题. 柯森,主译. 南京:江苏教育出版社,2002.

[57] 威廉·F·派纳,等. 理解课程. 张华,等译. 北京:教育科学出版社,2003.

[58] J·D·麦克尼尔. 课程导论. 施良方,等译. 沈阳:辽宁教育出版社,1990.

[59] 约翰·杜威. 民主主义与教育. 王承绪,译. 北京:人民教育出版社,1990.

[60] 小威廉姆·E·多尔. 后现代课程观. 王红宇,译. 北京:教育科学出版社,2000.

[61] 约翰·S·布鲁贝克. 高等教育哲学. 杭州:浙江教育出版社,1987.

[62] 罗素. 人类知识. 北京:商务印书馆,1985.

[63] 大卫·杰弗里·史密斯. 全球化与后现代教育学. 郭洋生,译. 北京:教育科学出版社,2000.

[64] 利奥塔. 后现代状况:关于知识的报告. 岛子,译. 长沙:湖南美术出版社,1996.

[65] 维娜·艾莉. 知识的进化. 刘民慧,等译. 珠海:珠海出版社,1998.

[66] 弗雷斯特·W·帕克,格伦·哈斯. 课程规划——当代之取向. 谢登斌,等译. 杭州:浙江教育出版社,2004.

[67] 怀特海. 教育的目的. 武汉:湖北教育出版社,1994.

[68] 布卢姆,等. 教育目标分类学. 罗黎辉,等译. 上海:华东师范大学出版

社,1986.
[69] 欧内斯特·博耶.美国大学教育.上海:复旦大学出版社,1988.
[70] 李方.课程与教学论.南京:南京大学出版社,2005.
[71] 李方.课程与教学基本理论.广州:广东高等教育出版社,2002.
[72] 米德.代沟.北京:光明日报出版社,1998.
[73] 鲁洁.教育社会学.北京:人民教育出版社,1990.
[74] 顾明远.教育大辞典.上海:上海教育出版社,1991.
[75] 中国国情分析研究小组.两种资源、两个市场——构建中国资源安全保障体系研究.天津:天津人民出版社,2001.
[76] R·J·斯滕伯格.成功智力.上海:华东师范大学出版社,1999.
[77] 郝德永.关于课程本质内涵的探讨.课程·教材·教法,1997(8).
[78] 张廷凯.我国课程论研究的历史回顾(1922—1997).课程·教材·教法,1998(2).
[79] 石中英.本质主义、反本质主义与中国教育学研究.教育研究,2004(1).
[80] 熊和平,赵鹤龄.后现代批判视角——我国近20年的教学过程本质研究.比较教育研究,2003(2).
[81] 乔晓冬.文化与课程建设的价值取向.北京师范大学学报:社会科学版,1989(2).
[82] 胡斌武.课程社会学基础研究述评.重庆工学院学报,2001(6).
[83] 胡斌武.课程基础研究评析.天津市教科院学报,2002(10).
[84] 高德鸿.试论大学课程的社会学基础.暨南教育,1990(1).
[85] 郜岭.课程心理学基础研究述评.兰州铁道学院学报:社会科学版,2002(2).
[86] 伍运文.适应与超越:大学课程的价值选择.江苏高教,2003(4).
[87] 刘旭.再议大学课程的价值取向及其关系.高等教育研究,2005(6).
[88] 王卫东.关于教育价值的讨论.教育研究,1996(4).
[89] 靳玉乐.试论文化传统与课程价值取向.西南师范大学学报,1997(6).
[90] 胡芳.知识观转型与课程改革.课程·教材·教法,2003(5).
[91] 张华.课程与教学整合论.教育研究,2000(2).
[92] 胡定荣.21世纪中国教学论发展的问题与走向.教育研究,2002(4).

[93] 刘要悟.试析课程论与教学论的关系.教育研究,1996(4).
[94] 黄甫全.简析课程论的主要任务、研究对象和基本内容.课程·教材·教法,1997(12).
[95] 王根顺,等.论我国高校课程设置中存在问题.上海高教研究,1995(5).
[96] 黄崴.论当代课程结构的整合化.课程·教材·教法,1997(6).
[97] 胡建华.面向21世纪的日本大学课程改革.高等教育研究,1998(2).
[98] 王伟廉.学术领域的特点对大学本科课程编制的影响.江苏高教,2002(4).
[99] 徐继存,等.论课程资源及其开发与利用.学科教育,2002(2).
[100] 吴刚平.课程资源的理论构想.教育研究,2001(9).
[101] 范兆雄.课程资源系统分析.西北师范大学学报:社会科学版,2002(3).
[102] 黄晓玲.课程资源:界定特点状态类型.中国教育学刊,2004(4).
[103] 罗儒国.论课程资源开发的价值取向.当代教育科学,2003(19).
[104] 王鉴.课程资源开发与利用的多元化模式.教育论坛,2003(2).
[105] 王斌华.课程规划导论(上、下).外国教育资料,1997(6),1998(1).
[106] 张华.论课程实施的含义与基本取向.外国教育资料,1999(2).
[107] 陈侠.课程编订:概念和原则.课程·教材·教法,1983(5).
[108] 林智中,马云鹏.课程评价模式及对课程改革的启示.教育研究,1997(9).
[109] 葛大汇.评价课程改革的若干要素.教育发展研究,2003(6).
[110] 刘志军.关于教育评价方法论的思考.教育研究,1997(11).
[111] 王伟廉.关于高等学校课程评价的若干问题.复旦教育论坛,2004(2).
[112] 黄中益.试论我国高校本科课程改革的新思路.江苏高教,1997(2).
[113] 周济.实施"质量工程"贯彻"2号文件"全面提高高等教育质量.中国大学教学,2007(3).
[114] 中华人民共和国教育部发展规划司.2002年教育事业统计主要结果及分析.教育统计报告,2003(1).
[115] 刘光成,徐锋.高等教育大众化背景下的课程观.湖南师范大学教育科学学报,2005(9).

[116] 母小勇,谢安邦,阎光才. 论构建我国21世纪高等教育创新课程体系之理念. 教育研究,1999(6).

[117] 吴开亮. 关于高师院校课程群建设的探讨. 江苏高教,1999(6).

[118] 范钦珊. 面向21世纪的系列课程建设. 中国高教研究,1997(3).

[119] 陈向明. 美国哈佛大学本科生课程体系. 外国教育资料,1996(5).

[120] 李兴业. 法国高等工程教育培养模式及启示. 高等教育研究,1998(2).

[121] 戚业国. 面向21世纪西方大学课程改革的回顾与展望. 吉林教育科学高教研究,1996(4).

[122] 乔晓冬. 文化与课程建设的价值取向. 北京师范大学学报:社会科学版,1989(2).

[123] 张斌贤. 社会化改造主义的兴起及其与进步主义教育的关系. 外国教育研究,1996(1).

[124] 黄健. 现代美国课程观的考察. 外国教育资料,1987(4).

[125] 杨明全. 课程实施的学理分析:内涵本质与取向. 全球教育展望,2004 (1).

[126] 黄甫全. 大课程论初探——兼论课程(论)与教学(论)的关系. 课程·教材·教法,2000(5).

[127] 廖哲勋. 论我国课程理论学科群的建设. 课程·教材·教法,2000(2).

[128] 李臣之. 试论活动课程的本质. 课程·教材·教法,1995(12).

[129] 葛大汇. 评价课程改革的若干要素. 教育发展研究,2003(6).

[130] 王伟廉. 关于高等学校课程评价的若干问题. 复旦教育论坛,2004(2).

[131] 陈桂生. "课程"辫. 课程·教材·教法,l994(11).

[132] Jackson P. Curriculum and its discontents. *Curriculum Inquiry*,1980.

[133] Stenhouse L. *An Introduction to Curriculum Research and Development*. London, England:Heineman,1975.

[134] Arieh Lewy. *The International Encyclopediaof Curriculum*. Oxford: Pergamon, 1991.

[135] Dwayne Huebner. The Moribund Curriculum Field: Its wake and our work. *Curriculum Inquiry*, 1976(2).

[136] Peter F. Oliva. *Developing the Curriculum*. New York: Harpercollins, 1982.

[137] Scotter, R. D. V., et al. *Foundations of Education: Social Perspective*, 1979.

[138] Mauritz Johnson. Definitions and models in curriculum theory. *Educational Theory*, 1967(17).

[139] Hollis L. Caswell and Doak S. Campbell. *Curriculum Development*. New York: American Book Company, 1935.

[140] Ronald C. Doll. *Curriculum Improvement: Decision Making and Process*, 1978.

[141] Hilda Taba. *Curriculum Development: Theory and Practice*. New York: Harcourt, Brace Jovanovich, 1962.

[142] J. Gaylen Saylor and William M. Alexander. *Curriculum Planning for Better Teaching and Learning*. New York: Holt, Rinehart and Winston, 1954.

[143] J. Gaylen Saylor and William M. Alexander. *Planning Curriculum for School*. New York: Holt, Rinehart and Winston, 1974.

[144] Peter F. Oliva. *The Secondary School Today*. New York: Harper and Row, 1972.

[145] Denis Lawton. *Class, Culture and Curriculum*. London: Routledge and Kegan Paul, 1980.

[146] D. Tanner & L. N. Tanner. *Curriculum Development*. New York: Macmillan Publishing Co. Inc, 1980.

[147] Donald K. Sharpes. *Curriculum Tradition and Practices*. London, Routledge, 1988.

[148] Caswell H & Campbell D. *Curriculum Development*. New York: American Book Company, 1935.

[149] A. Magendzo. The Application of a Cultural Analysis Model to the Process of Curriculum Planning in Latin America. *Curriculum Studies*, 1988(1).

[150] Hass Elen. *Curriculum Planning: A New Aproach*. Allyn and Bacon, 1977.

[151] Richard D. Kimston, Howard Y. Williams. Ways of Knowing and Curriculum. *The Educational Forum*, 1992, 56.

[152] Oliva P F. *Developing the Curriculum*. New York: Harpercollins Publishers Inc, 1992.

[153] Lewy A. *The International Encyclopedia of Curriculum*. Oxford: Pergamon Press, 1991.

[154] Barrow R & Milburn G. *A Critical Dictionary of Educational Concept*. Brighton: Wheatsheft Books Ltd, 1986.

[155] Husen T, et al. *The International Encyclopedia of Education*, 1985.

[156] Joan S. Stark & Lisa R. Lattuca. *Shaping the College Curriculum: Academic Plans in Action*. Allyn and Bacon, 1997.

[157] Egon G. Guba & Y. S. Lincoln. *Fouth Generation Evaluation*. Newburg Park, CA: Sage, 1989.

[158] Egon G. Guba & Y. S. Lincoln. *Effective Evaluation*. San Francisco: Jossey-Bass, 1981.

[159] Lawton D. *Curriculum Studies and Educational Planning*. London: Hodder and Stoughton, 1983.

[160] Michael W. Apple. *Ideology and curriculum*. London and New York: Routledge & Kegan Paul, 1979.

[161] Newman H. *The Idea of a University*. Rouledge/Theommes Press, 1994.

[162] Leithwood K A. *Studies in Curriculum Decision Making*. Toronto: Ontario Institute for Studies in Education (OISE) Press, 1982.

[163] Joan S. Stark & Lisa R. Lattuca. *Shaping the College Curriculum: Academic Plans in Action*. Boston: Allyn & Bacon, 1997.

[164] Axelrod J. *The University Teacher as an Artist*. San Francisco: Jossey-Bass, 1973.

[165] Dressel P L. *Improving Degree Programs: A Guide to Curriculum Development*. Administration and Review. San Francisco: Jossey-Bass, 1980.

后　记

“读万卷书，行万里路。”研究的过程，也是学习的过程。在写作过程中，笔者学习与研究了国内外大量相关文献。课程界研究先驱们关于高等教育课程的深邃的思想，一直启迪着笔者的研究思路。国内外高等教育课程改革千姿百态，课程论题之多，可谓五彩缤纷，课程观点之争，立场之争，话语之争，错综复杂，异彩纷呈。面对高等教育课程理论宝库和课程实践画卷，深为自己的问题认识不深、知识储备不丰而诚惶诚恐，也因时间、精力和学力局限，对课程研究的一些具体的思想理论的更深层次的发微，不得不浅尝辄止，致使本书留下诸多缺憾和不足，恳请同行、专家、读者批评指正。

笔者深知，要想写好一本学术著作，并非易事。为了尽可能广泛吸收国内外相关的研究成果，反映最新研究信息，展望学科前沿动态，因此，笔者虚心向他人学习，在研究过程中，参考、借鉴了国内外有关的研究信息资料成果。特此对相关期刊和原作者致以诚挚的谢意！本书是在前人研究成果基础上完成的，写作中所引用的文献，均已通过脚注或文末参考文献予以标注，以此向前人的创造性劳动表示敬意！若有遗漏，深表歉意！

本书作为江苏大学高级人才基金资助项目（06JDG049）的最终成果和江苏大学人文社科重点建设项目（JDR2006A08）的成果，江苏大学的领导和科技处的领导，特别是人文社会科学科的老师们，对课题的研究给予了大力帮助和支持，在此表示衷心的感谢！同时还要感谢江苏大学出版社给予的大力支持，相关编校人员非常认真地审阅书稿，就书稿的修改提出许多宝贵的建议。

在研究过程中，笔者得到了江苏大学教师教育学院陈林教授、李晓波研究员、张忠华教授、卜广庆副教授、曹辉博士、于忠海博士等老师和同事们的关心、激励、支持和合作。在此一并表示感谢！

高有华

2009 年 8 月 26 日